김용재
파이널 공무원

회계학

2025 최신개정판

gong.conects.com

김용재 편저

9급 시험에 가끔 나오는
특수주제까지 대비하여 **100점 도전!**

어려워진 7급 시험을 위한
필수 커리큘럼!

https://hmstory.kr

Preface · 머리말

1. 교재 구성: 1부 특수주제 특강+ 2부 심화 연도별 기출문제

1부 특수주제 특강

본서는 1부와 2부로 나뉩니다. 1부에서는 지금까지 기본서(코어 회계학)나 심화서(파워 회계학)에서 다루지 않았던 특수주제를 다룹니다. 지금까지 제가 다루지 않았던 지엽적인 주제가 9급에 아예 안 나오는 것은 아니기 때문에 특수주제까지 대비하시면 모르는 문제 없이 기출문제를 훨씬 수월하게 풀 수 있을 것입니다.

교재 구성은 100개 패턴 회계학과 비슷합니다. 주제별 풀이법을 간략하게 설명한 뒤, 관련 문제를 풀어드리며 풀이법이 문제에 실제로 어떻게 적용되는지 보여드릴 겁니다.

2부 심화 연도별 기출문제

2부에서는 연도별 기출문제집에서 풀지 않았던 국가직 7급 기출문제와 서울시 기출문제를 풀 것입니다. 18년부터 현재 기준서가 적용되기 때문에 18년도 기출문제부터 풀 것이며, 서울시 9급은 20년도부터 지방직 9급에 통합되었기 때문에 19년 기출이 마지막입니다.

2. 시행처별 난이도

: 20년 이전 국가직 7급〈서울시 9급〈21년 이후 국가직 7급

국가직 7급은 20년까지 서울시 9급보다 쉬웠고, 연도별 기출문제집에 있는 9급 기출문제와 난이도가 비슷했습니다. 하지만 21년도부터 국가직 7급이 25문제로 바뀌면서 문제 난이도가 갑자기 어려워졌습니다. 기존의 국가직 7급 기출문제와 비교했을 때 난이도가 대폭 상승하였습니다.

이제는 7급 문제를 제대로 풀기 위해서는 회계사 시험에서 사용하는 재무회계와 원가관리회계 교재로 공부해야 합니다. 7급 준비생 분들은 미래경영아카데미에서 제가 진행하는 강의를 포함하여 커리큘럼을 다음과 같이 짜주시길 바랍니다.

---

① 회계원리 (미래)
   - 공단기 강의를 들었으면 굳이 다시 들을 필요는 없습니다.
② 중급회계 기본강의 (미래)
③ 코어 회계학 원가관리회계 (공단기)
④ 코어 회계학 정부회계 (공단기)
⑤ 객관식 재무회계 (미래): 중급회계 파트만 수강
⑥ 패턴 회계학 원가관리회계 (미래)
⑦ 100개 빈출 패턴 공무원 회계학 (공단기)
⑧ 파이널 공무원 회계학 (공단기): 2부 심화 연도별 기출문제만 수강

---

3. 학습 대상

(1) 모든 7급 수험생

7급 기출문제는 본 교재에 수록되어 있으므로, 7급 수험생은 이 교재를 꼭 풀어보셔야 합니다. 단, 2부 심화 연도별 기출문제만 풀어보시면 됩니다. 1부 특수주제 특강에서 다루는 주제는 앞에서 언급한 미래경영 강의를 수강하면 전부 커버됩니다.

(2) 상위권 9급 수험생

9급 수험생 중 코어 회계학과 파워 회계학에 있는 주제를 충분히 소화했고, 지엽적인 주제를 추가로 볼 여유가 있는 상위권 수험생은 본 교재에 있는 특수주제까지 대비하실 것을 추천드립니다.

반대로, **기존에 배운 주제들도 잘 소화하지 못한 수험생들은 특수주제를 공부하지 말아주세요.** 기존 강의들에서 제가 강조했듯이, 중요 주제를 확실하게 가져가는 것이 넓은 주제를 애매하게 공부하는 것보다 더 높은 점수로 이어집니다. 상위권 학생들은 이미 배운 내용을 거의 확실하게 알고 있기 때문에 이미 배운 내용을 더 본다고 해서 성적을 올리기가 쉽지 않습니다. 따라서 이분들은 특수주제를 배우는 것이 맞습니다.

하지만 아직 코어 회계학과 파워 회계학에서 배운 중요 주제를 충분히 소화하지 못한 학생들에게는 특수주제를 공부하는 것이 오히려 독이 될 것입니다. 기존에 배운 내용을 더 많이 보면서 완벽히 자신의 것으로 만드는 데 집중하시기 바랍니다.

4. 9급 수험생 기준 연도별 기출문제의 풀지 않는 문제

본서에 수록된 연도별 기출문제는 난이도가 높은 시행처의 문제들이어서 9급 공무원 회계학 범위를 많이 벗어나는 문제들이 포함되어 있습니다. 9급 수험생이 이런 문제들까지 대비하는 것은 비효율적이기 때문에, 해설에 '풀지 않는 문제'를 표시해두었습니다. 기출문제를 풀기 전에 풀지 않는 문제가 있는지 먼저 본 다음에, 해당 문제들은 제외하고 푸시기 바랍니다. 7급 수험생은 이 정도로 출제가 되므로 푸시면 됩니다.

7급

Contents· 목 차

PART 1 7급 대비 특수 주제

PART 2 **7급 대비 연도별 기출문제**

7급

PART 01

7급 대비 특수 주제

01 개념체계

개념체계에는 일반목적재무보고의 목적, 유용성 및 한계가 서술되어 있다. '일반목적재무보고'란 일반 정보이용자를 위하여 재무정보를 보고하는 것을 뜻하며, 재무회계와 동의어로 생각하면 된다. '일반목적재무보고서'는 재무회계가 표현되는 재무제표를 의미한다.

1. 일반목적재무보고의 목적

일반목적재무보고의 목적은 현재 및 잠재적 투자자, 대여자와 그 밖의 채권자가 기업에 자원을 제공하는 것과 관련된 의사결정을 할 때 유용한 보고기업 재무정보를 제공하는 것이다.

2. 일반목적재무보고서의 주요이용자 – 정보 직접 요구 불가

많은 현재 및 잠재적 투자자, 대여자 및 그 밖의 채권자(외부정보이용자)는 정보를 제공하도록 보고기업에 직접 요구할 수 없고, 그들이 필요로 하는 재무정보의 많은 부분을 일반목적재무보고서에 의존해야만 한다. 따라서 그들이 일반목적재무보고서의 대상이 되는 주요이용자이다.

'외부정보이용자가 보고기업에 정보를 직접 요구할 수 있다'로 틀린 문장이 제시되면 골라낼 수 있도록 기억하자.

3. 일반목적재무보고서의 한계

(1) 모든 정보 제공 X

그러나 일반목적재무보고서는 현재 및 잠재적 투자자, 대여자와 그 밖의 채권자가 필요로 하는 모든 정보를 제공하지는 않으며 제공할 수도 없다. (not 모든 정보 제공)

(2) 보고기업의 가치를 보여주지 X – 추정하는 데에는 도움 O

일반목적재무보고서는 보고기업의 가치를 보여주기 위해 고안된 것이 아니다. 그러나 그것은 현재 및 잠재적 투자자, 대여자와 그 밖의 채권자가 보고기업의 가치를 추정하는 데 도움이 되는 정보를 제공한다.

(3) 정보이용자의 상충된 정보 수요

각 주요이용자의 정보수요 및 욕구는 다르고 상충되기도 한다. 회계기준위원회는 회계기준을 제정할 때 최대 다수의 주요이용자 수요를 충족하는 정보를 제공하기 위해 노력할 것이다.

(4) 상당 부분 추정 개입 ★중요!

재무보고서는 정확한 서술보다는 상당 부분 추정, 판단 및 모형에 근거한다. '개념체계'는 그 추정, 판단 및 모형의 기초가 되는 개념을 정한다.

4. 일반목적재무보고서가 제공하는 정보: 재무제표

일반목적재무보고서는 보고기업의 재무상태에 관한 정보, 즉 기업의 경제적자원 및 보고기업에 대한 청구권에 관한 정보를 제공한다. 재무보고서는 보고기업의 경제적자원과 청구권을 변동시키는 거래와 그 밖의 사건의 영향에 대한 정보도 제공한다.

일반목적재무보고서가 제공하는 정보는 재무제표라고 생각하면 된다. 재무상태에 관한 정보는 잔액에 해당하는 재무제표인 재무상태표를 의미한다. 기업의 경제적 자원은 자산을, 보고기업에 대한 청구권은 부채 및 자본을 의미한다. 경제적자원과 청구권을 변동시키는 거래에 대한 정보는 변동분에 해당하는 재무제표인 포괄손익계산서, 자본변동표, 현금흐름표를 의미한다. 그 밖의 사건의 영향에 대한 정보는 주석을 의미한다.

 예제 **일반목적재무보고**

01 일반목적재무보고에 대한 설명으로 옳지 않은 것은?　　　　　　　2021. 국가직 7급

① 많은 현재 및 잠재적 투자자, 대여자 및 그 밖의 채권자는 정보를 제공하도록 보고기업에 직접 요구할 수 없다.

② 일반목적재무보고서는 현재 및 잠재적 투자자, 대여자와 그 밖의 채권자가 필요로 하는 모든 정보를 제공한다.

③ 일반목적재무보고서는 보고기업의 가치를 보여주기 위해 고안된 것이 아니다.

④ 경영진은 필요로 하는 재무정보를 내부에서 구할 수 있기 때문에 일반목적재무보고서에 의존할 필요가 없다.

> **해설**
>
> 일반목적재무보고서는 정보 이용자가 필요로 하는 모든 정보를 제공하지는 않으며 제공할 수도 없다.　　　정답 ②

02 일반목적재무보고에 대한 설명으로 옳지 않은 것은?　　　　　　　2019. 지방직 9급

① 현재 및 잠재적 투자자, 대여자 및 기타 채권자는 기업의 경영진 및 이사회가 기업의 자원을 사용하는 그들의 책임을 얼마나 효율적이고 효과적으로 이행해 왔는지에 대한 정보를 필요로 한다.

② 일반목적재무보고의 목적은 현재 및 잠재적 투자자, 대여자 및 기타 채권자가 기업에 자원을 제공하는 것에 대한 의사결정을 할 때 유용한 보고기업 재무정보를 제공하는 것이다.

③ 외부 이해관계자들과 마찬가지로 보고기업의 경영진도 해당 기업의 경영의사결정을 위해 일반목적재무보고서에 가장 많이 의존한다.

④ 재무보고서는 정확한 서술보다는 상당 부분 추정, 판단 및 모형에 근거한다.

> **해설**
>
> 보고기업의 경영진도 일반목적 재무보고서를 참고하지만, 필요한 재무정보를 기업 내부에서 획득할 수 있으므로 일반목적 재무보고서에 의존할 필요가 없다.　　　정답 ③

03 '재무보고를 위한 개념체계'에 대한 설명으로 옳지 않은 것은? 2019. 국가직 7급

① 인식은 자산, 부채, 자본, 수익 또는 비용과 같은 재무제표 요소 중 하나의 정의를 충족하는 항목을 재무상태표나 재무성과표에 포함하기 위하여 포착하는 과정이다.

② 일반목적재무보고의 목적은 현재 및 잠재적 투자자, 대여자 및 기타 채권자가 기업에 자원을 제공하는 것에 대한 의사결정을 할 때 유용한 보고기업 재무정보를 제공하는 것이다.

③ 비교가능성, 검증가능성, 중요성 및 적시성은 목적적합하고 충실하게 표현된 정보의 유용성을 보강해 주는 질적 특성이다.

④ '개념체계'는 회계기준이 아니다. 따라서 '개념체계'의 어떠한 내용도 회계기준이나 회계기준의 요구사항에 우선하지 아니한다.

 해설

중요성을 이해가능성으로 바꾸어야 한다.

정답 ③

04 한국채택국제회계기준의 「재무보고를 위한 개념체계」에서 규정하고 있는 일반목적재무보고의 유용성 및 한계에 대한 내용으로 옳지 않은 것은? 2016. 관세직 9급

① 재무보고서는 정확한 서술보다는 상당 부분 추정, 판단 및 모형에 근거한다.

② 일반목적재무보고서는 현재 및 잠재적 투자자, 대여자 및 기타 채권자가 필요로 하는 모든 정보를 제공한다.

③ 일반목적재무보고서는 현재 및 잠재적 투자자, 대여자 및 기타 채권자가 보고기업의 가치를 추정하는 데 도움이 되는 정보를 제공한다.

④ 각 주요 이용자들의 정보수요 및 욕구는 다르고 상충되기도 하지만, 기준제정기관은 재무보고기준을 제정할 때 주요 이용자 최대 다수의 수요를 충족하는 정보를 제공하기 위하여 노력한다.

 해설

일반목적재무보고서는 정보 이용자가 필요로 하는 모든 정보를 제공하지는 않으며 제공할 수도 없다.

정답 ②

2 보고기업

1. 보고기업이 반드시 법적 실체일 필요는 없다.

보고기업은 재무제표를 작성해야 하거나 작성하기로 선택한 기업이다. 보고기업은 단일의 실체이거나 어떤 실체의 일부일 수 있으며, 둘 이상의 실체로 구성될 수도 있다. 보고기업이 반드시 법적 실체일 필요는 없다.

예를 들어, 법적으로는 하나의 회사이지만 그 안에는 보고기업이 여러 개일 수 있다. 반대로, 법적으로는 여러 개의 회사이지만 하나의 보고기업이 될 수도 있다.

2. 연결재무제표, 비연결재무제표, 결합재무제표

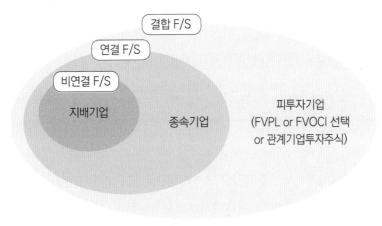

(1) 연결재무제표

한 기업(지배기업)이 다른 기업(종속기업)을 지배하는 경우가 있다. 보고기업이 지배기업과 종속기업으로 구성된다면 그 보고기업의 재무제표를 '연결재무제표'라고 부른다.

(2) 비연결재무제표

반면, 보고기업이 지배기업 단독인 경우 그 보고기업의 재무제표를 '비연결재무제표'라고 부른다. 연결회계에서 지배기업만의 재무제표를 '별도재무제표'라고 부르는데, 이를 개념체계에서는 '비연결'재무제표라고 부른다. 둘은 같은 의미이다.

(3) 결합재무제표

보고기업이 지배 - 종속관계로 모두 연결되어 있지는 않은 둘 이상 실체들로 구성된다면 그 보고기업의 재무제표를 '결합재무제표'라고 부른다.

투자기업이 피투자기업에 대해 지배력을 보유할 때 피투자기업을 종속기업으로 분류한다. 지배력을 보유하지 못해 일반적인 금융자산(FVPL 금융자산 or FVOCI 선택 금융자산 or 관계기업투자주식)으로 분류하는 기업의 재무제표까지 합친 재무제표를 결합재무제표라고 부른다.

예제 **보고기업**

01 재무제표와 보고기업에 대한 설명으로 옳지 않은 것은? 2021. 국가직 7급

① 보고기업은 단일의 실체이거나 어떤 실체의 일부일 수 있으며, 둘 이상의 실체로 구성될 수도 있으므로, 보고기업이 반드시 법적 실체일 필요는 없다.

② 보고기업이 지배기업 단독인 경우 그 보고기업의 재무제표를 '비연결재무제표'라고 부른다.

③ 보고기업이 지배 - 종속관계로 모두 연결되어 있지는 않은 둘 이상 실체들로 구성된다면, 그 보고기업의 재무제표를 '결합재무제표'라고 부른다.

④ 연결재무제표는 특정 종속기업의 자산, 부채, 자본, 수익 및 비용에 대한 별도의 정보를 제공하기 위해 만들어졌다.

> **해설**
>
> 연결재무제표는 단일의 보고기업으로서의 지배기업과 종속기업의 자산, 부채, 자본, 수익 및 비용에 대한 정보를 제공한다.
> 연결재무제표는 지배기업과 종속기업의 재무정보를 모두 보여준다. 종속기업만의 정보를 제공하지 않는다.
>
> **정답** ④

02 재무보고를 위한 개념체계에서 보고기업에 대한 설명으로 옳지 않은 것은? 2021. 관세직 9급

① 보고기업은 재무제표를 작성해야 하거나 작성하기로 선택한 기업이다.

② 보고기업은 둘 이상의 실체로 구성될 수도 있다.

③ 보고기업은 반드시 법적 실체와 일치한다.

④ 보고기업이 지배기업과 종속기업으로 구성된다면 그 보고기업의 재무제표를 연결재무제표라고 한다.

> **해설**
>
> 보고기업은 회계상의 기업이기 때문에, 반드시 법적 실체와 일치하는 것은 아니다.
>
> **정답** ③

03 개념체계에 제시되어 있는 보고기업에 대한 설명으로 옳지 않은 것은? 2022. 계리사

① 보고기업은 재무제표를 작성해야 하거나 작성하기로 선택한 기업이다.

② 보고기업이 지배기업과 종속기업으로 구성된다면 그 보고기업의 재무제표는 '연결재무제표'이다.

③ 보고기업이 지배-종속관계로 모두 연결되어 있지는 않은 둘 이상 실체들로 구성된다면 그 보고기업의 재무제표는 '결합재무제표'이다.

④ 보고기업은 단일의 실체이거나 어떤 실체의 일부일 수 있으며 둘 이상의 실체로 구성될 수도 있으나, 반드시 법적 실체를 갖추고 있어야 한다.

> **해설**
>
> 보고기업이 반드시 법적 실체일 필요는 없다.
>
> **정답** ④

3 재무제표의 요소 `중요!`

재무제표의 요소는 개념체계가 19년에 개정된 후로 종종 출제되고 있는 주제이다. 특수주제 중에서 출제 빈도가 가장 높은 내용이므로 9급 수험생들도 잘 대비해두자.

1. 자산의 정의

자산은 과거사건의 결과로 기업이 통제하는 현재의 경제적자원이다. 자산의 정의는 다음 세 가지 측면으로 설명된다.

> (1) 권리
> (2) 경제적효익을 창출할 잠재력
> (3) 통제

1 – 1. 자산의 인식요건 첫 번째: 권리

경제적효익을 창출할 잠재력을 지닌 권리는 다음을 포함하여 다양한 형태를 갖는다.

> ① 다른 당사자의 의무에 해당하는 권리
> - 현금을 수취할 권리 예 매출채권, 미수수익
> - 재화나 용역을 제공받을 권리 예 선급비용
> ② 다른 당사자의 의무에 해당하지 않는 권리
> 예 유형자산 또는 재고자산과 같은 물리적 대상에 대한 권리

(1) 많은 권리들은 계약, 법률 또는 이와 유사한 수단에 의해 성립된다. 그러나 기업은 그 밖의 방법으로도 권리를 획득할 수 있다. 예를 들면 다음과 같다.

> ① 공공의 영역(public domain)에 속하지 않는 노하우의 획득이나 창작
> 예 풀이법, 예술작품
> ② 실무 관행, 공개한 경영방침, 특정 성명(서)과 상충되는 방식으로 행동할 수 있는 실제 능력이 없기 때문에 발생하는 다른 당사자의 의무

(2) 기업의 모든 권리가 그 기업의 자산이 되는 것은 아니다. 권리가 기업의 자산이 되기 위해서는, 해당 권리가 그 기업을 위해서 다른 당사자들이 이용가능한 경제적효익을 초과하는 경제적효익을 창출할 잠재력이 있고, 그 기업에 의해 통제되어야 한다.

모든 당사자들이 이용가능한 권리는 기업의 자산이 아니다. 예를 들어, 도로에 대한 공공권리는 누구나 똑같이 경제적효익을 누릴 수 있기 때문에 자산으로 인식하지 않는다.

(3) 기업은 기업 스스로부터 경제적효익을 획득하는 권리를 가질 수는 없다.

기업이 발행한 후 재매입하여 보유하고 있는 채무상품이나 지분상품(예 자기사채, 자기주식)은 기업의 경제적자원이 아니다.

기업이 발행한 주식(자기주식)을 재매입하는 경우 자산이 아닌 자본의 차감으로 본다. 또한, 사채를 발행한 뒤 사채를 재매입하면 기업이 스스로에게 이자와 액면금액을 갚아야 하는데, 이는 사실상 무의미하다. 따라서 자기 사채를 금융자산으로 처리하는 것이 아니라, 사채의 상환으로 보아 사채를 제거한다.

만약 보고기업이 둘 이상의 법적 실체를 포함하는 경우, 그 법적 실체들 중 하나가 발행하고 다른 하나가 보유하고 있는 채무상품이나 지분상품은 그 보고기업의 경제적자원이 아니다.

1 – 2. 자산의 인식요건 두 번째: 경제적효익을 창출할 잠재력

경제적자원은 경제적효익을 창출할 잠재력을 지닌 권리이다.

(1) 잠재력이 있기 위해 권리가 경제적효익을 창출할 것이라고 확신하거나 그 가능성이 높아야 하는 것은 아니다. ★중요!

경제적효익을 창출할 가능성이 낮더라도 권리가 경제적자원의 정의를 충족할 수 있고, 따라서 자산이 될 수 있다.

(2) 경제적자원의 가치가 미래경제적효익을 창출할 현재의 잠재력에서 도출되지만, 경제적자원은 그 잠재력을 포함한 현재의 권리이며, 그 권리가 창출할 수 있는 미래경제적효익이 아니다.

예를 들어, 학생이 낸 수강료(선급비용)는 미래에 '강의를 들을 수 있는 권리'를 의미한다. 강의를 들으면 학생이 시험에 합격하여 월급을 벌 수 있지만, 선급비용(자산) 자체가 월급(미래경제적효익)을 의미하는 것은 아니다.

(3) 지출의 발생과 자산의 취득은 밀접하게 관련되어 있으나 양자가 반드시 일치하는 것은 아니다.

기업이 현금을 지출한 경우 이를 반드시 자산으로 인식하는 것이 아니라, 비용으로 인식할 수도 있기 때문에 지출의 발생이 자산의 취득과 반드시 일치하는 것은 아니다.

1 – 3. 자산의 인식요건 세 번째: 통제

기업은 경제적자원의 사용을 지시하고 그로부터 유입될 수 있는 경제적효익을 얻을 수 있는 현재의 능력이 있다면, 그 경제적자원을 통제한다.

(1) 하나의 경제적자원에 대해서 둘 이상의 당사자가 통제할 수는 없다. 따라서 일방의 당사자가 경제적자원을 통제하면 다른 당사자는 그 자원을 통제하지 못한다.

'회계학에는 깐부가 없다.'라고 생각하면 위 문장을 쉽게 기억할 수 있을 것이다. '깐부끼리는 니꺼, 내꺼가 없는 거여~'라는 오징어게임의 대사에서 알 수 있듯, 깐부가 되면 하나의 자산을 둘 이상의 사람이 마음대로 쓸 수 있다. 하지만 회계학에서는 누군가가 자원을 통제하면 다른 사람은 그 자원을 통제할 수 없다. 따라서 회계학에는 깐부가 없다고 기억하자.

(2) 기업은 경제적자원을 자신의 활동에 투입할 수 있는 권리가 있거나, 다른 당사자가 경제적자원을 그들의 활동에 투입하도록 허용할 권리가 있다면, 그 경제적자원의 사용을 지시할 수 있는 현재의 능력이 있다.

예를 들어, 김수석이 회계학 수업을 할 때 분필을 직접 투입할 수 있다면 김수석은 분필을 사용할 권리가 있는 것이다. 혹은, 다른 교수님이 수업을 하는데 분필을 빌려달라고 해서 김수석이 빌려줄 수 있다면, 김수석은 그 분필의 사용을 지시할 수 있는 능력이 있는 것이다.

(3) 경제적자원의 통제는 일반적으로 법적 권리를 행사할 수 있는 능력에서 비롯된다. 그러나 통제는 경제적자원의 사용을 지시하고 이로부터 유입될 수 있는 효익을 얻을 수 있는 현재의 능력이 기업에게만 있도록 할 수 있는 경우에도 발생할 수 있다.

예를 들어, 기업이 펜을 만드는 특수 기술을 갖고 있지만, 이 기술을 특허로 등록하지 않아 법적 권리를 보호받지 못하는 상황이라고 하자. 만약 이 특수 기술이 너무 어려워서 다른 기업이 알더라도 절대로 따라 할 수 없다면, 이 기술은 해당 기업만 쓸 수 있기 때문에 법적 권리 없이도 통제할 수 있다.

(4) 본인이 통제하는 경제적자원은 대리인의 자산이 아님

본인은 자신이 통제하는 재화를 판매하기 위해 대리인을 고용할 수 있다. 본인이 통제하는 경제적자원을 대리인이 관리하고 있는 경우, 그 경제적자원은 대리인의 자산이 아니다.

2. 부채의 정의

부채는 과거사건의 결과로 기업이 경제적자원을 이전해야 하는 현재의무이다. 부채가 존재하기 위해서는 다음의 세 가지 조건을 모두 충족하여야 한다.

> (1) 기업에게 의무가 있다.
> (2) 의무는 경제적자원을 이전하는 것이다.
> (3) 의무는 과거사건의 결과로 존재하는 현재의무이다.

2 - 1. 부채의 인식요건 첫 번째: 의무

의무란 기업이 회피할 수 있는 실제 능력이 없는 책무나 책임을 말한다.

(1) 의무를 이행할 대상인 당사자의 신원을 알 필요는 없다. (not 신원을 알아야 한다)

다른 당사자는 사람이나 또 다른 기업, 사람들 또는 기업들의 집단, 사회 전반이 될 수 있다.

가령, 매입채무와 같은 부채는 매입대금을 지급해야 하는 상대방이 특정되어 있지만, 제품보증충당부채는 제품보증비용을 지출할 상대방이 특정되어 있지 않음에도 불구하고 부채로 인식한다.

(2) 한 당사자가 경제적자원을 이전해야 하는 의무가 있는 경우, 다른 당사자는 그 경제적자원을 수취할 권리가 있다. 그러나 한 당사자가 부채를 인식하고 이를 특정 금액으로 측정해야 한다는 요구사항이 다른 당사자가 자산을 인식하거나 동일한 금액으로 측정해야 한다는 것을 의미하지는 않는다.

예를 들어, 앞에서 언급한 제품보증충당부채의 경우 기업은 부채를 인식하지만, 제품을 구매한 고객은 이에 대해 자산을 인식하지 않는다. 누군가가 부채를 인식했다고 해서 상대방이 반드시 자산을 인식해야 하는 것은 아니다. 또는 사채발행비가 존재하는 상황에서 사채를 발행했다고 하자. 사채의 발행자는 미래 현금지급액의 현재가치에서 사채발행비를 차감한 금액을 사채의 장부금액으로 계상한다. 사채발행비는 발행자가 부담하므로, 사채의 투자자는 미래현금유입액의 현재가치를 금융자산으로 계상했을 것이다. 이 경우 발행자가 계상한 부채의 장부금액과 투자자가 계상한 자산의 장부금액은 일치하지 않는다.

(3) 모든 의무가 계약, 법률에 의해 성립되는 것은 아님

많은 의무가 계약, 법률 또는 이와 유사한 수단에 의해 성립되며, 당사자가 채무자에게 법적으로 집행할 수 있도록 한다. 그러나 기업이 실무 관행, 공개한 경영방침, 특정 성명(서)과 상충되는 방식으로 행동할 수 없는 경우, 기업의 그러한 실무 관행, 경영방침이나 성명(서)에서 의무가 발생할 수도 있다. 그러한 상황에서 발생하는 의무는 '의제의무'라고 부른다.

의제의무가 다른 주제에서도 등장하는데, 회계학의 모든 주제에서 의제의무를 포함한다. 1) 수익 기준서의 수행의무, 2) 충당부채의 현재의무, 3) 개념체계에서 부채의 의무 모두 의제의무를 포함한다고 기억하자.

(4) 기업이 청산하는 것 외에는 이전을 회피할 수 없다면 반드시 그 의무를 져야 한다.

기업이 그 기업을 청산하거나 거래를 중단하는 것으로만 이전을 회피할 수 있고 그 외는 이전을 회피할 수 없다면, 기업의 재무제표가 계속기업 기준으로 작성되는 것이 적절하다는 결론은 그러한 이전을 회피할 수 있는 실제 능력이 없다는 결론도 내포하고 있다.

가령, 사람은 죽는 것 외에는 세금을 피할 수 없다고 가정하자. 이는 '세금을 절대로 피할 수 없다'는 것과 같은 말이다. 사람이 세금을 피하기 위해서 죽지는 않을 것이기 때문이다. 이 경우 사람이 살아있다는 결론(=계속기업 가정)은 세금을 회피할 수 있는 능력이 없다는 결론을 내포한다.

2 - 2. 부채의 인식요건 두 번째: 경제적자원의 이전

부채의 두 번째 조건은 경제적자원을 이전하는 것이 의무라는 것이다.

(1) 경제적자원의 이전가능성이 낮더라도 의무가 부채의 정의를 충족할 수 있다. ⭐중요!

의무에는 기업이 경제적자원을 다른 당사자에게 이전하도록 요구받게 될 잠재력이 있어야 한다. 그러한 잠재력이 존재하기 위해서는, 기업이 경제적자원의 이전을 요구받을 것이 확실하거나 그 가능성이 높아야 하는 것은 아니다.

예를 들어 불확실한 특정 미래사건이 발생할 경우에만 이전이 요구될 수도 있다. 의무가 이미 존재하고, 만의 하나의 상황에서 기업이 경제적자원을 이전하도록 요구되기만 하면 된다.

 개념체계 상 자산, 부채 vs 충당부채, 우발부채, 우발자산

	IFRS		개념체계
	부채	자산	자산, 부채
유출입가능성이 높다	충당부채(B/S)	우발자산(주석)	정의 충족
유출입가능성이 높지 않다	우발부채(주석)	X	

개념체계 상의 자산, 부채와 충당부채, 우발부채, 우발자산의 인식 요건은 상충되는 부분이 있다. **개념체계에서는 가능성이 높지 않아도 자산, 부채의 정의를 충족하는 반면, 충당부채와 우발자산은 자원의 유출입가능성이 높아야 한다.**

개념체계는 보다 넓은 범위를 서술하기 때문에 자산과 부채에 대한 포괄적인 얘기를 하는 것이다. 반면, '충당'부채와 '우발'자산은 여러 가지 자산과 부채 중 특정 항목에 해당하는 것이기 때문에 인식 기준이 높다. 이유는 중요하지 않다. 각 규정별로 인식 요건만 정확히 기억해서 답만 잘 맞히자.

2 – 3. 부채의 인식요건 세 번째: 과거사건으로 생긴 현재의무

(1) 현재의무

현재의무는 다음 모두에 해당하는 경우에만 과거사건의 결과로 존재한다.

> ① 기업이 이미 경제적효익을 얻었거나 조치를 취했고,
> ② 그 결과로 기업이 이전하지 않아도 되었을 경제적자원을 이전해야 하거나 이전하게 될 수 있는 경우

(2) 법률제정 그 자체로는 현재의무 X

법률제정 그 자체만으로는 기업에 현재의무를 부여하기에 충분하지 않다. 새로운 법률이 제정되는 경우에는, 그 법률의 적용으로 경제적효익을 얻게 되거나 조치를 취한 결과로, 기업이 이전하지 않아도 되었을 경제적자원을 이전해야 하거나 이전하게 될 수도 있는 경우에만 현재의무가 발생한다.

예를 들어, '과속을 하면 10만원의 과태료를 부과한다.'라는 법률이 제정되었다고 치자. 이 법률이 제정되었다고 해서 기업이 현재의무를 지는 것은 아니다. 법률이 제정되었고, 기업이 과속까지 해야 현재의무를 진다. 과속이라는 사건까지 발생해야만 10만원을 이전해야 할 의무가 발생하기 때문이다.

(3) 미래의 특정 시점까지 경제적자원의 이전이 집행될 수 없더라도 현재의무는 존재할 수 있다.

예를 들어, 2년 뒤에 매입대금을 지급하는 조건으로 토지를 매입하였다면, 2년 동안은 구매자가 대금을 지급하지 않을 것이며, 판매자도 대금 지급을 요구할 수 없다. 하지만 2년 뒤에 대금을 지급해야 하는 '현재의무'는 존재하므로, 장기미지급금을 부채로 계상한다. 현재의무란 '지금 당장 이행해야 하는' 의무가 아닌, 현재 '존재하는' 의무를 의미한다.

(4) 미이행계약: 부채 X

미이행계약은 계약당사자 모두가 자신의 의무를 전혀 수행하지 않았거나 계약당사자 모두가 동일한 정도로 자신의 의무를 부분적으로 수행한 계약이나 그 계약의 일부를 말한다.

기업이 이전하지 않아도 되었을 경제적자원을 이전하도록 요구받거나 요구받을 수 있게 하는 경제적 효익의 수취나 조치가 아직 없는 경우, 기업은 경제적자원을 이전해야 하는 현재의무가 없다.

회계원리에서 '단순 계약은 회계상의 거래가 아니다'라는 것을 배웠다. 단순히 계약만 이루어져서는 자산, 부채를 인식하지 않으며, 당사자 일방이 계약상 의무를 이행해야 그 계약은 더 이상 미이행계약이 아니며, 거래로 인식하게 된다.

예를 들어, 기업이 종업원과 근로계약을 체결한 경우, 기업은 종업원의 용역을 제공받을 때까지 급여를 지급할 현재의무가 없다. 그전까지 계약은 미이행계약이며, 종업원이 근로 용역을 제공해야 기업은 급여를 지급할 현재의무를 지게 된다.

예제 재무제표의 요소

01 부채의 정의에 대한 설명으로 옳은 것은?   2021. 국가직 7급

① 의무는 항상 다른 당사자(또는 당사자들)에게 이행해야 하며, 다른 당사자(또는 당사자들)는 사람이나 또 다른 기업, 사람들 또는 기업들의 집단, 사회 전반이 될 수 있는데, 의무를 이행할 대상인 당사자(또는 당사자들)의 신원을 반드시 알아야 한다.

② 기업이 실무 관행, 공개한 경영방침, 특정 성명(서)과 상충되는 방식으로 행동할 실제 능력이 없는 경우, 기업의 그러한 실무 관행, 경영방침이나 성명(서)에서 의무가 발생할 수도 있다.

③ 의무에는 기업이 경제적자원을 다른 당사자(또는 당사자들)에게 이전하도록 요구받게 될 잠재력이 있어야 하며, 그러한 잠재력이 존재하기 위해서는, 기업이 경제적자원의 이전을 요구받을 것이 확실하거나 그 가능성이 높아야 한다.

④ 새로운 법률이 제정되는 경우에는 법률제정 그 자체만으로 기업에 현재의무를 부여하기에 충분하다.

> **해설**
>
> ① 의무를 이행할 대상인 당사자의 신원을 알 **필요는 없다.**
> ③ 경제적자원의 이전가능성이 **낮더라도** 의무가 부채의 정의를 충족할 수 있다.
> ④ 법률제정 그 자체만으로는 기업에 현재의무를 부여하기에 **충분하지 않다.**
>
> 정답 ②

02 재무보고를 위한 개념체계에서 재무제표 기본요소의 인식에 대한 설명으로 옳지 않은 것은?   2021. 지방직 9급

① 특정 자산과 부채를 인식하기 위해서는 측정을 해야 하며 많은 경우 그러한 측정은 추정될 수 없다.

② 자산, 부채 또는 자본의 정의를 충족하는 항목만이 재무상태표에 인식되며 그러한 요소 중 하나의 정의를 충족하는 항목이라고 할지라도 항상 인식되는 것은 아니다.

③ 거래나 그 밖의 사건에서 발생된 자산이나 부채의 최초 인식에 따라 수익과 관련된 비용을 동시에 인식할 수 있다.

④ 경제적효익의 유입가능성이나 유출가능성이 낮더라도 자산이나 부채가 존재할 수 있다.

> **해설**
>
> 재무정보에는 상당 부분 추정이 개입된다. '추정될 수 없다.'라고 언급하고 있으므로 틀린 문장이다.
> ② 재무상태표에 인식되기 위해서는 앞에서 나열한 여러 가지 조건을 충족해야 한다. 하나의 정의를 충족한다고 해서 반드시 인식되는 것은 아니다. (O)
> ③ 수익 – 비용 대응 원칙에 대한 설명이다. 가령, 매출이 발생한 경우 매출과 동시에 매출원가를 인식하듯 수익과 비용을 동시에 인식할 수 있다. (O)
> ④ 경제적효익을 창출할 가능성이 낮더라도 권리가 경제적자원의 정의를 충족할 수 있고, 따라서 자산이 될 수 있다. 경제적자원의 이전가능성이 낮더라도 의무가 부채의 정의를 충족할 수 있다. (O)
>
> 정답 ①

03 자산은 '과거사건의 결과로 기업이 통제하는 현재의 경제적 자원'으로 정의되는데 이에 대한 설명으로 옳지 않은 것은?

2018. 관세직 9급 수정

① 경제적자원은 경제적효익을 창출할 잠재력을 지닌 권리이다.

② 잠재력이 있기 위해 권리가 경제적효익을 창출할 것이라고 확신하거나 그 가능성이 높아야 한다.

③ 기업이 경제적자원을 통제하고 있다는 것은 기업은 경제적자원의 사용을 지시하고 그로부터 유입될 수 있는 경제적효익을 얻을 수 있는 현재의 능력이 있다는 것을 의미한다.

④ 기업이 경제적자원을 통제하기 위해서는 해당 자원의 미래경제적효익이 다른 당사자가 아닌 그 기업에게 직접 또는 간접으로 유입되어야 한다.

 해설

잠재력이 있기 위해 권리가 경제적효익을 창출할 것이라고 확신하거나 그 가능성이 높아야 하는 것은 아니다.

정답 ②

---

04 다음 중 경제적효익을 창출할 잠재력을 지닌 권리로 볼 수 없는 것은?

2022. 계리사

① 지적재산 사용권

② 리스제공자산의 잔존가치에서 효익을 얻을 권리

③ 기업이 발행한 후 재매입하여 보유하고 있는 자기주식

④ 유리한 조건으로 다른 당사자와 경제적자원을 교환할 권리

 해설

기업은 기업 스스로부터 경제적효익을 획득하는 권리를 가질 수는 없다. 따라서 기업이 발행한 후 재매입한 자기주식은 자산이 아닌 자본의 차감으로 처리한다.

정답 ③

---

4 자본 빛 자본유지개념

1. 자본의 개념

	자본의 정의	재무제표이용자들의 관심
재무적 개념	투자된 화폐액 또는 구매력	투하자본의 구매력 유지
실물적 개념	조업능력	조업능력 유지

(1) 자본의 재무적 개념

대부분의 기업은 자본의 재무적 개념에 기초하여 재무제표를 작성한다. 자본을 투자된 화폐액 또는 투자된 구매력으로 보는 재무적 개념 하에서 자본은 기업의 순자산이나 지분과 동의어로 사용된다.

기업은 재무제표이용자들의 정보요구에 기초하여 적절한 자본개념을 선택하여야 한다. 따라서 재무제표이용자들이 주로 명목상의 투하자본이나 투하자본의 구매력 유지에 관심이 있다면 재무적 개념의 자본을 채택하여야 한다.

(2) 자본의 실물적 개념

자본을 조업능력으로 보는 자본의 실물적 개념 하에서는 자본은 1일 생산수량과 같은 기업의 생산능력으로 간주된다. 이용자들의 주된 관심이 기업의 조업능력 유지에 있다면 실물적 개념의 자본을 사용하여야 한다.

2. 자본유지개념

자본유지개념은 기업이 유지하려고 하는 자본을 어떻게 정의하는지와 관련된다. 자본유지개념은 이익이 측정되는 준거기준을 제공함으로써 자본개념과 이익개념 사이의 연결고리를 제공한다. 자본유지개념은 기업의 자본에 대한 투자수익과 투자회수를 구분하기 위한 필수요건이다.

자본유지개념에 따라 이익의 범위가 다르며, 이익으로 보지 않는 부분은 '자본유지조정'으로 분류한다.

		재무자본유지개념		실물자본유지개념
		명목화폐	불변구매력	
영업이익			이익	이익
보유 이익	초과이익	이익		자본유지조정
	물가상승		자본유지조정	

(1) 재무자본유지개념

재무자본유지 개념 하에서 이익은 해당 기간 동안 소유주에게 배분하거나 소유주가 출연한 부분을 제외하고 기말 순자산의 재무적 측정금액(화폐금액)이 기초 순자산의 재무적 측정금액(화폐금액)을 초과하는 경우에만 발생한다. 재무자본유지는 명목화폐단위 또는 불변구매력단위를 이용하여 측정할 수 있다.

① 명목화폐 단위: 모든 이익 포함

자본을 명목화폐단위로 정의한 재무자본유지개념 하에서 이익은 해당 기간 중 명목화폐자본의 증가액을 의미한다. 따라서 기간 중 보유한 자산가격의 증가 부분, 즉 보유이익은 이익에 속한다. 쉽게 말해서, 명목적인 관점에서 봤을 때 돈(화폐)이 늘었다면 전부 다 이익이라는 뜻이다.

② 불변구매력 단위: 물가상승에 따른 이익은 제외

재무자본유지개념이 불변구매력 단위로 정의된다면 이익은 해당 기간 중 투자된 구매력의 증가를 의미하게 된다. 따라서 일반물가수준에 따른 가격상승을 초과하는 자산가격의 증가 부분만이 이익으로 간주되며, 그 이외의 가격증가 부분은 자본의 일부인 자본유지조정으로 처리된다.

(2) 실물자본유지개념: 보유이익은 제외

실물자본유지개념 하에서 이익은 해당 기간 동안 소유주에게 배분하거나 소유주가 출연한 부분을 제외하고 기업의 기말 실물생산능력이나 조업능력이 기초 실물생산능력을 초과하는 경우에만 발생한다.

실물자본유지개념 하에서 이익은 해당 기간 중 실물생산능력의 증가를 의미한다. 기업의 자산과 부채에 영향을 미치는 모든 가격변동은 해당 기업의 실물생산능력에 대한 측정치의 변동으로 간주되어 이익이 아니라 자본의 일부인 자본유지조정으로 처리된다.

(3) 측정기준: 실물자본유지–현행원가 (중요!)

실물자본유지개념	현행원가기준
재무자본유지개념	측정기준 X

자본유지개념에서 가장 중요한 내용이다. 실물자본유지개념을 사용하기 위해서는 현행원가기준에 따라 측정해야 한다. 그러나 재무자본유지개념은 특정한 측정기준의 적용을 요구하지 아니한다.

 예제 **자본유지개념**

01 '재무보고를 위한 개념체계'에 대한 설명으로 옳지 않은 것은?   2018. 국가직 7급

① 자본유지개념에서는 자본유지를 위해 필요한 금액을 초과하는 자산의 유입액만이 이익으로 간주될 수 있다.

② 재무자본유지개념에서의 이익은 해당 기간 동안 소유주에게 배분하거나 소유주가 출연한 부분을 제외하고 기말 순자산의 재무적 측정금액(화폐금액)이 기초 순자산의 재무적 측정금액(화폐금액)을 초과하는 경우에만 발생한다.

③ 재무자본유지개념이 불변구매력 단위로 정의된다면 일반물가 수준에 따른 가격상승을 초과하는 자산가격의 증가 부분만이 이익으로 간주된다.

④ 재무자본유지개념은 특정한 측정기준의 적용을 요구하지 않으나, 실물자본유지개념을 사용하기 위해서는 순자산을 역사적원가기준에 따라 측정해야 한다.

> **해설**
>
> ④ 실물자본유지개념은 **현행원가**에 따라 측정해야 한다.
>
> **정답** ④

02 자본에 대한 설명으로 옳지 않은 것은? 2024. 국가직 9급

① 기업의 자산에서 모든 부채를 차감한 후의 잔여지분이다.

② 자본을 투자된 화폐액 또는 투자된 구매력으로 보는 재무적 개념 하에서 자본은 기업의 순자산이나 지분과 동의어로 사용된다.

③ 재무제표이용자들이 주로 명목상의 투하자본이나 투하자본의 구매력 유지에 관심이 있다면 재무적 개념의 자본을 채택하여야 한다.

④ 자본개념을 실무적으로 적용하는 데 측정의 어려움이 있다면 선택된 자본개념에 따라 이익의 결정 목표가 무엇인지 알 수 없다.

 해설

비록 자본개념을 실무적으로 적용하는 데는 측정의 어려움이 있을 수 있지만 선택된 자본개념에 따라 이익의 결정 목표가 무엇인지 알 수 있게 된다.

정답 ④

03 자본 및 자본유지개념에 관한 설명으로 옳지 않은 것은? 2018. 세무사

① 자본유지개념은 이익이 측정되는 준거기준을 제공하며, 기업의 자본에 대한 투자수익과 투자회수를 구분하기 위한 필수요건이다.

② 자본을 투자된 화폐액 또는 투자된 구매력으로 보는 재무적 개념하에서 자본은 기업의 순자산이나 지분과 동의어로 사용된다.

③ 자본을 불변구매력 단위로 정의한 재무자본유지개념하에서는 일반물가수준에 따른 가격상승을 초과하는 자산가격의 증가 부분만이 이익으로 간주된다.

④ 재무자본유지개념을 사용하기 위해서는 현행원가기준에 따라 측정해야 하며, 실물자본유지개념은 특정한 측정 기준의 적용을 요구하지 아니한다.

⑤ 자본을 실물생산능력으로 정의한 실물자본유지개념하에서 기업의 자산과 부채에 영향을 미치는 모든 가격변동은 해당 기업의 실물생산능력에 대한 측정치의 변동으로 간주되어 이익이 아니라 자본의 일부로 처리된다.

해설

④ 재무자본유지개념과 실물자본유지개념에 대한 설명이 서로 뒤바뀌었다. 이 문제도 각 자본유지개념의 측정 기준을 서술한 선지가 답이었다.

정답 ④

04 다음 자료를 이용하여 ㈜한국의 자본을 재무자본유지개념(불변구매력단위)과 실물자본유지개념으로 측정할 때, 20X1년도에 인식할 이익은? (단, 20X1년 중 다른 자본거래는 없다) 2022. 지방직 9급

구분	20X1년 초	20X1년 말
자산 총계	₩100,000	₩300,000
부채 총계	₩50,000	₩150,000
일반물가지수	100	150
재고자산 단위당 구입가격	₩1,000	₩2,000

	재무자본유지개념(불변구매력단위)	실물자본유지개념
①	₩ 75,000	₩ 50,000
②	₩ 75,000	₩ 100,000
③	₩ 100,000	₩ 50,000
④	₩ 100,000	₩ 100,000

해설

		명목화폐	불변구매력	실물자본
영업이익		100,000	75,000	50,000
보유이익	초과이익			50,000
	물가상승		25,000	

(1) 총 이익: (300,000 − 150,000) − (100,000 − 50,000) = 100,000

(2) 보유이익: 50,000(기초 자본) × 100%(재고자산 가격 상승률) = 50,000
 ① 물가상승분: 50,000(기초 자본) × 50%(일반물가 상승률) = 25,000
 ② 초과이익: 보유이익 − 물가상승분 = 50,000 − 25,000 = 25,000

(3) 영업이익: 총 이익−보유이익 = 100,000 − 50,000 = 50,000

(4) 재무자본유지개념(불변구매력단위): 총 이익 − 물가상승분 = 100,000 − 25,000 = **75,000**

(5) 실물자본유지개념: 총 이익 − 보유이익 = 100,000 − 50,000 = **50,000**

정답 ①

05 20X1년 초 도소매업으로 영업을 개시한 ㈜세무는 현금 ₩1,800을 투자하여 상품 2개를 단위당 ₩600에 구입하고, 구입한 상품을 단위당 ₩800에 판매하여 20x1년 말 현금은 ₩2,200이 되었다. 20x1년 중 물가상승률은 10%이며, 20X1년 기말 상품의 단위당 구입 가격은 ₩700이다. 실물자본유지개념을 적용하여 산출한 20X1년 말에 인식할 이익과 자본유지조정 금액은?

2020. CTA

① 이익 ₩100, 자본유지조정 ₩300　　　② 이익 ₩180, 자본유지조정 ₩220

③ 이익 ₩220, 자본유지조정 ₩180　　　④ 이익 ₩300, 자본유지조정 ₩100

⑤ 이익 ₩400, 자본유지조정 ₩0

해설

		명목화폐	불변구매력	실물자본
영업이익		이익: 400	이익: 220	이익: **100**
보유이익	초과이익			자본유지조정 : **300**
	물가상승		1,800×10%=180	

총 이익: 2,200−1,800=400
보유이익: 1,800×(700−600)/600=300

정답 ①

재무제표 표시

1 유동과 비유동의 구분

다음의 경우 유동자산(유동부채)으로 분류한다.

> (1) 기업의 정상영업주기 혹은 보고기간 후 12개월 이내에 실현될(결제될) 것으로 예상하고 있다.
> (2) 보고기간 후 12개월 이상 부채의 결제를 연기할 수 있는 무조건의 권리를 가지고 있지 않다.

1. 정상영업주기 or 12개월 이내에 실현될(결제될) 것으로 예상

일반적으로 유동/비유동은 12개월을 기준으로 구분한다. 하지만 조선업이나 항공기업처럼 제작부터 판매에 장기간이 소요되는 업종은 영업주기가 기므로 12개월을 기준으로 구분하면 매출채권과 매입채무도 비유동 항목으로 분류될 것이다. 따라서 이런 문제를 방지하기 위해 정상영업주기(=재고자산처리기간 + 매출채권회수기간) 혹은 12개월 이내에 실현될 것으로 예상된다면 유동항목으로 분류한다.

2. 보고기간 후 12개월 이상 부채의 결제를 연기할 수 있는 무조건의 권리 X

보수주의로 인해서, 12개월 이내에 결제를 할 수 있는 가능성이 조금이라도 있다면 유동부채로 분류한다. 보고기간 후 12개월 이상 결제를 연기할 수 있는 '무조건의' 권리를 갖고 있어야만 비유동부채로 분류할 수 있으며, 무조건의 권리를 가지고 있지 않으면 유동부채로 분류한다.

3. 즉시 상환요구가 가능한 장기성 채무

(1) 만기 12개월 이상 연장 재량권이 존재하면 비유동부채, 재량권이 없다면 유동부채

기업이 기존의 대출계약조건에 따라 보고기간 후 적어도 12개월 이상 부채를 차환하거나 연장할 것으로 기대하고 있고, 그런 재량권이 있다면, 보고기간 후 12개월 이내에 만기가 도래한다 하더라도 비유동부채로 분류한다. 그러나 기업에게 부채의 차환이나 연장에 대한 재량권이 없다면(예를 들어, 차환약정이 없는 경우), 차환가능성을 고려하지 않고 유동부채로 분류한다.

(2) 대여자가 즉시 상환 요구할 수 있으면 상환 요구하지 않기로 약속해도 유동부채

보고기간말 이전에 장기차입약정을 위반했을 때 대여자가 즉시 상환을 요구할 수 있는 채무는 보고기간 후 재무제표 발행승인일 전에 채권자가 약정위반을 이유로 상환을 요구하지 않기로 합의하더라도 유동부채로 분류한다. 기업이 보고기간말 현재 그 시점으로부터 적어도 12개월 이상 결제를 연기할 수 있는 무조건적 권리를 가지고 있지 않기 때문이다.

(3) 대여자가 즉시 상환 요구할 수 없다면 비유동부채

그러나 대여자가 보고기간말 이전에 보고기간 후 적어도 12개월 이상의 유예기간을 주는 데 합의하여 그 유예기간 내에 기업이 위반사항을 해소할 수 있고, 또 그 유예기간 동안에는 대여자가 즉시 상환을 요구할 수 없다면 그 부채는 비유동부채로 분류한다.

 예제 **유동과 비유동의 구분**

01 유동자산과 유동부채에 대한 설명으로 옳지 않은 것은?   2018. 국가직 7급

① 기업의 정상영업주기 내에 실현될 것으로 예상하거나, 정상영업주기 내에 판매하거나 소비할 의도가 있는 자산은 유동자산으로 분류한다.

② 보고기간 후 12개월 이내에 실현될 것으로 예상되는 자산은 유동자산으로 분류한다.

③ 보고기간 후 12개월 이상 부채의 결제를 연기할 수 있는 무조건의 권리를 가지고 있지 않은 부채는 유동부채로 분류한다.

④ 매입채무와 같이 기업의 정상영업주기 내에 사용되는 운전자본의 일부항목이라도 보고기간 후 12개월 후에 결제일이 도래할 경우 비유동부채로 분류한다.

> **해설**
>
> 정상영업주기 혹은 12개월 이내에 실현된다면 유동 항목으로 분류한다. 12개월 후에 결제되더라도 정상영업주기 내라면 유동부채로 분류한다.
>
> **정답** ④

02 재무상태표에 대한 설명으로 옳지 않은 것은?   2020. 국가직 7급

① 기업이 재무상태표에 유동자산과 비유동자산, 그리고 유동부채와 비유동부채로 구분하여 표시하는 경우, 이연법인세자산(부채)은 유동자산(부채)으로 분류한다.

② 유동성 순서에 따른 표시방법이 신뢰성 있고 더욱 목적적합한 정보를 제공하는 경우를 제외하고는 유동자산과 비유동자산, 유동부채와 비유동부채로 재무상태표에 구분하여 표시한다.

③ 유동자산은 주로 단기매매목적으로 보유하고 있는 자산과 비유동금융자산의 유동성 대체 부분을 포함한다.

④ 보고기간 후 12개월 이상 결제를 연기할 수 있는 무조건의 권리를 가지고 있지 않으면 유동부채로 분류한다.

> **해설**
>
> 이연법인세자산(부채)은 비유동자산(부채)로 분류한다.
> ④ 보고기간 후 12개월 이상 결제를 연기할 수 있는 '무조건의' 권리를 갖고 있어야만 비유동부채로 분류할 수 있다. 무조건의 권리를 가지고 있지 않으면 유동부채로 분류한다. (O)
>
> **정답** ①

2 포괄손익계산서

1. 포괄손익계산서의 표시방법

해당 기간에 인식한 모든 수익과 비용 항목은 다음 중 한 가지 방법으로 표시한다. 기타포괄손익까지 하나의 표에 표시해도 되고, 당기순이익과 기타포괄손익 금액만 별개의 표로 표시해도 된다.

(1) 단일 포괄손익계산서

단일 포괄손익계산서	
수익	XXX
비용	(XXX)
NI(당기순이익)	XXX
OCI(기타포괄손익)	XXX
CI(총포괄손익)	XXX

(2) 두 개의 보고서: 당기손익 부분을 표시하는 별개의 손익계산서와 포괄손익을 표시하는 보고서

별개의 손익계산서		포괄손익을 표시하는 보고서	
수익	XXX	NI(당기순이익)	XXX
비용	(XXX)	OCI(기타포괄손익)	XXX
NI(당기순이익)	XXX	CI(총포괄손익)	XXX

2. 기타포괄손익의 표시

(1) 한 기간에 인식되는 모든 수익과 비용 항목은 한국채택국제회계기준이 달리 정하지 않는 한 당기손익으로 인식한다.

기타포괄손익은 K - IFRS에서 나열한 항목(잉금재, 해위)에 한정된다. 나머지 수익, 비용은 전부 당기손익(PL)으로 인식한다.

(2) 기타포괄손익의 법인세비용 공시

기타포괄손익의 항목(재분류조정 포함)과 관련한 법인세비용은 포괄손익계산서나 주석에 공시한다. 기타포괄손익의 항목은 관련 법인세비용을 차감한 순액으로 표시하거나, 법인세비용차감전 금액으로 표시할 수 있다.
1) 기타포괄손익의 항목이 재분류조정을 포함한다는 것과 2) 기타포괄손익과 관련된 법인세비용은 포괄손익계산서나 주석에 공시한다는 두 가지 내용을 기억하자. '기타포괄손익의 항목(재분류조정 제외)'과 '포괄손익계산서나 주석에 공시하지 않는다'가 틀린 문장으로 제시된 적이 있었다.

(3) 기타포괄손익의 항목과 관련된 재분류조정을 공시한다.

재분류조정은 포괄손익계산서나 주석에 표시할 수 있다. 재분류조정을 주석에 표시하는 경우에는 관련 재분류조정을 반영한 후에 기타포괄손익(not 당기손익)의 항목을 표시한다.
재분류조정은 기타포괄손익을 당기손익으로 재분류하는 것이므로, 재분류조정 후 남은 기타포괄손익을 표시한다.

예제 | **포괄손익계산서**

01 포괄손익계산서에 대한 설명으로 옳지 않은 것은? 2020. 국가직 9급

① 비용을 기능별로 분류하는 기업은 감가상각비, 기타 상각비와 종업원급여비용을 포함하여 비용의 성격에 대한 추가 정보를 공시한다.

② 재분류조정을 주석에 표시하는 경우에는 관련 재분류조정을 반영한 후에 당기손익의 항목을 표시한다.

③ 수익과 비용의 어느 항목도 당기손익과 기타포괄손익을 표시하는 보고서 또는 주석에 특별손익 항목으로 표시할 수 없다.

④ 유형자산재평가잉여금을 이익잉여금으로 대체하는 경우 그 금액은 당기손익으로 인식하지 않는다.

> **해설**
>
> ① 비용을 기능별로 분류하는 기업은 성격별 분류를 주석에 공시해야 한다. (O)
> ② 재분류조정을 주석에 표시하는 경우에는 관련 재분류조정을 반영한 후에 **기타포괄손익**의 항목을 표시한다.
> ③ K - IFRS에서는 특별손익 항목을 표시할 수 없다. (O)
> ④ 재평가잉여금은 재분류조정 대상이 아니다. 따라서 이익잉여금으로 직접 대체는 가능하지만, 당기손익으로 인식하지 않는다. (O)
>
> **정답** ②

02 재무제표 표시 중 포괄손익계산서에 대한 설명으로 옳지 않은 것은? 2017. 지방직 9급

① 기타포괄손익의 항목(재분류조정 포함)과 관련한 법인세비용 금액은 포괄손익계산서나 주석에 공시하지 않는다.

② 기업의 재무성과를 이해하는 데 목적적합한 경우에는 당기손익과 기타포괄손익을 표시하는 보고서에 항목, 제목 및 중간합계를 추가하여 표시한다.

③ 한 기간에 인식되는 모든 수익과 비용 항목은 한국채택국제회계기준이 달리 정하지 않는 한 당기손익으로 인식한다.

④ 기업은 수익에서 매출원가 및 판매비와관리비(물류원가 등을 포함)를 차감한 영업이익(또는 영업손실)을 포괄손익계산서에 구분하여 표시한다.

> **해설**
>
> 기타포괄손익의 항목(재분류조정 포함)과 관련한 법인세비용 금액은 포괄손익계산서나 주석에 공시한다.
>
> **정답** ①

03 재무제표 표시에 대한 설명으로 옳지 않은 것은?

2022. 지방직 9급

① 보고기간말 이전에 장기차입약정을 위반했을 때 대여자가 즉시 상환을 요구할 수 있는 채무는 보고기간 후 재무제표 발행승인일 전에 채권자가 약정위반을 이유로 상환을 요구하지 않기로 합의하더라도 유동부채로 분류한다.

② 기타포괄손익의 항목(재분류조정 포함)과 관련한 법인세비용 금액은 포괄손익계산서나 주석에 공시한다.

③ 비용의 성격별 분류는 기능별 분류보다 재무제표이용자에게 더욱 목적적합한 정보를 제공할 수 있지만 비용을 성격별로 배분하는데 자의적인 배분과 상당한 정도의 판단이 개입될 수 있다.

④ 재분류조정은 포괄손익계산서나 주석에 표시할 수 있으며, 재분류조정을 주석에 표시하는 경우에는 관련 재분류조정을 반영한 후에 기타포괄손익의 항목을 표시한다.

 해설

비용의 **기능별** 분류는 **성격별** 분류보다 재무제표이용자에게 더욱 목적적합한 정보를 제공할 수 있지만 비용을 **기능별**로 배분하는데 자의적인 배분과 상당한 정도의 판단이 개입될 수 있다.

정답 ③

---

3 중간재무보고

중간재무보고란, 한 회계기간보다 짧은 회계기간을 기준으로 하는 재무보고를 의미한다. 중간재무보고기간은 3개월, 6개월 등 회사마다 다르게 이루어진다.

1. 중간재무제표가 제시되어야 하는 기간

① 당해 중간보고기간말과 직전 연차보고기간말을 비교하는 형식으로 작성한 재무상태표
② 당해 중간기간과 당해 회계연도 누적기간을 직전 회계연도의 동일기간과 비교하는 형식으로 작성한 포괄손익계산서
③ 당해 회계연도 누적기간을 직전 회계연도의 동일기간과 비교하는 형식으로 작성한 자본변동표, 현금흐름표

중간재무제표 예시

		당기 (X2년)	전기 (X1년)
재무상태표		X2.6.30	X1.12.31
포괄손익계산서	중간기간	X2.4.1~X2.6.30	X1.4.1~X1.6.30
	누적기간	X2.1.1~X2.6.30	X1.1.1~X1.6.30
자본변동표, 현금흐름표		X2.1.1~X2.6.30	X1.1.1~X1.6.30

재무상태표는 잔액을 보여주는 재무제표이므로 시점을 비교한다. 반면, 포괄손익계산서, 자본변동표와 현금흐름표는 변동분을 보여주는 재무제표이므로 기간을 비교한다. 이 중에서 포괄손익계산서는 상대적으로 더 중요한 재무제표이므로 중간기간과 누적기간을 모두 비교하지만, 자본변동표와 현금흐름표는 누적기간만 비교한다. '중간기간'이 아닌 '누적기간'을 비교한다는 것을 꼭 기억하자.

2. 중요성

중간재무보고서를 작성할 때 중요성의 판단은 해당 중간기간의 재무자료에 근거하여 이루어져야 한다.
중간재무제표를 작성할 때의 중요성은 1년 전체의 재무제표 수준이 아닌, 중간재무제표 수준에서 결정한다는 뜻이다.

3. 연차재무보고와의 관계

연차재무보고는 1년 전체 재무제표를 의미한다. 중간재무보고는 연차재무보고와 다음과 같은 관계를 갖는다.

(1) 회계정책: 동일한 회계정책 적용 (예 연결기준)

중간재무제표는 연차재무제표에 적용하는 회계정책과 동일한 회계정책을 적용하여 작성한다.
따라서, 직전 연차재무보고서를 연결기준으로 작성하였다면 중간재무보고서도 연결기준으로 작성해야 한다.

(2) IFRS의 적용: 개별적으로 평가! (not 통합하여 평가)

연차재무보고서 및 중간재무보고서가 한국채택국제회계기준에 따라 작성되었는지는 개별적으로(not 통합하여) 평가한다. 중간재무보고를 하지 않았거나 이 기준서를 준수하지 아니한 중간재무보고를 하였더라도 연차재무제표는 한국채택국제회계기준에 따라 작성될 수 있다.

중간재무보고는 연차재무보고와 동일한 회계정책을 적용하여 작성해야 하지만, IFRS의 적용은 개별적으로 평가한다. 기본적으로 중간재무보고의 회계정책은 연차재무보고와 일치시키는 것이 원칙이지만, 중간재무보고가 연차재무보고에 비해 중요도가 떨어지므로 IFRS를 적용하지 않을 수 있도록 허용해준 것이다.

예제 중간재무보고

01 중간재무보고에 대한 설명으로 옳지 않은 것은? 2019. 국가직 9급

① 중간재무보고는 6개월, 3개월 등으로 보고기간을 설정할 수 있다.

② 직전 연차 재무보고서를 연결기준으로 작성하였다면 중간재무보고서도 연결기준으로 작성해야 한다.

③ 중간재무보고서는 당해 회계연도 누적기간을 직전 연차보고기간 말과 비교하는 형식으로 작성한 재무상태표를 포함하여야 한다.

④ 중간재무보고서는 당해 회계연도 누적기간을 직전 회계연도의 동일기간과 비교하는 형식으로 작성한 현금흐름표를 포함하여야 한다.

> **해설**
>
> 중간재무보고서는 당해 회계연도와 직전 회계연도의 같은 시점이나 기간을 비교해야 한다. '누적기간'은 변동분을 표현하는 손익계산서, 현금흐름표, 자본변동표에 해당하는 표현이다. 재무상태표에는 적용할 수 없다. 이를 수정하면 다음과 같다.
> 중간재무보고서는 당해 '중간보고기간말'과 직전 연차보고기간말을 비교하는 형식으로 작성한 재무상태표를 포함하여야 한다.
> ① 회사마다 규모가 다르고, 그에 따른 회계 규정이 다르므로 중간재무보고의 보고기간은 다르다.
> ④ 현금흐름표이므로 '누적기간'이라는 표현을 사용할 수 있으며, 동일기간과 비교하는 형식이므로 맞는 문장이다.
>
> **정답** ③

02 중간재무제표의 작성과 관련된 기업회계기준서의 설명으로 옳지 않은 것은? 2010. 국가직 7급

① 현금흐름표는 당해 회계연도 누적기간을 직전 회계연도의 동일기간과 비교하는 형식으로 작성한다.

② 포괄손익계산서는 당해 중간기간과 당해 회계연도 누적기간을 직전 회계연도의 동일기간과 비교하는 형식으로 작성한다.

③ 재무상태표(대차대조표)는 당해 중간보고기간말과 직전 연차보고기간말을 비교하는 형식으로 작성한다.

④ 자본변동표는 당해 회계연도 중간기간을 직전 회계연도의 누적기간과 비교하는 형식으로 작성한다.

> **해설**
>
> 자본변동표는 당해 회계연도 '누적'기간을 직전 회계연도의 '동일'기간과 비교하는 형식으로 작성한다. 양 회계연도의 같은 기간을 비교해야 하는데, 비교하는 기간이 서로 다르다.
>
> **정답** ④

03 중간재무보고에 관련된 K – IFRS의 설명으로 옳지 않은 것은? 2014. 서울시 9급

① 적시성과 재무제표 작성 비용의 관점에서 또한 이미 보고된 정보와의 중복을 방지하기 위하여 중간재무 보고서에는 연차재무제표에 비하여 적은 정보를 공시할 수 있다.

② 직전 연차재무보고서를 연결기준으로 작성하였다면 중간재무보고서도 연결기준으로 작성해야 한다.

③ 중간재무보고서를 작성할 때 인식, 측정, 분류 및 공시와 관련된 중요성의 판단은 해당 중간기간의 재무 자료에 근거하여 이루어져야 한다. 중요성을 평가하는 과정에서 중간기간의 측정은 연차재무자료의 측정 에 비하여 추정에 의존하는 정도가 크다는 점을 고려하여야 한다.

④ 연차재무보고서 및 중간재무보고서가 한국채택국제회계기준에 따라 작성되었는지는 통합하여 평가 한다.

> **해설**
>
> 연차재무보고서 및 중간재무보고서가 한국채택국제회계기준에 따라 작성되었는지는 **개별적으로** 평가한다.
> ① 중간재무제표는 연차재무제표에 비해 간단한 재무제표이므로, 적은 정보를 공시할 수 있다. (O)
>
> 정답 ④

4 중단영업손익

1. 중단영업손익은 세후 금액 한 줄로 표시

중단영업은 회사가 여러 사업을 동시에 진행하던 중, 폐쇄하거나 매각하려는 사업을 의미한다. 중단영업에서 발생한 손익은 포괄손익계산서에 세후 단일금액(중단영업손익)으로 표시한다.

다음 포괄손익계산서 예시를 보자. 계속영업이익은 법인세비용차감전순이익(EBT)에서 법인세비용을 차감하는 형태로 표시한다. 하지만 중단영업과 관련된 법인세비용은 포괄손익계산서에 표시하지 않고, '중단영업손익' 한 줄로 표시한다. 이때 중단영업손익은 세후금액을 의미한다.

포괄손익계산서 예시

매출액	XXX
매출원가	(XXX)
매출총이익	XXX
판매비와 관리비	(XXX)
영업이익	XXX
영업외손익	XXX
법인세비용차감전순이익(EBT)	XXX
법인세비용	(XXX)
계속영업이익	XXX
중단영업손익	XXX
당기순이익(NI)	XXX

예제   중단영업손익

01 손익계산서의 작성과 표시에 관한 기업회계기준의 내용으로 옳지 않은 것은?   2010. 관세직 9급 수정

① 기타포괄손익의 항목(재분류조정 포함)과 관련한 법인세비용 금액은 포괄손익계산서나 주석에 공시한다.

② 중단사업손익은 중단사업영업손익과 영업외손익을 합한 금액에서 중단사업손익법인세비용을 차감하는 형식으로 손익계산서 본문에 표시한다.

③ 당기순손익은 계속사업손익에 중단사업손익을 가감하여 산출한다.

④ 기타포괄손익의 구성요소와 관련된 재분류조정을 공시한다.

해설

중단사업손익은 세전이익에서 법인세비용을 차감하는 형식으로 표시하는 것이 아니라, 세후이익 한 줄로 손익계산서에 표시한다.

정답 ②

Chapter

03 외화환산

---

1 화폐성 항목

1. 화폐성 항목의 정의

화폐성 항목이란, 미래의 현금흐름이 확정된 항목을 의미한다. 매출채권, 매입채무, 대여금, 차입금, 미지급금, 미수금, 채권 등이 있다. 미지급금, 미수금은 아직 현금흐름이 발생하지 않았고, 미래에 발생할 현금유출입액으로 장부에 계상하므로 화폐성 항목이다. 채권은 미래에 수취할 이자와 액면금액이 정해져 있으므로 화폐성 항목이다.

2. 화폐성 항목의 외화환산

화폐성 항목은 기말환율로 평가하고, 그 차이를 당기손익(PL)로 인식한다.

---

2 비화폐성 항목

1. 비화폐성 항목의 정의

비화폐성 항목이란, 미래의 현금흐름이 확정되지 않은 항목을 의미한다. 유·무형자산, 선급금, 선수금, 주식 등이 있다. 선급금, 선수금은 '이미 발생한 현금흐름'에 대한 권리나 의무이다. 이미 돈을 줬거나, 받았기 때문에 미래의 현금흐름이 없으며, 비화폐성 항목으로 분류한다. 주식은 채권과 달리 미래에 수취할 배당이 확정적이지 않으며, 투자 원금을 발행자로부터 돌려받지도 못하므로 비화폐성 항목이다.

2. 비화폐성 항목의 외화환산

비화폐성 항목은 원화 금액만 계산해서 원래 하던 대로 회계처리하면 된다. 취득원가로 평가하는 자산은 취득원가를 그대로 두면 되고, 공정가치로 평가하는 자산은 기말 공정가치에 기말 환율을 곱한 원화 기준의 공정가치로 평가한다.

(1) 취득원가로 평가하는 자산 ▣ 원가모형을 적용하는 토지

$$원화\ 취득원가 = 취득원가(\$) \times 취득일\ 환율$$

취득원가로 평가하는 자산은 기말에 평가를 하지 않기 때문에 취득 시 계상한 금액을 그대로 기말에 계상하면 된다.

(2) 공정가치로 평가하는 자산 예 재평가모형을 적용하는 토지, 금융자산

$$\text{원화 공정가치} = \text{기말 FV(\$)} \times \text{기말 환율}$$

공정가치로 측정하는 비화폐성 외화항목은 공정가치가 측정된 날의 환율로 환산한다. 이때 거래일의 환율과 공정가치 측정일의 환율은 다르기 때문에 환율변동효과가 발생한다.

비화폐성항목에서 생긴 손익을 기타포괄손익으로 인식하는 경우에 그 손익에 포함된 환율변동효과도 기타포괄손익으로 인식한다. 그러나 비화폐성항목에서 생긴 손익을 당기손익으로 인식하는 경우에는 그 손익에 포함된 환율변동효과도 당기손익으로 인식한다. 공정가치로 평가하는 자산은 공정가치 변동 손익과 환율변동효과를 구분하지 않고 전부 OCI 또는 PL로 인식한다. 예를 들어, 재평가모형을 적용하는 유형자산이라면 평가손익을 오르면 OCI, 내려가면 PL로 인식한다. 금융자산이라면 계정과목에 따라 평가손익을 OCI(FVOCI 금융자산) 또는 PL(FVPL 금융자산)로 인식한다. 이 과정에서 평가손익은 공정가치 변동분과 환율 변동분으로 구성되는데, 이를 구분하지 않고 전부 OCI 또는 PL로 인식한다.

(3) 재고자산

$$\text{저가} = \min[\text{원화 NRV, 취득원가}]$$
$$\text{단, 원화 NRV} = \text{기말 NRV(\$)} \times \text{기말 환율}$$

재고자산은 기말에 저가법 평가를 한다. 저가는 NRV와 취득원가 중 작은 금액인데, 원화 NRV는 기말 NRV에 기말 환율을 곱해서 구하면 된다.

예제 외화환산

01 기능통화가 원화인 ㈜한국이 20X1년 12월 31일 현재 보유하고 있는 외화표시 자산·부채 내역과 추가 정보는 다음과 같다.

계정과목	외화표시금액	최초인식금액
당기손익 - 공정가치측정 금융자산	$30	₩28,500
매 출 채 권	$200	₩197,000
재 고 자 산	$300	₩312,500
선 수 금	$20	₩19,000

- 20X1년말 현재 마감환율은 ₩1,000/$이다. 위 자산·부채는 모두 20X1년 중에 최초 인식되었으며, 위험회피회계가 적용되지 않는다.
- 당기손익 - 공정가치측정 금융자산은 지분증권으로 $25에 취득하였으며, 20X1년말 공정가치는 $30이다.
- 20X1년말 현재 재고자산의 순실현가능가치는 $310이다.

위 외화표시 자산·부채에 대한 기말평가와 기능통화로의 환산이 ㈜한국의 20X1년도 당기순이익에 미치는 영향(순액)은?

2017. CPA

① ₩500 증가   ② ₩1,000 증가   ③ ₩2,000 증가
④ ₩3,500 증가   ⑤ ₩4,500 증가

해설

(1) FVPL 금융자산(비화폐성 − FV 평가)
- FV: $30×1,000 = 30,000
- 평가손익(PL): 30,000 − 28,500 = 1,500 이익

(2) 매출채권(화폐성)
외화환산차이: $200×1,000 − 197,000 = 3,000 이익

(3) 재고자산(비화폐성 − 저가법)
- NRV: $310×1,000 = 310,000
- 저가: min[310,000, 312,500] = 310,000
- 평가손실(PL): 312,500 − 310,000 = 2,500

(4) 선수금(비화폐성): 선수금은 비화폐성 항목이고, 평가를 하지 않는 계정이므로 취득원가 그대로 둔다.

(5) PL에 미치는 영향: 1,500 + 3,000 − 2,500 = 2,000 증가

정답 ③

---

02 원화를 기능통화로 사용하고 있는 ㈜갑은 20X1년 3월 1일 중국에서 생산시설을 확장하기 위하여 토지를 CNY10,000에 취득하였다. ㈜갑은 토지를 회계연도말의 공정가치로 재평가하고 있으며, 20X1년말에 토지의 공정가치는 CNY9,500이다. 또한, ㈜갑은 20X1년 10월 1일에 중국 현지공장에서 재고자산을 CNY2,000에 매입하여 기말까지 보유하고 있으며, 이 재고자산의 기말 순실현가능가치는 CNY1,800이다.

CNY 대비 원화의 환율은 다음과 같다.

- 20X1년 3월 1일: CNY1 = ₩100
- 20X1년 10월 1일: CNY1 = ₩110
- 20X1년 12월 31일: CNY1 = ₩115

외화표시 토지와 재고자산의 기능통화로의 환산이 ㈜갑의 20X1년도 당기순이익에 미치는 영향은?

2012. CPA

① ₩79,500 증가　　　　② ₩74,750 감소　　　　③ ₩23,000 감소
④ ₩20,000 감소　　　　⑤ ₩13,000 감소

 해설

(1) 토지(비화폐성 − 재평가모형)
- 취득원가: CNY10,000×100 = 1,000,000
- FV: CNY9,500×115 = 1,092,500
- 최초 평가이익이므로 재평가잉여금을 인식하며, PL에 미치는 영향은 없다.
참고〉 재평가잉여금(OCI): 1,092,500 − 1,000,000 = 92,500

(2) 재고자산(비화폐성 − 저가법)
- 취득원가: CNY2,000×110 = 220,000
- NRV: CNY1,800×115 = 207,000
- 저가: min[220,000, 207,000] = 207,000
- 평가손실(PL): 220,000 − 207,000 = 13,000

(3) PL에 미치는 영향: 13,000 감소

정답 ⑤

03 ㈜감평은 20X1년 10월 1일 미국에 소재한 토지를 영업에 사용할 목적으로 $10,000에 취득하였고, 20X1년 12월 31일 현재 토지의 공정가치는 $12,000이다. ㈜감평의 재무제표는 원화로 환산표시하며, 이 기간 중 $ 대비 원화의 환율은 다음과 같다.

> • 20X1년 10월 1일: $1 = ₩1,000
> • 20X1년 12월 31일: $1 = ₩1,030
> • 20X2년 3월 1일: $1 = ₩1,050

㈜감평이 20X2년 3월 1일에 위 토지의 50%를 $6,000에 매각하였을 때, 원가모형에 의한 유형자산처분이익은?

2015. 감평사

① ₩18,000   ② ₩300,000   ③ ₩1,000,000
④ ₩1,180,000   ⑤ ₩1,300,000

해설

유형자산처분이익: $6,000×1,050 − $10,000×1,000×50% = 1,300,000

−계산기 없이 풀기 현실적으로 어려웠던 문제이다.

|회계처리|

X1.10.1	(차) 토지	10,000,000	(대) 현금	10,000,000
X1.12.31		− 회계처리 없음 −		
X2.3.1	(차) 현금	6,300,000	(대) 토지	5,000,000
			(대) 유형자산처분이익	1,300,000

토지를 원가모형으로 평가하므로, 기말에 공정가치로 평가하지 않고, 취득원가 그대로 둔다. 이 중 50%를 처분하였으므로 토지는 5,000,000만 제거된다.

 정답 ⑤

04 ㈜한국의 기능통화는 원화이며, 달러화 대비 원화의 환율은 다음과 같다.

일자	20X1. 10. 1.	20X1. 12. 31.	20X2. 3. 1.
환율	₩1,000	₩1,040	₩1,020

㈜한국은 20X1년 10월 1일 캐나다에 소재하는 사업목적의 토지를 $10,000에 취득하였고, 20X1년 12월 31일 현재 토지의 공정가치는 $12,000이다. ㈜한국은 재평가모형을 적용하고 있으며 매년 재평가를 실시한다. 20X2년 3월 1일에 토지를 $15,000에 판매한 경우 인식해야 하는 유형자산처분이익은?

2020. 지방직 9급

① ₩5,300,000   ② ₩5,100,000

③ ₩2,820,000   ④ ₩2,480,000

> **해설**
>
> 유형자산처분이익: $15,000×1,020 − $12,000×1,040 = 2,820,000
> – 계산기 없이 풀기 현실적으로 어려웠던 문제이다.
>
> |회계처리|
>
> | X1.10.1 | (차) 토지 | 10,000,000 | (대) 현금 | 10,000,000 |
> |------|------|------|------|------|
> | X1.12.31 | (차) 토지 | 2,480,000 | (대) 재평가잉여금 | 2,480,000 |
> | X2.3.1 | (차) 현금 | 15,300,000 | (대) 토지 | 12,480,000 |
> | | | | (대) 유형자산처분이익 | 2,820,000 |
>
> 재평가잉여금: $12,000×1,040 − 10,000,000 = 2,480,000
>
> 정답 ③

1 확정급여제도

확정급여제도란, 퇴직금과 관련된 제도이다. 종업원이 퇴사하게 되면 회사는 퇴직금을 지급해야 하는데, 회사가 퇴직금을 위한 자금을 항상 여유로 보유하는 것이 아니기 때문에, 퇴직금을 지급하지 못할 수 있다. 따라서 퇴직금을 지급하지 못하는 문제를 예방하기 위해 종업원이 매년 근무함에 따라 회사가 사외에 기금을 적립하는 것이 확정급여제도이다. 이 경우 회사가 사외에 적립한 기금은 회사의 자산(사외적립자산)이 되며, 미래에 지급할 퇴직금이 회사의 부채(확정급여채무)가 된다. 따라서 확정급여제도를 적용하는 회사의 경우 퇴직금과 관련된 자산과 부채가 동시에 계상되는데, 이 자산과 부채가 매년 변하기 때문에 이를 회계처리하는 방법에 대해서 배울 것이다.

2 확정급여제도 회계처리

1. 이자	(차) 사외적립자산	XXX	(대) 확정급여채무	XXX
	(차) 퇴직급여	XXX		
2. 지급	(차) 확정급여채무	XXX	(대) 사외적립자산	XXX
3. 적립	(차) 사외적립자산	XXX	(대) 현금	XXX
4. 근무	(차) 퇴직급여	XXX	(대) 확정급여채무	XXX
5. 재측정	(차) 사외적립자산	XXX	(대) 확정급여채무	XXX
		재측정요소	XXX	

1. 이자

사외적립자산과 확정급여채무에서는 각각 이자수익과 이자비용이 발생한다. 사외적립자산은 보험사 등에 적립해둔 것이기 때문에 이자가 쌓인다. 확정급여채무는 미래에 지급할 퇴직금의 현재가치이므로 이자가 발생하면서 증가한다. 이때, 사외적립자산과 확정급여채무에서 발생하는 이자를 이자수익이나 이자비용으로 인식하는 것이 아니라, '퇴직급여'라는 비용(PL)으로 인식한다. 일반적으로 사외적립자산보다 확정급여채무가 크기 때문에 퇴직급여가 차변에 계상된다.

2. 퇴직금 지급

퇴사자가 발생하여 퇴직금을 지급할 때에는 회사가 직접 지급하는 것이 아니라, 사외에 적립해놓은 사외적립자산에서 지급된다. 따라서 퇴직금 지급액만큼 확정급여채무와 사외적립자산을 상계한다.

3. 사외적립자산 적립

회사가 사외적립자산에 기금을 적립하는 경우, 현금이 유출되기 때문에 대변에 현금이 오고, 그 대신에 사외적립자산이 증가하므로 차변에 사외적립자산이 온다.

4. 당기근무원가 및 과거근무원가

종업원들이 근무를 함에 따라 근속연수 및 평균연봉이 상승하므로, 확정급여채무를 증가시켜주어야 하는데, 이를 '근무원가'라고 부른다. '당기근무원가'는 당기 근무로 인해 증가하는 확정급여채무를, '과거근무원가'는 확정급여제도 변경 등으로 인해서 과거 근무가 증가시키는 확정급여채무를 의미한다. 문제에 제시된 당기근무원가나 과거근무원가 금액만큼 퇴직급여(비용)를 인식하면서, 확정급여채무를 늘려주면 된다. 당기근무원가와 과거근무원가의 회계처리가 같기 때문에 같은 개념이라고 생각해도 무방하다.

5. 재측정

사외적립자산과 확정급여채무는 물가상승률, 기대수명, 이자율 등의 변경으로 인해 매년 말 가치를 재추정한다. 이 재추정된 금액은 보험사에서 계산을 해서 주는데, '이자, 지급, 적립, 근무' 회계처리까지 반영하여 장부상에 기록된 자산, 부채의 금액과 차이가 발생할 수 있다. 이 경우 장부상의 금액과 보험사에서 제시한 금액의 차이를 조정해주어야 한다. 이를 본서에서는 재측정이라고 부르겠다. 문제에서 기말 '확정급여채무의 현재가치'와 '사외적립자산의 공정가치'를 제시해주면 이 금액으로 조정해주면 된다. 이때, 재측정으로 인해 발생하는 손익은 재측정요소(OCI)로 인식한다. OCI 항목 '잉지재, 채해위' 중 재에 해당하는 항목이다. 재측정요소는 재분류조정 대상이 아니다.

③ 확정급여제도 풀이법

	비용	자산	부채	OCI
기초		기초 자산	기초 부채	
이자(R)	XXX	기초 자산×R	기초 부채×R	
지급		(지급액)	(지급액)	
적립		적립액		
근무	근무원가		근무원가	
재측정 전	XXX(PL)	①XXX	①XXX	
재측정		③XXX	③XXX	④XXX
재측정 후		②자산 FV	②부채 PV	
순부채		⑤부채 - 자산		

STEP 1 각 줄의 이름 쓰기 (이자까지!)

	비용	자산	부채	OCI
기초				
이자(R)				

종업원급여 문제가 나오면 일단 위 표를 그리자. 비용은 퇴직급여, 자산은 사외적립자산, 부채는 확정급여채무, OCI는 재측정요소를 의미한다. 김수석이 그리고 있는 표는 시산표이다. 따라서 비용과 자산을 차변에, 부채와 OCI를 대변에 적는다.

(1) 문제 읽기 전에 표 왼쪽에 '이자'를 적을 것!

다른 회계처리는 문제에서 주기 때문에 빠트리지 않지만, 이자는 문제에서 구체적으로 주지 않으므로 이자는 문제를 읽기 전에 먼저 표에 적자.

(2) 이자율

이자 옆에는 괄호 열고 문제에서 제시한 이자율을 쓴다. 어떤 이자율을 사용할지는 수험목적 상 생략하겠다. 공무원 회계학에서는 이자율을 하나만 줄 것이다. 이자율이 하나밖에 없기 때문에 문제에 제시된 이자율을 그냥 쓰면 된다.

STEP 2 기초 자산, 부채 적기

	비용	자산	부채	OCI
기초		기초 자산	기초 부채	
이자(R)				

문제에 제시된 기초 자산과 부채를 '기초' 줄에 적는다. 순확정급여부채 금액을 주는 경우에는 기초 자산을 비우고, 기초 부채에 적으면 된다. '순확정급여부채=확정급여채무 – 사외적립자산'이기 때문이다.

STEP 3 이자비용 계산하기

	비용	자산	부채	OCI
기초		기초 자산	기초 부채	
이자(R)	XXX	기초 자산×R	기초 부채×R	

(1) 기초 자산, 부채 늘리기

기초 자산, 부채에 기초 이자율을 곱한 금액만큼 적는다.

(2) 대차 맞추면서 비용 인식하기

$$비용 + 기초 자산 \times 기초 이자율 = 기초 부채 \times 기초 이자율$$

기초, 기말 잔액을 제외한 모든 줄은 회계처리를 나타내므로 대차가 일치한다. 기초 자산, 부채에 기초 이자율을 곱하면 대차가 맞지 않을 것이다. 비용 아래 'XXX' 자리에 금액을 채워 넣어서 대차가 맞게 하자. 일반적으로 자산보다 부채가 크므로 비용이 양수로 계산될 것이다.

STEP 4 지급 및 적립

	비용	자산	부채	OCI
지급		(지급액)	(지급액)	
적립		적립액		

(1) 지급

퇴직금 지급액만큼 자산과 부채를 감소시킨다.

(2) 적립

사외적립자산 적립액만큼 자산을 증가시킨다. 표의 '적립' 줄만 보면 대차가 일치하지 않는데, 현금의 증감은 중요하지 않으므로 표에서 현금은 생략하였기 때문이다.

STEP 5 당기근무원가 및 과거근무원가

	비용	자산	부채	OCI
근무	근무원가		근무원가	

문제에서 당기근무원가나 과거근무원가를 제시해주면 비용과 부채 아래에 같은 금액을 쓰면 된다.

STEP 6 비용(PL) 총계

Step 5까지 표에 표시한 비용 줄 아래에 있는 금액을 전부 더하면 당기비용 총액을 계산할 수 있다. 문제에서 당기순이익에 미치는 영향을 자주 묻는데, 이 금액만큼 당기순이익이 감소한다고 답하면 된다.

STEP 7 재측정 및 순확정급여부채

	비용	자산	부채	OCI
재측정 전	XXX(PL)	① XXX	① XXX	
재측정		③ XXX	③ XXX	④ XXX
재측정 후		② 자산 FV	② 부채 PV	
순부채		⑤ 부채 – 자산		

① 자산, 부채 아래에 있는 금액을 전부 더하면 ①재측정 전 금액을 구할 수 있다.

② 문제에서 제시한 사외적립자산 확정급여채무의 현재가치와 사외적립자산의 공정가치를 '재측정 후' 줄의 ② 번 위치에 적는다.

③ 재측정 후에서 재측정 전을 차감한 금액을 '재측정' 줄의 ③번 위치에 끼워 넣는다.

④ 이때, 재측정 줄도 대차가 맞아야 한다. ③번 금액만으로는 대차가 안 맞을 것이므로, 대차가 맞도록 ④번 위 치에 금액을 적는다. 이자와 근무원가는 당기비용으로 인식하지만 재측정요소는 OCI로 인식한다.

⑤ 순확정급여부채는 확정급여부채에서 사외적립자산을 차감한 금액이다. 표에 표시한 '부채 PV'에서 '자산 FV'를 차감하면 된다.

예제 확정급여제도

01 다음은 ㈜한국이 채택하고 있는 퇴직급여제도와 관련한 20X1년도 자료이다.

> 가. 20X1년초 확정급여채무의 현재가치와 사외적립자산의 공정가치는 각각 ₩4,500,000과 ₩4,200,000이다.
>
> 나. 20X1년말 확정급여채무의 현재가치와 사외적립자산의 공정가치는 각각 ₩5,000,000과 ₩3,800,000 이다.
>
> 다. 20X1년말 일부 종업원의 퇴직으로 퇴직금 ₩1,000,000을 사외적립자산에서 지급하였으며, 20X1년 말에 추가로 적립한 기여금 납부액은 ₩200,000이다.
>
> 라. 20X1년에 종업원이 근무용역을 제공함에 따라 증가하는 예상미래퇴직급여지급액의 현재가치는 ₩500,000이다.
>
> 마. 20X1년말 확정급여제도의 일부 개정으로 종업원의 과거근무기간의 근무용역에 대한 확정급여채무 의 현재가치가 ₩300,000 증가하였다.
>
> 바. 20X1년초 현재 우량회사채의 연 시장수익률은 8%이며, 퇴직급여채무의 할인율로 사용한다.

㈜한국의 확정급여제도로 인한 20X1년도 포괄손익계산서의 당기순이익과 기타포괄이익에 미치는 영향 은 각각 얼마인가? 단, 법인세 효과는 고려하지 않는다.

2014. CPA

	당기순이익에 미치는 영향	기타포괄이익에 미치는 영향
①	₩ 548,000 감소	₩ 52,000 감소
②	₩ 600,000 감소	₩ 300,000 감소
③	₩ 830,000 감소	₩ 270,000 감소
④	₩ 830,000 감소	₩ 276,000 증가
⑤	₩ 824,000 감소	₩ 276,000 감소

해설

(1) PL에 미치는 영향: 824,000 감소
(2) OCI에 미치는 영향: 276,000 감소

	비용	자산	부채	OCI
기초		4,200,000	4,500,000	
이자(8%)	24,000	336,000	360,000	
지급		(1,000,000)	(1,000,000)	
적립		200,000		
당기	500,000		500,000	
과거	300,000		300,000	
재측정 전	824,000	3,736,000	4,660,000	
재측정		64,000	340,000	(276,000)
재측정 후		3,800,000	5,000,000	

참고〉 회계처리

1. 이자	(차) 사외적립자산	336,000	(대) 확정급여채무	360,000
	(차) 퇴직급여	24,000		
2. 지급	(차) 확정급여채무	1,000,000	(대) 사외적립자산	1,000,000
3. 적립	(차) 사외적립자산	200,000	(대) 현금	200,000
4. 근무	(차) 퇴직급여	500,000	(대) 확정급여채무	500,000
	(차) 퇴직급여	300,000	(대) 확정급여채무	300,000
5. 재측정	(차) 사외적립자산	64,000	(대) 확정급여채무	340,000
	(차) 재측정요소	276,000		

정답 ⑤

02 ㈜대한은 퇴직급여제도로 확정급여제도를 채택하고 있다. 20X1년 초 확정급여채무의 장부금액은 ₩15,000이며, 사외적립자산의 공정가치는 ₩12,000이다. 20X1년의 확정급여제도와 관련하여 발생한 재측정요소는 확정급여채무 재측정손실 ₩2,500, 사외적립자산 재측정이익 ₩600이다. 다음의 자료를 이용할 때, 20X1년 말 순확정급여부채는? (단, 자산인식상한은 고려하지 않는다) 2021. 국가직 7급

- 20X1년 순확정급여부채 계산 시 적용되는 할인율은 연 10%이다.
- 20X1년 당기근무원가는 ₩4,000이다.
- 20X1년 말 퇴직종업원에게 ₩3,000의 현금이 사외적립자산에서 지급되었다.
- 20X1년 말 사외적립자산에 ₩5,000을 현금으로 출연하였다.

① ₩4,200
② ₩4,400
③ ₩4,600
④ ₩4,800

	비용	자산	부채	OCI
기초		12,000	15,000	
이자(10%)	300	1,200	1,500	
당기	4,000		4,000	
지급		(3,000)	(3,000)	
적립		5,000		
재측정 전	4,300	15,200	17,500	
재측정			2,500	(2,500)
		600		600
재측정 후		15,800	20,000	(1,900)
순확정급여부채		4,200		

문제에서 재측정요소를 자산과 부채로 나누어서 제시하였으므로 표에도 나눠서 표시했다. 상계하여 (1,900)으로 표시해도 된다.

정답 ①

---

03 ㈜한국의 2021년 말 재무상태표상 순확정급여부채는?

2017. 관세직 9급

- 2020년 말 확정급여제도에 따라 계상해야 할 확정급여채무는 ₩300,000, 사외적립자산에 출연된 금액은 ₩290,000이다.
- 2021년 중 퇴직한 종업원에게 지급한 퇴직금은 ₩10,000이다.
- 2021년에 추가로 인식해야 할 확정급여채무는 ₩20,000, 사외적립자산 추가 적립액은 ₩19,000이다.
- 이자수익(비용)과 화폐의 시간가치는 고려하지 않는다.

① ₩1,000   ② ₩10,000
③ ₩11,000   ④ ₩21,000

	비용	자산	부채	OCI
기초		290,000	300,000	
이자	–	–	–	
당기	20,000		20,000	
적립		19,000		
지급		(10,000)	(10,000)	
재측정 전	–	299,000	310,000	
재측정		–	–	
재측정 후		299,000	310,000	
순확정급여부채		11,000		

이자수익(비용)을 고려하지 않으므로, 기초 자산과 부채에 대한 이자는 없다.
세 번째 문장 '21년에 추가로 인식해야 할~'은 각각 당기근무원가와 사외적립자산의 적립을 의미한다. 재측정에 대한 언급이 없으므로 재측정은 생략한다.

정답 ③

04 ㈜감평은 확정급여제도를 채택하고 있으며, 20x1년 초 순확정급여부채는 ₩20,000이다. ㈜감평의 20X1년도 확정급여제도와 관련된 자료는 다음과 같다.

- 순확정급여부채(자산) 계산시 적용한 할인율은 연 6%이다.
- 20x1년도 당기근무원가는 ₩85,000이고, 20x1년 말 퇴직종업원에게 ₩38,000의 현금이 사외적립자산에서 지급되었다.
- 20x1년 말 사외적립자산에 ₩60,000을 현금으로 출연하였다.
- 20x1년에 발생한 확정급여채무의 재측정요소(손실)는 ₩5,000이고, 사외적립자산의 재측정요소(이익)는 ₩2,200이다.

㈜감평이 20x1년 말 재무상태표에 순확정급여부채로 인식할 금액과 20x1년도 포괄손익계산서상 당기손익으로 인식할 퇴직급여 관련 비용은?

2020. 감평사

	순확정급여부채	퇴직급여 관련 비용
①	₩11,000	₩85,000
②	₩11,000	₩86,200
③	₩43,400	₩86,200
④	₩49,000	₩85,000
⑤	₩49,000	₩86,200

해설

	비용	자산	부채	OCI
기초			20,000	
이자(6%)	1,200		1,200	
당기	85,000		85,000	
지급		(38,000)	(38,000)	
적립		60,000		
재측정 전	86,200	22,000	68,200	
재측정			5,000	(5,000)
		2,200		2,200
재측정 후		24,200	73,200	(2,800)
순확정급여부채	49,000			

정답 ⑤

05 다음 중 퇴직급여 회계처리에 대한 설명으로 옳지 않은 것은?   2022. 계리사

① 기타포괄손익에 인식되는 순확정급여부채(자산)의 재측정요소는 후속 기간에 당기손익으로 재분류한다.

② 확정급여채무의 현재가치와 당기근무원가를 결정하기 위해서는 예측단위적립방식을 사용한다.

③ 퇴직급여채무를 할인하기 위해 사용하는 할인율은 보고기간 말 현재 우량회사채의 시장수익률을 참조하여 결정한다.

④ 사외적립자산의 공정가치는 과소적립액이나 초과적립액을 결정할 때 확정급여채무의 현재가치에서 차감한다.

 해설

재측정요소는 재분류조정 대상이 아니다. 나머지 문장은 넘어가자.

정답 ①

05 전환사채

1 전환사채의 정의

전환사채(CB, Convertible Bond)란, 주식으로 전환할 수 있는 권리(전환권)가 부여된 사채를 의미한다. 일반적인 사채와 마찬가지로 이자와 액면금액을 지급하며, 전환사채 보유자는 보유기간 중에 사채를 주식으로 전환할 수 있다.

2 상환할증금과 전환권대가

1. 상환할증금

상환할증금이란, 전환사채 보유자가 전환권을 행사하지 않은 경우, 사채의 발행자가 보유자에게 지급하는 금액이다. 전환사채에는 사채에 전환권이 붙어 있기 때문에, 일반적인 사채보다 비싼 편이다. 전환사채에 투자하는 사람은 사채의 미래현금흐름(이자와 액면금액)을 수령하기 위해 전환사채에 투자한 것이 아니라, 주가가 올랐을 때 주식으로 전환하기 위해서 전환사채에 투자한 것이다. 하지만 기업의 주가가 낮아서 투자자가 전환권을 행사하지 못했다면 기업은 보상의 의미로 약간의 상환할증금을 지급한다. 본서와 강의에서는 상환할증금을 줄여서 '할증금'이라고 부를 것이다.

2. 전환권대가

전환사채는 전환권이 붙어있는 사채이다. 따라서 전환사채는 사채(부채) 부분과 전환권(자본) 부분으로 나뉜다. 이때, 전환사채의 발행가액 중 전환권에 해당하는 부분은 '전환권대가'라고 부른다. 전환권대가는 자본 중 자본잉여금 항목에 해당한다. 전환권대가의 구체적인 계산 방법은 아래에서 설명한다.

3 전환사채 회계처리

발행 시	현금	발행가	부채	PV(할증금도)
			전환권대가(자본)	XXX
매기 말	이자비용	기초 BV×유효R	현금	액면이자
			부채	XXX

전환사채의 발행자 입장에서 회계처리는 위와 같다. 전환사채 발행 시에는 현금이 유입되는데, 전환사채는 부채(사채) 부분과 자본(전환권대가) 부분으로 나뉘기 때문에 대변에 부채와 자본이 동시에 계상된다.

사채는 미래현금흐름을 현재가치한 금액으로 인식하기 때문에 매기 말 이자비용을 인식하면서 유효이자율 상각을 해야 한다. 공무원 회계학에서는 전환권대가와 이자비용을 종종 묻기 때문에 둘을 계산할 줄 알아야 한다.

STEP 1 상환할증금

전환사채를 풀기 위해서 가장 먼저 할 일은 상환할증금을 계산하는 것이다. 문제에서 상환할증금을 주는 방식은 다음의 3가지가 있다. 문제에서 상환할증금을 제시하는 방식에 따라 계산 방법이 달라진다. 상환할증금 미지급조건인 경우에는 Step 1을 생략하면 된다.

(1) 상환할증금은 ₩100,000이다.

문제에서 상환할증금을 직접 준다면 문제에 제시된 상환할증금을 그냥 쓰면 된다.

(2) 만기까지 전환되지 않으면 만기일에 액면금액의 110%를 지급한다.

이와 같이 제시된다면 액면금액보다 더 지급하는 액면금액의 10%가 상환할증금이 된다.

(3) 보장수익률은 10%이다. 심화

가령, 액면금액이 ₩1,000,000, 액면이자율은 연 5%인 사채를 발행할 때 시장이자율은 연 12%이면서, 보장수익률은 연 10%라고 가정하자. 이때 상환할증금은 다음과 같이 계산한다.

> ① 액면금액 = 액면이자 / (1 + 보장R)^1 + 액면이자 / (1 + 보장R)^2 +
> (액면이자 + 액면금액 + 상환할증금) / (1 + 보장R)^3
> ② 상환할증금 = 액면금액×(보장R − 액면R)×((1 + 보장R)^2 + (1 + 보장R) + 1)
> = 1,000,000×(10% − 5%)×(1.1^2 + 1.1 + 1) = 165,500

①번식이 상환할증금의 의미를 표현한 식이다. 정해진 현금흐름(액면이자&액면금액)에 상환할증금까지 추가된 현금흐름을 현재가치했을 때 액면금액이 나오게끔 보장해주는 이자율이 보장수익률이다. 전환사채는 대부분 액면발행이기 때문에 현재가치에 액면금액을 대입하였다.

①번식을 상환할증금을 중심으로 정리하면 ②번식이 도출된다. 정리하는 과정이 녹록치 않으니 ②번식을 도출해내려고 하지 말고, 그냥 외우자. 발행금액이 액면금액이 아닌 경우에는 식이 어떻게 되는지도 궁금해하지 말자. 액면발행이 아니면서 보장수익률을 제시하진 않을 것이다.

②번식에서 시장이자율은 절대로 쓰이지 않는다는 점을 주의하자. ①번식에 시장이자율이 없기 때문이다. 이유는 중요하지 않으니 그냥 외우는 것을 추천한다. 한글로 설명한 식보다 숫자를 넣어서 외우는 것이 더 편하다. 그냥 위 식을 숫자까지 통째로 외우자.

STEP 2 발행가액 분석

부채	(액면금액 + 할증금)×단순현가계수 + 액면 이자×연금현가계수	= ①XXX
자본		③XXX
계		②발행가액

(1) 부채

전환사채 중에서 미래에 지급해야 되는 현금흐름은 현재가치하여 부채로 계상한다. Step 1에서 구한 상환할 증금을 액면금액에 더한 뒤, 단순현가계수를 곱하고, 액면 이자에 연금현가계수를 곱하여 두 금액의 합을 구하자. 상환할증금은 전환사채 보유자가 만기까지 주식으로 전환하지 않았을 경우 지급하기 때문에 액면금액과 같이 만기에 지급된다. 따라서 '단순'현가계수를 곱했으며, 액면이자는 매년 지급되기 때문에 '연금'현가계수를 곱했다.

(2) 자본(전환권대가)=발행가액 – 부채

발행가액 중 부채를 차감한 나머지 부분은 전환권대가가 된다. 전환권대가는 독립적으로 평가되는 것이 아니라, '부채를 차감한 나머지'이다. '자산 – 부채'라는 자본의 정의에 부합하는 계산 방식이다.

(3) 전환권조정 [심화]

전환사채 회계처리 시에는 '전환권조정'이라는 계정과목을 사용하기도 하는데, 이는 전환사채의 차감적 평가계정으로, 사채할인발행차금과 같은 역할을 한다. 사채 문제를 풀 때 사할차 없이 바로 사채의 장부금액에 반영을 하더라도 문제를 푸는데 지장이 없었던 것처럼, 전환권조정을 사용하면 복잡하기만 할 뿐, 본질은 똑같기 때문에 본서에서는 전환권조정을 사용하지 않는 순액 회계처리를 중심으로 설명할 것이다.

STEP 3 매기 말: 유효이자율 상각

$$이자비용 = 기초 부채 \times 유효R$$

발행가액 분석 시 부채에 할증금을 포함하였으므로, 이자비용도 할증금을 포함한 금액에 유효이자율을 곱해서 구하면 된다. 이자비용 중 액면이자를 차감한 금액은 부채의 장부금액에 가산한다.

✎ 사례

다음 전환사채에 대해 20X1년 1월 1일부터 20X1년 12월 31일까지의 회계처리를 하시오.

- 20X1년 1월 1일 전환사채 ₩1,000,000(표시이자율 연 7%, 매년말 이자지급, 만기 3년)을 액면발행하였다. 전환사채 발행시점의 일반사채 시장이자율은 연 15%이다.
- 전환으로 발행되는 주식 1주(액면금액 ₩5,000)에 요구되는 사채액면금액은 ₩20,000으로 한다. 만기일까지 전환되지 않으면 만기일에 액면금액의 116.87%를 지급하고 일시상환한다.
- 이자율이 연 15%일 때 3년 후 ₩1의 현재가치는 ₩0.6575이며, 3년간 정상연금 ₩1의 현재가치는 ₩2.2832이다.

▌해설

|순액 회계처리 – 전환권조정 사용 X|

X1.1.1	현금	1,000,000	부채	928,244
			전환권대가(자본)	71,756
X1.12.31	이자비용	139,237	현금	70,000
			부채	69,237

|총액 회계처리 – 전환권조정 사용 O|

	현금	1,000,000	전환사채	1,000,000
X1.1.1	전환권조정	240,456	상환할증금	168,700
			전환권대가(자본)	71,756
X1.12.31	이자비용	139,237	현금	70,000
			전환권조정	69,237

전환권조정은 전환사채를 줄이는 역할을 한다. 전환권조정 계정을 쓰든, 안 쓰든 실질은 똑같다.

(1) 상환할증금: 1,000,000×16.87%=168,700

(2) 발행가액 분석

부채	(1,000,000 + 168,700)×0.6575 + 70,000×2.2832 =	= ①928,244
자본		③71,756
계		②1,000,000

(3) X1년도 이자비용: 928,244×15%=139,237

 예제   **전환사채**

01 12월 결산법인 ㈜서울은 20X1년 1월 1일 액면금액 ₩100,000, 표시이자율 연 2%, 2년 만기 전환사채를 ₩97,000에 할인발행하였다. 이자는 매년 말 지급된다. 전환권을 행사하지 않는 경우 전환사채의 만기일에 상환할증금 ₩10,000을 액면금액에 추가하여 지급한다. 전환권이 없는 유사한 채무상품에 대한 현행시장이자율은 10%(기간 2, 단일금액의 현가계수는 0.8, 연금의 현가계수는 1.5)일 때 전환사채 발행일 전환권대가는?

2020. 서울시 7급

① ₩3,000   ② ₩6,000

③ ₩8,000   ④ ₩10,000

(해설)

|회계처리|

	현금	97,000	부채	91,000
X1.1.1			전환권대가(자본)	6,000
X1.12.31	이자비용	9,100	현금	2,000
			부채	7,100

(1) 상환할증금: 10,000 (문제에서 제시)

(2) 발행가액 분석

부채	(100,000 + 10,000)×0.8 + 2,000×1.5	= ①91,000
자본		③6,000
계		②97,000

정답 ②

02 ㈜한국은 20X1년 1월 1일 권당 액면금액 ₩1,000인 전환사채 1,000권(개)을 액면발행하였다. 전환사채의 만기는 3년이고 액면이자율은 연 8%로 매년 말 지급하며, 만기시점까지 사채액면 ₩2,000당 1주의 보통주(주당 액면가액 ₩1,000)로 전환할 수 있는 권리가 있다. 전환사채 발행시점에 전환옵션이 없는 동일한 일반사채에 대한 현행 시장이자율은 10%이다. 자본요소(전환권)가 ₩0보다 클 때, ㈜한국이 발행한 전환사채의 자본요소(전환권)의 가치는? (단, A와 B는 각각 이자율 10%, 만기 3년의 단일금액 ₩1 및 연금 ₩1의 현재가치를 나타낸다)

2017. 국가직 7급 수정

① (₩1,000,000 × A + ₩80,000 × B) - ₩1,000,000

② (₩1,000,000 × B + ₩80,000 × A) - ₩1,000,000

③ ₩1,000,000 - (₩1,000,000 × A + ₩80,000 × B)

④ ₩1,000,000 - (₩1,000,000 × B + ₩80,000 × A)

 해설

(1) 상환할증금: 0 (문제에 언급 없음)
(2) 발행가액 분석

부채	①1,000,000×A + 80,000×B
자본	③1,000,000 - (1,000,000×A + 80,000×B)
계	②1,000,000

문제에서 현가계수를 알파벳으로 주어 다소 헷갈릴 수 있는 문제였다. A는 단순현가계수를, B는 연금현가계수를 의미한다. 부채의 현재가치는 순수하게 미래현금흐름이 전환사채 발행일 현재 갖는 가치를 구하는 것이므로, 전환옵션이 없는 일반사채에 대한 현행 이자율인 10%를 이용한다.

상환할증금이 문제에 제시되지 않았기 때문에 액면금액 1,000,000에만 A를 곱하고, 액면이자 80,000에는 B를 곱해서 부채 금액을 계산했다. 전환사채를 '액면'발행하였으므로 발행가액은 1,000×1,000권 = 1,000,0000이며, 자본요소의 가치는 1,000,000에서 부채 금액을 차감한 금액이다.

정답 ③

03 ㈜감평은 20X1년 1월 1일에 다음과 같은 전환사채를 액면발행하였다.

> • 액면금액 : ₩500,000
> • 표시이자율 : 연 10%
> • 일반사채의 시장수익률 : 연 12%
> • 이자지급방법 : 매 연도 말 후급
> • 상환기일(만기) : 20×3년 12월 31일
> • 원금상환방법 : 상환할증금은 없으며, 상환기일에 액면금액을 일시에 상환함

현가계수표는 다음과 같다.

기간	단일금액 ₩1의 현재가치		정상연금 ₩1의 현재가치	
	10%	12%	10%	12%
1	0.91	0.89	0.91	0.89
2	0.83	0.80	1.74	1.69
3	0.75	0.71	2.49	2.40

20X1년 1월 1일 전환사채 발행시 부채요소와 자본요소로 계상될 금액은 각각 얼마인가? 2015. 감평사 수정

	부채요소	자본요소
①	₩5,000	₩495,000
②	₩25,000	₩475,000
③	₩475,000	₩25,000
④	₩495,000	₩5,000

 해설

(1) 상환할증금: 없음

(2) 발행가액 분석

부채   500,000 × 0.71 + 50,000 × 2.40 = ①475,000
자본   ③25,000
계   ②500,000

정답 ③

04 ㈜서울은 20X1년 초에 액면금액 ₩10,000의 전환사채를 액면발행하였다. 동 전환사채는 액면이자율 8%, 만기 3년, 매년도 말 이자지급 조건으로 발행되었으며, 만기일 상환 시에는 액면금액에 상환할증금을 부여하도록 되어있다. 사채 발행 당시 시장이자율은 12%였다. 전환사채 발행과 관련된 회계처리가 다음과 같을 경우, 다음 설명 중 옳지 않은 것은? (단, 소수점 이하는 반올림한다.) *2017. 서울시 7급*

20X1.1.1. (차) 현금	₩10,000	(대) 전환사채	₩10,000
전환권조정	₩1,152	사채상환할증금	₩662
		전환권대가	₩490

① 발행 시 전환사채의 장부금액은 ₩9,510이다.

② 전환사채 발행 시의 자본요소는 ₩490이다.

③ 20X1년 말에 인식할 이자비용은 ₩1,141이다.

④ 전환사채의 보장수익률은 시장수익률인 12%이다.

해설

(1) 상환할증금: 662 (문제에 직접 제시)

(2) 발행가액 분석

부채	10,000 + 662 − 1,152=	①9,510
자본		③490
계		②10,000

|순액 회계처리|

X1.1.1	현금	10,000	부채	9,510
			전환권대가(자본)	490
X1.12.31	이자비용	1,141	현금	800
			부채	341

|총액 회계처리|

X1.12.31	이자비용	1,141	현금	800
			전환권조정	341

① 발행 시 전환사채의 장부금액: 10,000 + 662 − 1,152 = 9,510 (O)

② 전환사채 발행 시의 자본요소: 10,000 − 9,510 = 490 (O)

③ 20X1년 말에 인식할 이자비용: 9,510×12% = 1,141 (O)

④ 아래 식을 정리하면 전환사채의 보장수익률은 10%인데, 실전에서는 계산하는 것이 불가능하다. (X)

상환할증금 = $10,000 \times (보장R - 8\%) \times \{(1 + 보장R)^2 + (1 + 보장R) + 1\}$ = 662

정답 ④

06 주식기준보상

주식기준보상이란, 종업원의 동기부여를 위해 주식선택권을 지급하는 것을 의미한다. 주식선택권(스톡옵션)은 일정 금액(행사가격)을 지불하고 주식을 매수할 수 있는 일종의 콜옵션이다. 일반적인 콜옵션은 돈을 주면 살 수 있지만, 주식선택권은 종업원이 일정기간 근무를 해야 가득된다는 차이점이 있다. 본 장에서는 주식선택권의 회계처리에 대해서 배울 것이다.

┃주식기준보상 계산식┃

	명수	×개수	×금액	×1/n	=누적액	비용
X1	재직 예상인원	개수	부여일의 FV	1/3	A	A
X2	재직 예상인원	개수	부여일의 FV	2/3	B	B - A
X3	재직 예상인원	개수	부여일의 FV	3/3	C	C - B

주식기준보상 문제는 위 표의 4가지(명수, 개수, 금액, 1/n)만 잘 채우면 답을 구할 수 있다.

STEP 1 명수 (재직 예상인원)

퇴사한 인원은 주식선택권을 부여받지 못하므로, 가득 시점에 재직할 것으로 예상하는 인원을 대입한다. 가득 시점의 재직 예상인원은 매년 말 달라질 수 있다. 재직 예상인원은 다음과 같이 구한다.

최초 재직 인원			
총 예상 퇴사			재직 예상인원
당기까지 누적 퇴사		차기부터 예상 퇴사	재직 예상인원
전기까지 누적 퇴사	당기 퇴사	차기부터 예상 퇴사	재직 예상인원

문제에서 자료를 다양한 방식으로 제시할 수 있으므로 문제마다 재직 예상인원을 계산하는 식이 달라질 수 있다. 따라서 위 공식을 외우기보다는 '가득 시점에 재직할 것으로 예상하는 인원'을 쓴다고 기억하자.

STEP 2 개수

1인당 부여한 주식선택권 개수를 쓴다.

STEP 3 금액

주식선택권은 부여일의 공정가치로 평가한다. 공정가치 변동을 인식하지 않으므로, 이후의 공정가치가 문제에 제시되더라도 무시하면 된다. '부여일'이므로 X1년 초의 공정가치를 사용해야 한다. 각 연도 말 공정가치를 사용하지 않도록 주의하자.

STEP 4 1/n

주식선택권 가득에 필요한 연수를 '1/n, 2/n, 3/n …'과 같은 방식으로 채우면 된다. 대부분 가득 기간이 3년으로 출제되므로 첫해에는 1/3, 두 번째 해에는 2/3, 마지막 해에는 3/3을 채우자.

STEP 5 누적액 (주식선택권 기말 잔액)

Step 4까지 4가지 금액을 전부 곱하면 그해의 주식선택권 기말 잔액을 계산할 수 있다.

STEP 6 비용 (주식보상비용)

Step 5에서 구한 당기 누적액에서 전기 누적액을 차감하면 당기에 인식할 주식보상비용이 계산된다. 첫해에는 전기 누적액이 없으므로 당기 누적액이 곧 당기 비용이 되고, 두 번째 해부터 전기 누적액을 차감하면 된다.

주식보상비용(PL) XXX / 주식선택권(자본조정) XXX

주식선택권을 부여한 회사는 주식선택권 계상 시 당기비용 항목인 주식보상비용을 인식한다. 주식선택권은 미교부주식배당금과 함께 자본을 늘리는 자본조정에 해당한다.

예제 주식기준보상

01 ㈜서울은 20X1년 초 종업원 100명에게 1인당 주식선택권을 10개씩 부여하였으며, 관련 자료는 〈보기〉와 같다. ㈜서울이 20X3년 인식할 주식보상비용은? 2021. 서울시 7급

보기
- 가득요건 : 20X1년 초부터 4년간 근무
- 20X1년 초 주식선택권의 단위당 공정가치 : ₩100
- 연도별 세부자료

연도	주식선택권 단위당 기말 공정가치	해당연도 실제 퇴사자	향후 추가 퇴직 예상자
20X1	₩120	3명	14명
20X2	₩130	2명	7명
20X3	₩150	1명	4명
20X4	₩160	4명	–

① ₩13,500   ② ₩23,500
③ ₩33,500   ④ ₩43,500

	명수	×개수	×금액	×1/n	= 누적액	비용
X1	(100 – 3 – 14)	10	100	1/4	20,750	20,750
X2	(100 – 3 – 2 – 7)	10	100	2/4	44,000	23,250
X3	(100 – 3 – 2 – 1 – 4)	10	100	3/4	67,500	23,500

주식선택권의 단위당 금액으로는 부여일의 공정가치인 100을 사용하며, 이후 주식선택권의 공정가치가 변화하더라도 반영하지 않는다.

정답 ②

02 ㈜한국은 20X1년 1월 1일에 종업원 100명에게 주식선택권을 10개씩 부여하였고, 동 주식선택권은 종업원이 앞으로 3년간 용역을 제공할 경우 가득된다. 20X1년 1월 1일 현재 ㈜한국이 부여한 주식선택권의 단위당 공정가치는 ₩12이고, 각 연도말 주식선택권의 단위당 공정가치가 다음과 같을 때, ㈜한국이 인식할 20X2년도 주식보상비용은? (단, 주식선택권을 부여받은 종업원 중 퇴사할 종업원은 없다고 가정한다)

2017. 지방직 9급 추가채용

일자	20X1. 12. 31.	20X2. 12. 31.	20×3. 12. 31.
단위당 공정가치	₩12	₩15	₩18

① ₩0
② ₩4,000
③ ₩5,000
④ ₩6,000

해설

	명수	×개수	×금액	×1/n	=누적액	비용
X1	100명	10	12	1/3	4,000	4,000
X2	100명	10	12	2/3	8,000	4,000

주식선택권을 부여받은 종업원 중 퇴사할 종업원은 없다고 가정하였으므로, 명수의 변화는 없다.
주식선택권의 단위당 금액으로는 부여일(X1년 초)의 공정가치인 12를 사용하며, 이후 주식선택권의 공정가치가 변화하더라도 반영하지 않는다.

정답 ②

03 ㈜감평은 20X1년 1월 1일에 종업원 100명에게 각각 10개의 주식선택권을 부여하고 4년의 용역제공조 건을 부과하였다. 부여시점의 주식선택권 공정가치는 개당 ₩10이다. ㈜감평은 종업원 중 20명이 부여 일로부터 4년 이내에 퇴사하여 주식선택권을 상실할 것으로 추정하였으나 20X1년 말까지 실제로 퇴사 한 종업원은 없었다. 20X2년 말에는 가득기간 동안 30명이 퇴사할 것으로 추정을 변경하였으며 20X2 년 말까지 실제 퇴사한 종업원은 없었다. 주식선택권의 부여와 관련하여 20X2년도에 인식할 보상비용 은?

2016. 감평사

① ₩1,000   ② ₩1,500   ③ ₩1,750

④ ₩2,000   ⑤ ₩2,500

해설

	명수	*개수	*금액	*1/n	=누적액	비용
X1	(100-20)	10	10	1/4	2,000	2,000
X2	(100-30)	10	10	2/4	3,500	1,500

정답 ②

04 ㈜대한은 20X1년 초 종업원 100명에게 1인당 주식선택권 100개씩을 부여하고, 가득조건으로서 3년 의 계속근무조건만을 부과하였다. 이 시점에서 주식선택권의 단위당 공정가치는 ₩150이며, 행사가격 은 ₩600이었다. 20X1년 중 종업원 5명이 퇴사하였으며, 20X1년 말 향후 2년간 추가로 10명이 퇴사 할 것으로 예상되었다. 그리고 실제 20X2년 중 종업원 5명이 퇴사하고, 20×3년에는 8명이 퇴사할 것으 로 예상되었다. 그러나 실제 20×3년 중 퇴사한 종업원은 6명이었다. 주식선택권 부여와 관련하여 20×3 년도 포괄손익계산서에 보고되는 주식보상비용은 얼마인가?

2010. 관세사

① ₩395,000   ② ₩420,000   ③ ₩425,000

④ ₩440,000   ⑤ ₩470,000

해설

	명수	*개수	*금액	*1/n	=누적액	비용
X1	(100 − 5 − 10)	100	150	1/3	425,000	425,000
X2	(100 − 5 − 5 − 8)	100	150	2/3	820,000	395,000
X3	(100 − 5 − 5 − 6)	100	150	3/3	1,260,000	440,000

X3년도 비용을 구해야 하므로 X1년도 누적액은 구하지 말고, X2년도와 X3년도의 누적액만 구하여 차액을 바로 계산해도 된다.

정답 ④

05   다음은 ㈜관세의 종업원 급여와 관련된 자료이다. ㈜관세가 20x2년에 인식할 주식보상비용은?

2017. 관세사

- 20x1년 1월 1일에 영업직원 100명에게 각각 주식선택권 6개(3년 근무조건)를 부여하였으며 부여일 현재 주식선택권의 단위당 공정가치는 ₩10이다.
- 20x1년에 4명이 퇴사하였고 20x1년 말 현재 가득기간에 퇴사할 것으로 기대되는 직원의 추정비율은 10%이며 주식선택권의 단위당 공정가치는 ₩11이다.
- 20x2년에 5명이 퇴사하였고 20x2년 말 현재 가득기간에 퇴사할 것으로 기대되는 직원의 추정비율은 15%이며 주식선택권의 단위당 공정가치는 ₩12이다.

① ₩1,400   ② ₩1,600   ③ ₩1,800

④ ₩2,500   ⑤ ₩2,700

 해설

	명수	*개수	*금액	*1/n	=누적액	비용
X1	100*90%	6	10	1/3	1,800	1,800
X2	100*85%	6	10	2/3	3,400	1,600

'가득기간에 퇴사할 것으로 기대되는 직원의 추정비율'은 X1년 초~X3년 말까지 퇴사 비율을 의미한다. 당기말~X3년 말까지 퇴사 비율을 의미하는 것이 아니다. 따라서 문제에 제시된 퇴사 추정비율을 차감하고, X1년 초~당기말까지 퇴사한 인원을 추가로 차감하면 안 된다.

정답 ②

희석주당이익

1 희석주당이익

$$희석\ EPS = \frac{NI - 우선주\ 배당금 + 조정\ 사항}{n + 조정\ 사항}$$

희석주당이익(희석 EPS)은 잠재적 보통주가 있을 때 최대한으로 '낮아질 수 있는' EPS를 의미한다. 희석 EPS는 위와 같이 계산한다. 기본 EPS 식의 분자, 분모에 조정 사항이 가산된 형태이다.

잠재적 보통주로 인해 분자와 분모에 가산하는 금액은 '실제로는 보통주가 아니지만, 보통주가 되었다고 가정했을 때' 증가하는 당기순이익과 증가하는 n이다.

2 잠재적 보통주로 인한 조정 사항

	분모	분자
전환우선주	기초(or 발행일) 전환 가정	전환 가정시 안 주는 배당금
전환사채		이자비용×(1 − 법인세율)

1. 분모 조정사항

전환우선주와 전환사채는 우선주 혹은 사채가 보통주로 전환한다. 실제로는 전환이 이루어지지 않았지만, 희석 EPS 계산 시에는 전환이 이루어졌다고 가정한다. 따라서 기초부터 있었다면 기초에 전환하였다고 가정하고, 기중에 발행했다면 발행하자마자 전환하였다고 가정하여 전환우선주나 전환사채로 전환할 수 있는 보통주만큼 분모를 증가시킨다.

2. 전환우선주의 분자 조정사항: 전환 가정 시 안 주는 배당금

기본 EPS 계산 시 NI에서 우선주 배당금을 차감한 금액이 분자가 된다. 전환우선주는 전환 시 보통주가 되기 때문에 전환했다고 가정하면 우선주 배당금을 받을 수 없다. 따라서 전환 가정 시 안 주는 우선주 배당금을 분자에 가산한다.

3. 전환사채의 분자 조정사항: 이자비용×(1 − 법인세율)

전환사채는 보통주로 전환 시 사채가 없어진다. 사채가 없어지므로 사채로 인해 인식할 이자비용만큼 비용이 감소한다. EPS 문제에서는 법인세율을 제시하므로 세후이자비용(= 이자비용×(1 − 법인세율))을 분자에 가산하면 된다.

4. 기타 잠재적 보통주: 주식선택권, 신주인수권

전환우선주나 전환사채 이외에도 주식선택권과 신주인수권도 잠재적 보통주에 해당한다. 주식선택권과 신주인 수권 모두 콜(Call)옵션에 해당한다. 콜옵션이란, 일정 금액(행사가격)을 지불하고 주식을 매수할 수 있는 권리 를 의미한다. 콜옵션을 행사하면 주식이 현재 발행된 수보다 늘어나기 때문에 주식선택권과 신주인수권은 잠재 적 보통주에 해당한다. 주식선택권이나 신주인수권이 있을 때 희석 EPS 계산 방법은 수험 목적상 생략한다.

 예제 | 희석주당이익

01 기업회계기준에 의한 희석주당이익을 산정할 때, 잠재적보통주에 해당하지 않는 것은? `2010. 관세직 9급`

① 전환우선주 ② 신주인수권
③ 주식선택권 ④ 상환우선주

> **해설**
>
> 상환우선주는 보유자가 상환을 요구할 수 있는 우선주이므로, 상환을 하게 되면 우선주 자체가 사라진다. 따라서 잠재적 보통주에 해당하지 않는다.
>
> **정답** ④

02 다음은 ㈜한국에 관한 20X1년 자료이다. 이를 이용하여 계산한 ㈜한국의 20X1년 희석주당이익은? (단, 가중평균유통주식수는 월할 계산하며, 소수점 발생 시 소수점 이하 첫째자리에서 반올림한다) `2019. 국가직 7급`

> • 기초유통보통주식수 2,000주(액면금액 ₩1,000)
> • 기초유통우선주식수 1,000주(비누적적·비참가적 전환우선주, 액면금액 ₩1,000, 전환비율 1:1)
> • 7월 1일 보통주 600주 시장가격으로 발행
> • 기말까지 미전환된 전환우선주는 액면금액의 5%를 배당
> • 기중 전환된 우선주는 없었다.
> • 당기순이익은 ₩1,000,000

① ₩264 ② ₩278
③ ₩288 ④ ₩303

해설

1. 기본 eps: (1,000,000 − 50,000)/2,300 = 413

   (1) 가중평균유통보통주식수(n) = 2,300

	1.1 기초	7.1 유상증자	계
가중평균	2,000 ×12/12	600 ×6/12	
	2,000	300	2,300

   (2) 우선주 배당금: 1,000주×1,000×5%=50,000
       − 기중 전환된 우선주는 없었으므로 기초 우선주 1,000주에 대해서 전부 배당금을 지급한다.

2. 희석 eps: (950,000 + 50,000)/(2,300 + 1,000) = 303

   (1) 분자에 가산할 금액: 50,000

   (2) 분모에 가산할 금액: 1,000
       희석eps는 전환우선주가 기초에 전부 전환된다고 가정하므로 n은 1,000주 증가한다. 또한, 전환된 우선주에 대해서는 우선주 배당금을 지급하지 않으므로, 분자에 50,000을 가산한다.

별해〉 희석 eps를 바로 구하기
문제에서 기본 eps를 묻지 않았기 때문에 전환우선주가 기초에 전부 전환된다고 가정하고 바로 희석 eps를 계산해도 된다.
(1) 분자: 1,000,000 (우선주 배당금 지급 X)
(2) 분모: 3,000 + 600×6/12 = 3,300 (우선주가 기초에 전부 전환)
(3) 희석 eps: 1,000,000/3,300 = 303
    − 계산기 없이 계산하기 굉장히 까다로운 문제였다.

정답 ④

---

03 다음은 ㈜한국의 20X2년도 주당이익과 관련된 자료이다.

> • 당기순이익은 ₩20,000이고, 기초의 유통보통주식수는 80주이며 기중 변동은 없었다.
> • 20X1년초 전환사채를 발행하였으며, 전환권을 행사하면 보통주 20주로 전환이 가능하다. 20X2년도 포괄손익계산서의 전환사채 관련 이자비용은 ₩5,000이며, 법인세율은 20%이다. 20X2년말까지 행사된 전환권은 없다.

20X2년도 ㈜한국의 포괄손익계산서상 희석주당이익은? (단, 가중평균유통보통주식수는 월할로 계산하며, 단수차이로 인해 오차가 있다면 가장 근사치를 선택한다.)

2017. CPA 수정

① ₩ 200
② ₩ 220
③ ₩ 240
④ ₩ 250

해설

희석 EPS: 24,000/100 = 240
 − 분자: 20,000 + 5,000×(1 − 20%) = 24,000
 − 분모: 80 + 20 = 100주

정답 ③

---

04 ㈜감평은 20×6년 10월 1일 전환사채권자의 전환권 행사로 1,000주의 보통주를 발행하였다. 20×6년 말 주당이익 관련 자료가 다음과 같을 때 20×6년도 기본주당이익과 희석주당이익은? (단, 유통보통주식 수 계산시 월할계산하며 전환간주일 개념은 적용하지 않는다.)

2016. 감평사

- 기초유통보통주식수 8,000주
- 당기순이익 ₩198,000
- 보통주 1주당 액면금액 ₩1,000
- 전환사채 액면금액은 ₩1,000,000이며 전환가격은 1주당 ₩500
- 포괄손익계산서상 전환사채의 이자비용은 ₩15,000
- 법인세율 20%

	기본주당이익	희석주당이익
①	₩24	₩22
②	₩24	₩21
③	₩24	₩20
④	₩25	₩21
⑤	₩25	₩22

 해설

1. 기본eps: 198,000/8,250 = **24**
   - 선지에서 기본eps는 24 혹은 25인데, 25일 경우 '8,250 × 25'가 마지막에 0이 하나밖에 없으므로 198,0000이 될 수 없다.
   (1) n: 8,250

	1.1 기초	10.1 전환	계
	8,000	1,000	
가중평균	*12/12	*3/12	
	8,000	250	8,250

2. 희석eps: (198,000 + 12,000)/(8,250 + 1,750) = **21**
   (1) 분자 조정 사항: 15,000 × (1 − 20%) = 12,000
   (2) 분모 조정 사항: 1,000 × 9/12 + 1,000 = 1,750
   전환사채를 통해 전환할 수 있는 주식 수는 총 2,000주(= 1,000,000/500)이다. 이 중 1,000주는 10.1에 전환되었으므로, 1.1에 전환되었다고 가정하면 750주(= 1,000 × 9/12)만큼 n이 증가한다. 또한, 나머지 1,000은 전환되지 않았는데 이 또한 1.1에 전환되었다고 가정하여 1,000만큼 n이 증가한다. 따라서 n은 총 1,750만큼 증가한다.

정답 ②

리스

1 금융리스와 운용리스

리스는 리스이용자가 리스 이용료를 지불하고 리스제공자로부터 특정 기간 동안 리스자산의 사용권을 수취하는 것을 의미한다. 리스는 금융리스와 운용리스로 나뉘는데, 리스제공자가 리스자산의 소유에 따른 위험과 보상의 대부분을 이전한다면 금융리스로, 그렇지 않다면 운용리스로 분류한다. 쉽게 생각해서, 금융리스는 할부매매 거래이고, 운용리스는 임대 거래이다. 리스가 일반적으로 금융리스로 분류되는 상황의 예는 다음과 같다. 외우지는 말고, 가볍게 읽어보고 넘어가자.

(1) 리스기간 종료시점 이전에 기초자산의 소유권이 리스이용자에게 이전되는 리스
(2) 리스이용자가 선택권을 행사할 수 있는 날의 공정가치보다 충분히 낮을 것으로 예상되는 가격으로 기초자산을 매수할 수 있는 선택권을 가지고 있고, 그 선택권을 행사할 것이 리스약정일 현재 상당히 확실한 경우
(3) 기초자산의 소유권이 이전되지는 않더라도 리스기간이 기초자산의 경제적 내용연수의 상당 부분을 차지하는 경우
(4) 리스약정일 현재, 리스료의 현재가치가 적어도 기초자산 공정가치의 대부분에 해당하는 경우
(5) 기초자산이 특수하여 해당 리스이용자만이 주요한 변경 없이 사용할 수 있는 경우

2 금융리스 회계처리

STEP 1 리스 개시일

제공자(리스 회사)				이용자			
리스채권	XXX	리스자산	FV	사용권자산	XXX	리스부채	PV(총 현금 지급액)
		현금	직접원가			현금	직접원가

1. 리스채권

리스채권 = FV + 리스개설직접원가
= 고정리스료×연금현가계수 + 리스 기간 종료 시 받을 것×단순현가계수

리스제공자는 리스계약을 체결하기 위하여 기초자산의 공정가치와 리스개설직접원가만큼 현금을 지출한다. 리스개설직접원가란, 리스제공자가 계약을 체결하기 위하여 부담한 여러 지출을 말한다. 고정리스료란, 리스기간 동안 리스이용자가 정기적으로(주로 1년에 1번) 리스제공자에게 지급하는 1회분 리스료를 의미한다. 문제에 따라 '정기'리스료라고 표현하는 경우도 있다.

금융리스는 기초자산의 소유권이 이전되기 때문에 리스제공자는 기초자산을 제거하고, 리스채권을 계상한다. 따라서 리스채권은 기초자산의 공정가치와 리스개설직접원가의 합이며, 이는 고정리스료와 리스 기간 종료 시 받을 것의 현재가치와 일치한다. 한편, 리스기간 종료 시 소유권이 이전되는지, 반납하는 것인지에 따라 리스 기간 종료 시 받을 것이 달라진다.

(1) 소유권 이전 시: 받을 것=행사가격

소유권 이전 시에는 리스이용자가 리스자산을 이전받기 위해 돈을 지급해야 한다. 이때 지급하는 돈을 김수석은 '행사가격' 혹은 '행사가'라고 부르겠다. 리스 기간 종료 시 리스 제공자는 행사가격을 현금으로 받는다. 예를 들어 리스기간이 4년인데, 4년 후에 ₩1,000,000 지급 시 기초자산의 소유권이 리스이용자에게 이전된다면 행사가격은 ₩1,000,000이다.

(2) 반납 시: 받을 것=리스기간 종료 시 추정 잔존가치

반납 시에는 리스 자산을 되돌려 받으므로 받을 것이 리스 자산이 된다. 이때, 리스 자산을 리스기간 동안 사용 후에 받기 때문에 받을 것은 리스기간 종료 시 추정되는 리스 자산의 잔존가치이다.

2. 리스부채: 리스 제공자에게 지급하는 총 현금의 현재가치

리스부채 = 고정리스료×연금현가계수 + 리스 기간 종료 시 예상 지급액×단순현가계수

리스부채는 '리스 제공자에게 지급하는 총 현금의 현재가치'라고 생각하면 된다. 리스기간 종료 시 소유권이 이전되는지, 반납하는 것인지에 따라 리스 기간 종료 시 지급하는 금액이 달라진다.

(1) 소유권 이전 시: 리스 기간 종료 시 예상 지급액=행사가격 (리스부채=리스채권)

소유권 이전 시에는 리스 기간 종료 시 행사가격을 지급하므로 리스부채는 리스채권과 금액이 일치한다.

(2) 반납 시: 리스 기간 종료 시 예상 지급액 (리스부채≠리스채권)

리스 기간 종료 시 기초자산을 반납한다면 보증액이 있을 수 있다. 보증액이란, 리스 기간 종료 시 기초자산의 잔존가치가 보증액 이하일 경우 리스 이용자가 지급하는 잔존가치와의 차액을 의미한다. 리스 기간 종료 시 예상 지급액은 문제에서 제시할 것이다.
한편, 리스부채는 리스 제공자에게 지급하는 '현금'만을 포함하므로, 반납 시에는 리스채권과 리스부채가 일치하지 않는다. 리스 기간 종료 시 리스채권은 '추정 잔존가치'로 표시되는 반면, 리스부채는 '예상 지급액'으로 표시되기 때문이다.

3. 사용권자산=리스부채+리스개설직접원가

사용권자산은 2.에서 계산한 리스부채에 리스이용자가 지출한 리스개설직접원가를 더하면 된다. 리스개설직접원가는 리스 제공자뿐만 아니라 리스 이용자도 지출할 수 있다.

 매년 말 ★중요!

제공자				이용자			
현금	정기리스료	이자수익	기초 채권×R	이자비용	기초 부채×R	현금	정기리스료
		리스채권	XXX	리스부채	XXX		
				감가상각비	XXX	사용권자산	XXX

매년 말이 금융리스 회계처리에서 가장 많이 출제되는 시점이다. 특히, 이용자 쪽은 이자비용과 감가상각비가 발생하기 때문에 당기손익에 미치는 영향(= 이자비용 + 감가상각비)을 많이 묻는다.

1. 리스채권 및 리스부채 유효이자율 상각

매년 말 리스 제공자는 리스채권을, 리스 이용자는 리스부채를 유효이자율 상각해야 한다. 기초 채권, 부채에 유효이자율을 곱한 만큼 이자손익을 인식하고, 정기리스료만큼 현금 수수액을 적으면 대차가 안 맞을 것이다. 대차차액만큼 리스채권과 리스부채를 감소시키면 된다.

2. 사용권자산 상각

리스 제공자는 매년 말 리스채권만 상각하면 되지만, 리스 이용자의 경우 리스 개시일에 사용권자산을 계상했기 때문에 매년 말 사용권자산도 상각해주어야 한다. 사용권자산 상각 시 내용연수와 잔존가치는 리스자산 반환 여부에 따라 달라진다.

	n	s
반환 O	리스기간	ZERO
반환 X	자산의 내용연수	내용연수 말 잔존가치

(1) 반환 O

리스 자산을 반환하는 경우에 리스 이용자는 리스 기간 동안만 리스 자산을 사용할 수 있는 권리를 갖는다. 따라서 사용권자산의 내용연수는 리스기간이 되며, 리스 기간이 종료되었을 때 이용자가 갖는 권리는 없으므로 잔존가치는 0이다.

(2) 반환 X

리스 자산을 반환하지 않으면 그냥 리스 이용자가 장기할부로 자산을 구입한 것이다. 따라서 자산의 내용연수, 그리고 그 내용연수가 지났을 때의 잔존가치를 이용하여 상각하면 된다.

예제 금융리스

01 ㈜대한리스는 20X1년 1월 1일 ㈜민국과 다음과 같은 금융리스계약을 약정과 동시에 체결하였다.

> • 리스개시일 : 20X1년 1월 1일
> • 리스기간 : 20X1년 1월 1일 ~ 20x3년 12월 31일(3년)
> • 연간 정기리스료 : 매년 말 ₩500,000 후급
> • 리스자산의 공정가치는 ₩1,288,530이고 내용연수는 4년이다. 내용연수 종료시점에 잔존가치는 없으며, ㈜민국은 정액법으로 감가상각한다.
> • ㈜민국은 리스기간 종료시점에 ₩100,000에 리스자산을 매수할 수 있는 선택권을 가지고 있고, 그 선택권을 행사할 것이 리스약정일 현재 상당히 확실하다. 동 금액은 선택권을 행사할 수 있는 날(리스기간 종료시점)의 공정가치보다 충분히 낮을 것으로 예상되는 가격이다.
> • ㈜대한리스와 ㈜민국이 부담한 리스개설직접원가는 각각 ₩30,000과 ₩20,000이다.
> • ㈜대한리스는 상기 리스를 금융리스로 분류하고, ㈜민국은 리스개시일에 사용권자산과 리스부채를 인식한다.
> • 리스의 내재이자율은 연 10%이며, 그 현가계수는 아래 표와 같다.
>
> | 기간 | 단일금액 ₩1의 현재가치 | 정상연금 ₩1의 현재가치 |
> |---|---|---|
> | 3년 | 0.7513 | 2.4868 |
> | 4년 | 0.6830 | 3.1698 |

상기 리스거래가 ㈜대한리스와 ㈜민국의 20X1년도 당기순이익에 미치는 영향은? (단, 단수차이로 인해 오차가 있다면 가장 근사치를 선택한다.)

2019. CPA

	㈜대한리스	㈜민국
①	₩131,853 증가	₩466,486 감소
②	₩131,853 증가	₩481,486 감소
③	₩131,853 증가	₩578,030 감소
④	₩134,853 증가	₩466,486 감소
⑤	₩134,853 증가	₩481,486 감소

해설

X1년도 PL에 미치는 영향
(1) 대한리스: 131,853 증가 (이자수익)
(2) 민국: 131,853(이자비용) + 334,633(감가비) = 466,486 감소

Step 1. 리스 개시일					
제공자(대한리스)			이용자(민국)		
리스채권	1,318,530	리스자산 1,288,530	사용권자산	1,338,530	리스부채 1,318,530
		현금 30,000			현금 20,000

리스부채: 500,000×2.4868 + 100,000×0.7513 = 1,318,530 = 리스채권

Step 2. X1년 말					
제공자(대한리스)			이용자(민국)		
현금	500,000	이자수익	131,853	이자비용	131,853	현금	500,000
		리스채권	368,147	리스부채	368,147		
				감가상각비	334,633	사용권자산	334,633

감가상각비: (1,338,530 − 0)/4 = 334,633
– 자산이 반환되지 않으므로 리스기간인 3년이 아닌 자산의 내용연수인 4년으로 상각한다.

 정답 ①

02 리스이용자인 ㈜서울은 리스개시일인 20X1년 1월 1일에 〈보기〉와 같은 조건의 리스계약을 체결하고 기초자산(본사사옥)을 리스하였다. ㈜서울은 사용권자산과 리스부채를 인식하는 회계처리를 선택하였다. 리스개시일의 리스부채 최초 측정금액이 ₩2,630인 경우, ㈜서울의 리스거래가 20X1년도 포괄손익계산서의 당기순이익에 미치는 영향은?

2021. 서울시 7급

> **보기**
> - 기초자산의 리스기간은 20X1년 1월 1일부터 20X3년 12월 31일까지이다.
> - 기초자산의 내용연수는 10년이고, 내용연수 종료시점의 잔존가치는 없으며, 정액법으로 감가상각한다.
> - 고정리스료는 ₩1,000이며, 리스기간 동안 매년 말 지급한다.
> - ㈜서울은 리스기간 종료시점에 기초자산을 현금 ₩200에 매수할 수 있는 선택권을 가지고 있으며, 리스개시일 현재 동 매수선택권을 행사할 것이 상당히 확실하다고 판단하였다.
> - 사용권자산은 원가모형을 적용하여 정액법으로 감가상각하고, 잔존가치는 없다.
> - 20X1년 1월 1일에 동 리스의 내재이자율은 연 10%로 리스제공자와 리스이용자가 이를 쉽게 산정할 수 있다.

① ₩263 감소 ② ₩526 감소
③ ₩663 감소 ④ ₩1,040 감소

> **해설**
>
> X1년도 PL에 미치는 영향: 263(이자비용) + 263(감가비) = 526 감소
>
> | Step 1. 리스 개시일 | | | |
> |---|---|---|---|
> | 사용권자산 | 2,630 | 리스부채 | 2,630 |
>
> | Step 2. X1년 말 | | | |
> |---|---|---|---|
> | 이자비용 | 263 | 현금 | 1,000 |
> | 리스부채 | 737 | | |
> | 감가상각비 | 263 | 사용권자산 | 263 |
>
> 감가상각비: (2,630 − 0)/10 = 263
> – 자산이 반환되지 않으므로 리스기간인 3년이 아닌 자산의 내용연수인 10년으로 상각한다.
>
> 정답 ②

03 ㈜한국은 20x1년 초에 리스기간 종료 후 반납조건으로 기계장치(내용연수 10년)를 리스하였다. 리스관련 내용이 아래와 같을 때, 20x1년 기계장치 감가상각비는 얼마인가? 단, ㈜한국은 기계장치를 정액법(잔존가치 없음) 상각하고, 소액 기초자산 리스에 해당하지 않으며, 현가계수는 아래 표를 이용한다.

2021. 계리사

- 리스기간: 20x1. 1. 1. ~ 20x5. 12. 31.
- 연간 고정리스료: ₩1,000,000(매년 말 지급)
- 할인율: 연 4%

할인율	정상연금 ₩1의 현재가치	
	5기간	10기간
4%	4.5	8.1

① ₩450,000
② ₩810,000
③ ₩900,000
④ ₩1,620,000

 해설

(1) 기계장치 취득원가(=리스부채): 1,000,000 × 4.5 = 4,500,000
　– 5년간 매년 말 1,000,000을 지급하므로 5기간 연금현가계수를 곱해야 한다.
(2) X1년 기계장치 감가상각비: (4,500,000 – 0)/5 = 900,000
　– 기계장치를 리스기간인 5년간 사용 후 반납하므로 잔존가치는 0이며, 내용연수는 5년이다.

|㈜한국의 회계처리|

X1.1.1	(차)	기계장치 (=사용권자산)	4,500,000	(대)	리스부채	4,500,000
X1.12.31	(차)	이자비용 리스부채	180,000 820,000	(대)	현금	1,000,000
	(차)	감가상각비	900,000	(대)	감가상각누계액 (=사용권자산)	900,000

– 문제에서는 기계장치라고 제시하여 기계장치와 감가상각누계액을 이용하여 회계처리를 하였지만 사용권자산으로 표시해도 된다.

정답 ③

04 ㈜서울은 20X1년 1월 1일에 〈보기〉와 같은 조건의 금융리스계약을 ㈜대한과 체결하여 기계장치를 리스하였다. 리스실행일에 ㈜대한이 인식할 금융리스채권과 ㈜서울이 인식할 리스부채의 차이는? (단, 단수차이로 인해 약간의 오차가 있으면 가장 근사치를 선택한다.)

2022. 서울시 7급

- 리스기간: 3년
- 리스실행일 현재 리스자산의 예상잔존가치: ₩60,000
- 연간리스료(매년 12월 31일 지급): ₩1,000,000
- 잔존가치의 보증: 리스종료시점에 ㈜서울은 잔존가치 보증에 따라 ₩50,000을 지급할 것으로 예상
- 내재이자율: 연 10%
- 연이자율 10%의 ₩1의 3기간 말 현가계수는 0.751, 연 이자율 10%의 정상연금 ₩1의 3기간 말 현가계수는 2.487이다.

---

① ₩7,320

② ₩7,390

③ ₩7,430

④ ₩7,510

해설

금융리스채권: 1,000,000×2.487 + 60,000*0.751 = 2,532,060

리스부채: 1,000,000×2.487 + 50,000*0.751 = 2,524,550

금융리스채권과 리스부채의 차이: 10,000×0.751 = 2,532,060 − 2,524,550 = 7,510

– 리스채권에는 예상잔존가치가 포함되지만, 리스부채에는 예상지급액만 포함되므로 '예상잔존가치 – 예상지급액'의 현재가치만큼 차이난다.

정답 ④

3 판매형리스

판매형 리스란 판매자가 직접 물건을 제조하여 고객에게 리스의 형태로 판매하는 것이다. 다른 회계학 시험에서는 계산기를 사용하기 때문에 판매형리스가 계산문제로 출제되지만, 공무원 시험에서는 계산기를 사용할 수 없기 때문에 지금까지 전부 말문제만 출제되었으며, 앞으로도 계속해서 말문제만 출제될 것으로 예상한다. 다음 두 가지 규정만 읽어보고 넘어가자.

1. 인위적으로 낮은 이자율이 적용되었다면 시장이자율 사용

판매형리스도 원칙적으로는 다른 리스와 동일하게 내재이자율을 사용한다. 단, '인위적으로 낮은 이자율을 제시하였다면' 시장이자율을 사용한다. 회사가 내재이자율을 인위적으로 낮게 제시하면 현재가치가 증가하므로 매출액을 크게 인식할 수 있기 때문에, 이러한 문제를 막기 위한 규정이다.

2. 판매형 리스의 리스관련원가: 비용(판관비) 처리!

제조자 또는 판매자인 리스제공자는 금융리스 체결과 관련하여 부담하는 원가를 리스개시일에 비용으로 인식한다. 판관비로 처리한다고 생각하면 된다. 판매형 리스에서 발생한 원가를 리스개설직접원가로 처리하지 않는다는 것을 주의하자.

✏️ 사례

다음은 ㈜대한의 리스계약과 관련된 자료이다. 자동차 제조회사인 ㈜대한은 ㈜민국에게 제조된 차량(제조원가 ₩2,000,000)을 판매하는 리스계약(금융리스)을 체결하였다.

- 리스기간은 20x1년 1월 1일부터 20x3년 12월 31일까지이고, 해지불능리스이다.
- 정기리스료 ₩1,071,693을 매년말 수취한다.
- 리스기간 종료시점의 잔존가치는 ₩300,000으로 추정되는데 리스이용자는 이 중 ₩100,000을 보증한다.
- 시장이자율은 연 10%이지만, ㈜대한은 ㈜민국에게 인위적으로 낮은 연 8% 이자율을 제시하였다.
- 판매시점에 차량의 공정가치는 ₩3,000,000이었다.
- ㈜대한은 20X1년 1월 1일 ㈜민국과의 리스계약을 체결하는 과정에서 ₩350,000의 직접비용이 발생하였다.

기간 \ 할인율	단일금액 ₩1의 현재가치		정상연금 ₩1의 현재가치	
	8%	10%	8%	10%
3년	0.7938	0.7513	2.5771	2.4868

위 리스계약을 체결한 경우 ㈜대한의 20x1년도 1월 1일 회계처리를 하시오.

2018. CPA 수정

해설

회계처리〉

매출채권	2,890,476	매출액	2,740,216
매출원가	1,849,740	재고자산	2,000,000
판관비	350,000	현금	350,000

매출채권: 1,071,693×2.4868 + 300,000×0.7513 = 2,890,476
매출액: 1,071,693×2.4868 + 100,000×0.7513 = 2,740,216

(1) 할인율
매출채권과 매출액을 구체적으로 계산하는 방식은 수험 범위를 넘기 때문에 생략한다. 매출채권과 매출액을 계산할 때 사용한 현가계수만 보자. 10%의 단순현가계수인 0.7513과 연금현가계수인 2.4868을 사용하고 있다. 시장이자율은 연 10%이지만, 인위적으로 낮은 연 8% 이자율을 제시하였기 때문에 10%를 사용한 것이다.

(2) 리스관련원가
판매형리스인 경우 발생한 원가를 비용(판관비) 처리한다. 매출채권에 가산하거나 매출원가로 처리하지 않는다는 것을 주의하자.

 예제 **판매형리스**

01 리스에 대한 설명으로 옳지 않은 것은?   2021. 국가직 7급

① 리스제공자는 리스개시일에 금융리스에 따라 보유하는 자산을 재무상태표에 인식하고 그 자산을 리스순투자와 동일한 금액의 수취채권으로 표시한다.

② 포괄손익계산서에서 리스이용자는 리스부채에 대한 이자비용을 사용권자산의 감가상각비와 구분하여 표시한다.

③ 제조자 또는 판매자인 리스제공자는 고객을 끌기 위하여 의도적으로 낮은 이자율을 제시하기도 하며, 이러한 낮은 이자율의 사용은 리스제공자가 거래에서 생기는 전체 이익 중 과도한 부분을 리스개시일에 인식하는 결과를 가져온다.

④ 제조자 또는 판매자인 리스제공자는 금융리스 체결과 관련하여 부담하는 원가를 리스개시일에 자산으로 인식한다.

해설

제조자 또는 판매자인 리스제공자는 금융리스 체결과 관련하여 부담하는 원가를 리스개시일에 당기비용으로 처리한다.

정답 ④

02 ㈜관세는 20×1년 1월 1일 기계장치를 제조하여 다음과 같이 ㈜부산에 공급하고 금융리스계약을 체결하였다. 리스계약과 관련된 다음 설명 중 옳지 않은 것은?

2012. 관세사 수정

- 기계장치 공정가치: ₩350,000
- 기계장치 제조원가: ₩200,000
- ㈜관세는 리스계약을 체결하는 과정에서 ₩100,000의 직접비용이 발생하였다.
- 리스조건
  - 리스기간: 3년
  - 정기리스료: 매년 말 ₩100,000씩 지급
  - 리스기간종료시 추정 잔존가치: ₩50,000
  - 리스기간종료시 리스이용자의 보증잔존가치: ₩30,000
  - 리스의 내재이자율: 연 8% (20×1년 1월 1일 ㈜관세의 시장이자율은 연 10%)

① ㈜관세는 20X1년 1월 1일에 금융리스에 대한 매출손익을 인식한다.

② ㈜관세는 정기리스료를 할인할 때 리스의 내재이자율인 8%로 할인한다.

③ ㈜관세는 ₩100,000의 직접비용을 리스개시일에 비용으로 인식한다.

④ ㈜부산은 포괄손익계산서에 리스부채에 대한 이자비용을 사용권자산의 감가상각비와 구분하여 표시한다.

㈜관세는 정기리스료를 할인할 때 내재이자율이 시장이자율보다 낮으므로, 시장이자율인 10%로 할인한다.

정답 ②

09 법인세회계

1 법인세회계 - 일반형

파워 회계학에서 법인세회계에 대해서 배운 바 있다. 복습할 겸 바로 예제를 풀면서 기본적인 법인세회계의 구조에 대해서 설명하겠다.

예제 법인세회계

01 다음은 ㈜대한의 법인세와 관련된 자료이다.

> • 20X2년 세무조정내역
>
> | | |
> |---|---:|
> | 법인세비용차감전순이익 | ₩1,500,000 |
> | 세무조정항목 : | |
> | 전기 감가상각비 한도초과 | (90,000) |
> | 과세소득 | ₩1,410,000 |
>
> • 세무조정항목은 모두 일시적차이에 해당하고, 이연법인세자산의 실현가능성은 거의 확실하다.
> • 20X1년말 이연법인세자산과 이연법인세부채는 각각 ₩65,000과 ₩25,000이다.
> • 20X2년 법인세율은 25%이고, 20x3년과 20x4년 이후의 세율은 각각 20%와 18%로 20X2년말에 입법화되었다.
> • 20X2년말 현재 미소멸 일시적차이의 소멸시기는 아래와 같다.
> 감가상각비 한도초과와 토지 건설자금이자는 전기로부터 이월된 금액이다.
>
> | 일시적차이 | 20X2년말 잔액 | 소멸시기 |
> |---|---|---|
> | 감가상각비 한도초과 | ₩170,000 | 20X3년 ₩90,000 소멸
20X4년 ₩80,000 소멸 |
> | 토지 건설자금이자 | (100,000) | 20X4년 이후 전액 소멸 |

㈜대한의 20X2년도 포괄손익계산서에 인식할 법인세비용은?   2018. CPA

① ₩335,000   ② ₩338,100   ③ ₩352,500
④ ₩366,900   ⑤ ₩378,100

STEP 1 연도별 세율 및 EBT 적기

	X2(25%)	X3(20%)	X4~(18%)
EBT	1,500,000		

STEP 2 세무조정

	X2(25%)	X3(20%)	X4~(18%)
EBT	1,500,000		
감가비 한도초과	(90,000)	(90,000)	(80,000)
건설자금이자			100,000

1. 당기 세무조정

세무조정은 문제에서 시키는대로 하면 된다. X2년에 전기 감가비 한도초과로 손금 산입 90,000이 발생하였으므로 X2 아래에 (90,000)을 적는다.

2. 당기 말 유보 추인

X2년말 감가비 유보 잔액은 170,000인데, X3년에 90,000이, X4년에 80,000이 손금 산입으로 추인된다. 따라서 X3과 X4 아래에 각각 (90,000)과 (80,000)을 적는다. (X2년말 유보 잔액이 170,000이므로, X2년초 유보 잔액은 260,000이었다는 것을 유추할 수 있다)

건설자금이자는 전기로부터 이월된 △유보가 100,000인데, X4년 이후 전액 소멸되므로 X4 아래에 100,000을 적는다. 참고로, 건설자금이자는 차입원가 자본화와 동의어이다. 회계에서는 자본화한 차입원가를 자산으로 보지만, 세법에서는 비용으로 보기 때문에 △유보가 발생하였으며, 이후에 추인된다.

STEP 3 과세소득과 법인세부담액 계산

	X2(25%)	X3(20%)	X4~(18%)
EBT	1,500,000		
감가비	(90,000)	(90,000)	(80,000)
건설자금이자			100,000
과세소득	1,410,000		
법인세부담액	352,500		

세무조정 사항을 EBT에 반영하여 과세소득을 계산한 뒤, 당기 세율을 곱해서 법인세부담액을 구한다. 예제의 법인세부담액은 1,410,000 × 25% = 352,500이다.

STEP 4 이연법인세 자산, 부채 계산

	X2(25%)	X3(20%)	X4~(18%)
EBT	1,500,000		
감가비	(90,000)	(90,000)	(80,000)
건설자금이자			100,000
과세소득	1,410,000		
법인세부담액	352,500	(18,000)	(14,400)
			18,000

(1) 이연법인세부채 = 100,000 × 18% = 18,000
(2) 이연법인세자산 = 90,000 × 20% + 80,000 × 18% = 32,400

'이연법인세자산의 실현가능성은 거의 확실하다.'라는 단서가 있으므로 이연법인세자산 32,400을 전부 자산으로 계상한다.

STEP 5 법인세비용 계산 및 회계처리

1. 기초 제거	이연법인세부채	25,000	이연법인세자산	65,000
2. 기말 계상	이연법인세자산	32,400	이연법인세부채	18,000
3. 당기 부채&비용	법인세비용	378,100	당기법인세부채	352,500

문제에 제시된 기초 이연법인세 자산, 부채를 제거한 뒤, Step 4에서 계산한 기말 이연법인세 자산, 부채를 계상한다. 마지막으로, Step 3에서 계산한 법인세부담액을 미지급법인세 혹은 당기법인세부채로 계상한다. 두 계정과목은 같은 의미이다. 본서에서는 '당기법인세부채'라는 표현을 쓰겠다. 마지막으로 법인세비용으로 대차차액을 맞춰주면 회계처리가 끝난다. 예제의 회계처리는 위와 같으며, 예제에서 묻고 있는 법인세비용은 378,100이다.

정답 ⑤

2 법인세회계 – 기타 세무조정이 있는 경우

본 패턴에서는 기타 세무조정이 발생하는 자기주식처분손익 및 기타포괄손익에 대해 다룰 것이다.

 기타 세무조정

1. 자기주식처분손익

	X1(30%)
EBT	XXX
자처익 자처손	XXX* (XXX)*
과세소득	XXX
법인세부담액	XXX

회계에서는 자기주식처분손익을 자본거래로 인한 손익이므로 자본잉여금 혹은 자본조정으로 본다. 하지만 세법에서는 자기주식처분손익을 이익으로 보아 과세소득에 포함시킨다. 따라서 자기주식처분이익은 '익금산입 기타', 자기주식처분손익은 '손금산입 기타' 세무조정이 발생한다. 문제에 제시된 자기주식처분손익 금액은 세무조정으로 반영하고, 숫자 옆에 *(별표)를 작게 표시해두자.

2. 기타포괄손익: 재평가잉여금 및 FVOCI 금융자산(주식) 평가손익

	X1(30%)	X2~(30%)
EBT 재평가잉여금 토지	XXX 20,000* (20,000)	 20,000
과세소득	XXX	
법인세부담액	XXX	

재평가모형 적용으로 인한 유형자산 평가 및 FVOCI 금융자산(주식) 평가 시에는 2줄 세무조정이 발생한다. 가령 회사가 '토지 20,000 / 재평가잉여금 20,000'을 계상했다면 세법에서는 재평가모형에 따른 평가증을 인정하지 않으므로 '손입 토지 20,000 △유보', '익입 재평가잉여금 20,000 기타' 세무조정이 발생한다. 따라서 당기 EBT 아래에 20,000과 (20,000)을 적는다. 이때, 재평가잉여금 금액 옆에 *(별표)를 작게 표시해두자. 회계처리할 때 필요하다.

또한, 토지로 인해 생긴 △유보는 토지를 처분하는 시점에 추인될 것이다. 따라서 토지를 처분하는 시점에 20,000을 표시한다.

1. 기초 제거	이연법인세부채	기초 부채	이연법인세자산	기초 자산
2. 기말 계상	이연법인세자산	기말 자산	이연법인세부채	기말 부채
3. 당기 부채&비용	법인세비용	XXX	당기법인세부채	법인세부담액
4. 기타 세무조정	법인세비용	XXX	자처손	발생액*당기 세율
	자처익	발생액*당기 세율	법인세비용	XXX
	OCI	발생액*미래 세율	법인세비용	XXX

기타 세무조정이 있는 경우 '3. 당기 부채&비용'까지는 배운 대로 회계처리하고, 마지막으로 '4. 기타 세무조정' 회계처리를 추가하면 된다. 이것 때문에 기타 세무조정에 해당하는 숫자 옆에 *(별표)를 작게 표시하라고 한 것이다. 별표를 하지 않으면 3번 회계처리까지만 하고 끝내는 실수를 범할 가능성이 크기 때문이다. 4번 회계처리는 자기주식처분손익 및 기타포괄손익에서 발생한 법인세효과는 발생 원천에서 조정해주는 회계처리이다.

기준서에 따르면, '당기손익 이외로 인식되는 항목과 관련된 당기법인세와 이연법인세는 당기손익 이외의 항목으로 인식된다.' "내가 싼 X는 내가 치운다."라고 기억하면 쉽게 이해될 것이다. 이를 조정하지 않으면 자본으로 인한 법인세효과가 법인세비용(PL)에 반영되기 때문이다. 법인세비용과 상계할 금액은 다음과 같이 계산한다.

1. 자기주식처분손익: 자기주식처분손익×당기 세율

자기주식처분손익은 유보 없이 당기법인세에만 영향을 주므로, 자기주식처분손익에 당기 세율을 곱한 금액을 법인세비용과 상계한다.

2. OCI: OCI 발생액×미래 세율

재평가잉여금이 20,000 발생했다고 가정할 때, 당기에는 2줄 세무조정으로 인해 당기법인세부채에 미치는 영향은 없다. 하지만 유보는 추인되면서 미래 과세소득이 증가한다. 따라서 OCI 발생액에 미래 세율을 곱한 금액을 법인세비용과 상계한다.

1~3번 회계처리	(차) 법인세비용	(대) 이연법인세부채
⊕		
4번 회계처리	(차) OCI	(대) 법인세비용
↓		
올바른 회계처리	(차) OCI	(대) 이연법인세부채

올바른 회계처리는 이연법인세부채가 OCI 때문에 발생했으므로 OCI를 줄이면서 이연법인세부채를 계상해야 한다. 하지만 3번 회계처리까지만 하면 대차차액을 전부 법인세비용으로 맞추므로, 이연법인세부채가 전부 법인세비용의 증가로 이어진다. 따라서 4번 회계처리를 추가해서 법인세비용을 OCI와 상계해야만 올바른 회계처리가 될 수 있다.

 회계처리로 자본을 제거하기: 원래 자본이 계상된 곳과 반대쪽으로!

기타 세무조정으로 인한 법인세효과를 줄일 때 법인세비용을 차변에 계상할지, 대변에 계상할지 많이 헷갈릴 것이다. '법인세는 마찰력'이라고 생각해보자. 법인세효과를 고려하면 당기 중에 발생한 자기주식처분손익과 기타포괄손익의 일부를 줄이게 된다. 따라서 원래 회계처리에서 자본이 계상된 곳과 반대쪽으로 계상하면서 법인세비용과 상계하면 된다.

자처손	기중	현금 자처손	처분가액 발생액	자기주식	BV
	상계	법인세비용	XXX	자처손	발생액×당기 세율
자처익	기중	현금	처분가액	자기주식 자처익	BV 발생액
	상계	자처익	발생액*당기 세율	법인세비용	XXX
OCI	기중	자산	발생액	OCI	발생액
	상계	OCI	발생액×미래 세율	법인세비용	XXX

자본이 손실이었다면 (자처손) 회계처리할 때 차변에 계상했을 것이므로, 반대로 대변에 계상하면서 법인세비용을 늘리면 된다.

자본이 이익이었다면 (자처익, 재평가잉여금) 회계처리할 때 대변에 계상했을 것이므로, 반대로 차변에 계상하면서 법인세비용을 줄이면 된다.

예제   법인세회계 - 기타 세무조정이 있는 경우

01 〈보기〉는 ㈜서울의 20X1년 법인세와 관련된 거래내용이다. ㈜서울의 20X1년 법인세비용차감전순이익은 ₩1,000,000이며, 당기 과세소득에 적용될 법인세율은 10%이다. 20X1년 포괄손익계산서의 법인세비용은? (단, 향후 세율은 일정하며, 과세소득은 20X1년과 동일하고 전기 이월 일시적차이는 없다.)

2018. 서울시 7급

> **보 기**
> - 20X1년 접대비 한도초과액은 ₩100,000이다.
> - 20X1년 7월 1일 ₩50,000에 취득한 자기주식을 20X1년 8월 31일 ₩100,000에 처분하였다.
> - 20X1년 ₩100,000에 취득한 토지의 20X1년 12월 31일 공정가치는 ₩150,000이며 ㈜서울은 유형자산에 대하여 재평가모형을 적용하고 있으나, 세법은 이를 인정하지 않는다.

① ₩105,000   ② ₩110,000

③ ₩115,000   ④ ₩120,000

해설

	X1(10%)	X2~(10%)
EBT	1,000,000	
접대비 한도초과	100,000	
자기주식처분이익	50,000*	
토지 OCI	50,000*	
토지 유보	(50,000)	50,000
과세소득	1,150,000	50,000
법인세부담액	115,000	5,000

1. 기초 제거	이연법인세부채	–	이연법인세자산	–	
2. 기말 계상	이연법인세자산	–	이연법인세부채	5,000	
3. 당기 부채&비용	법인세비용	120,000	당기법인세부채	115,000	
4. 기타 세무조정	자기주식처분이익	5,000	법인세비용	5,000	
	재평가잉여금	5,000	법인세비용	5,000	

자기주식처분이익 환입액: 50,000×10%(X1년 세율) = 5,000
재평가잉여금 환입액: 50,000×10%(X2년~ 세율) = 5,000

법인세비용: 120,000 – 5,000 – 5,000 = 110,000

정답 ②

02 아래 자료는 ㈜한국의 20X1년도 법인세와 관련된 거래내용이다.

⑺ 20X1년도 ㈜한국의 접대비 한도초과액은 ₩300,000이다.
⑻ ㈜한국은 20X1년 6월 7일에 ₩35,000에 취득한 자기주식을 20X1년 9월 4일에 ₩60,000에 처분했다.
⑼ ㈜한국이 20X1년 9월 7일 사옥을 건설하기 위하여 ₩70,000에 취득한 토지의 20X1년 12월 31일 현재 공정가치는 ₩80,000이다. ㈜한국은 유형자산에 대하여 재평가모형을 적용하고 있으나, 세법에서는 이를 인정하지 않는다.

㈜한국의 20X1년도 법인세비용차감전순이익은 ₩3,000,000이다. 당기 과세소득에 적용될 법인세율은 30%이고, 향후에도 세율이 일정하다면 ㈜한국이 20X1년도 포괄손익계산서에 인식할 법인세비용과 20X1년 말 재무상태표에 계상될 이연법인세 자산·부채는 각각 얼마인가? (단, ㈜한국의 향후 과세소득은 20X1년과 동일한 수준이며, 전기이월 일시적차이는 없다고 가정한다.) 2010. CPA

	법인세비용	이연법인세자산·부채
①	₩900,000	이연법인세자산 ₩3,000
②	₩973,500	이연법인세자산 ₩4,500
③	₩973,500	이연법인세부채 ₩3,000
④	₩990,000	이연법인세자산 ₩4,500
⑤	₩990,000	이연법인세부채 ₩3,000

해설

	X1(30%)	X2~(30%)
EBT	3,000,000	
접대비	300,000	
자처익	25,000*	
토지 OCI	10,000*	
토지 유보	(10,000)	10,000
과세소득	3,325,000	10,000
법인세부담액	997,500	3,000

기초 이연법인세: 0 (전기이월 일시적차이는 없다고 가정)

기말 이연법인세
- 부채: 10,000×30% = 3,000

1. 기초 제거	이연법인세부채	–	이연법인세자산	–
2. 기말 계상	이연법인세자산	–	이연법인세부채	3,000
3. 당기 부채&비용	법인세비용	1,000,500	당기법인세부채	997,500
4. 기타 세무조정	자기주식처분이익	7,500	법인세비용	7,500
	재평가잉여금	3,000	법인세비용	3,000

법인세비용: 1,000,500 – 7,500 – 3,000 = 990,000

법인세비용 상계액
- 자기주식처분이익: 10,000×30% = 3,000
- 재평가잉여금(OCI): 10,000×30% = 3,000

자처익과 재평가잉여금 둘 다 이익이므로 기중에 대변에 계상했을 것이다. 따라서 법인세비용과 상계 시 차변에 계상하면서 법인세비용을 줄여야 한다.

정답 ⑤

03 ㈜서울의 당기 법인세비용차감전순이익은 ₩10,000이며, 당기 법인세 세무조정 사항은 다음과 같다. 이외 다른 세무조정 사항은 없으며, 법인세율은 30%이다. 당기 재무상태표에 보고되는 이연법인세자산 또는 이연법인세부채는 얼마인가?

2017. 서울시 9급

> - 비과세 이자수익은 ₩2,000이다.
> - 당기 미수이자 ₩4,000은 차기에 현금으로 회수된다.
> - 자기주식처분이익은 ₩6,000이다.

① 이연법인세자산 ₩600
② 이연법인세자산 ₩1,200
③ 이연법인세부채 ₩600
④ 이연법인세부채 ₩1,200

	당기(30%)	차기~(30%)
EBT 비과세 미수이자 자기주식처분이익	10,000 (2,000) (4,000) 6,000*	 4,000
과세소득	10,000	4,000
법인세부담액	3,000	1,200

이연법인세부채: 4,000 × 30% = **1,200**

회계학은 발생주의를 적용하지만, 세법은 현금주의 위주이므로 미수이자를 인정하지 않는다. 따라서 당기의 수익을 부인한 뒤 차기에 인식해야 한다.

참고〉 회계처리
문제에서 물어본 '당기 재무상태표'는 '기말' 재무상태표를 의미한다. 기말 이연법인세 자산, 부채를 물었기 때문에 기초 이연법인세 자산, 부채에 대한 언급이 없다. 기초 이연법인세 자산, 부채가 없다고 가정하고 회계처리를 하면 다음과 같다.

1. 기초 제거	이연법인세부채	–	이연법인세자산	–
2. 기말 계상	이연법인세자산	–	이연법인세부채	1,200
3. 당기 부채&비용	법인세비용	4,200	당기법인세부채	3,000
4. 기타 세무조정	자기주식처분이익	1,800	법인세비용	1,800

자기주식처분이익 환입액: 6,000 × 30% = 1,800
법인세비용: 4,200 – 1,800 = 2,400

정답 ④

04 (주)한국은 2015년 초에 설립되었으며, 2015년 말 재무제표에서 다음과 같은 내용을 발견할 수 있었다. (주)한국의 2015년도 법인세 평균세율은 30 %이며, 향후 동 법인세율에는 변화가 없을 것으로 예상된다. 다음 설명 중 옳은 것은? (단, 2015년 말 현재 차감할 일시적차이는 2016년에 해소될 예정이며, 가산할 일시적차이는 2017년에 해소될 예정이다) 2015. 국가직 7급

• 이연법인세자산	₩285,000
• 이연법인세부채	₩400,200
• 기타포괄손익누계액 중 토지재평가잉여금	₩70,000
(법인세효과 차감 후)	
• 손익계산서상 법인세비용	₩410,000

① 2015년 말 회사의 자산과 부채의 장부금액과 세무기준액의 차이 중 가산할 일시적차이는 ₩950,000이다.

② 2016년도의 예상과세소득이 ₩750,000이라면, 일시적차이로 인한 법인세 효과의 실현가능성을 검토하여 이연법인세자산을 인식한다.

③ 2015년도의 법인세 부담액은 ₩294,800이다.

④ 2015년 말 재무상태표에서 이연법인세자산은 유동자산으로, 이연법인세부채는 비유동부채로 보고해야 한다.

(해설)

	15(30%)	16(30%)	17~(30%)
EBT	XXX		
가산할 일시적차이	(1,334,000)		1,334,000
차감할 일시적차이	950,000	(950,000)	
재평가잉여금	100,000*		
과세소득	XXX	(950,000)	1,334,000
법인세부담액	324,800	(285,000)	400,200

① 2015년 말 가산할 일시적차이: 400,200/30%=1,334,000 (X)

② 2016년도의 예상과세소득이 750,0000이라면, 차감할 일시적차이인 950,000보다 작기 때문에 차감할 일시적차이의 실현가능성을 검토하여 이연법인세자산을 인식한다. (O)

③ 2015년도의 법인세 부담액: 324,800 (X)

1. 기초 제거	이연법인세부채	–	이연법인세자산	–
2. 기말 계상	이연법인세자산	285,000	이연법인세부채	400,200
3. 당기 부채&비용	법인세비용	440,000	당기법인세부채	324,800
4. 기타 세무조정	재평가잉여금	30,000	법인세비용	30,000

법인세효과 차감 후 재평가잉여금이 70,000이므로, 법인세효과 차감 전 재평가잉여금은 100,000(=70,000/(1 – 30%))이다.

재평가잉여금과 법인세비용의 상계액이 30,000(=100,000 × 30%)이고, 손익계산서상 법인세비용이 410,000이므로, '3. 당기 부채&비용' 회계처리에 표시될 법인세비용은 440,000이다.

15년 초에 설립되었으므로 기초 이연법인세자산, 부채는 없는 상태에서 대차가 일치해야 하므로 당기법인세부채(=법인세부담액)는 324,800이다.

④ 이연법인세자산, 부채는 비유동 항목으로 보고한다. (X)

정답 ②

10 수익

수익 기준서는 2018년 개정 기준서가 도입된 후 기존과는 다른 유형의 문제들이 출제되고 있다. 대부분의 문제는 간단한 기준서 문장을 묻는 말문제로 출제되지만, 종종 사례형 계산문제들도 등장하고 있다. 따라서 본서에서는 재매입 약정과 건설계약에 대해 설명할 것이다.

1 재매입 약정

콜옵션은 자산을 특정 가격에 살 수 있는 권리를 의미하고, 풋옵션은 자산을 특정 가격에 팔 수 있는 권리를 의미한다. 기업이 고객에게 자산을 판 뒤, 기업에게 콜옵션이 있거나, 고객에게 풋옵션이 있다면, 옵션을 행사하여 자산은 기업에게 다시 돌아올 수 있다. 콜옵션과 풋옵션을 본서에서는 '재매입 약정'이라고 부르겠다. 이런 재매입 약정이 있는 경우 매출이 취소될 수 있으므로 고객은 자산을 통제하지 못하고, 기업은 수익을 인식하지 못한다. 따라서 재매입 약정은 일반적인 매출로 인식하지 않고, 원래 판매가격 대비 재매입 가격에 따라 다음과 같이 회계처리한다.

원래 판매가격보다	회계처리
1. 높은 금액으로 재매입	금융 약정
2. 낮은 금액으로 재매입	리스

1. 원래 판매가격보다 높은 금액으로 재매입: 금융 약정(차입거래)

기업은 최초 판매 시 현금을 받고 나중에 더 큰 금액을 지급해야 하므로, 사실상 자산을 담보로 맡기고 차입한 것과 같다. 기준서에서는 '금융 약정'이라는 용어를 쓰는데 차입거래를 의미한다.

(1) 판매 시	현금	판매금액	부채	판매금액
(2) 만기 전	이자비용	재매입가격 – 판매금액	부채	재매입가격 – 판매금액
(3) 옵션 포기 시	부채	재매입가격	매출	재매입가격
	매출원가	원가	재고자산	원가
(4) 옵션 행사 시	부채	재매입가격	현금	재매입가격

(1) 판매 시

차입한 것으로 보므로, 판매가 이루어졌더라도 현금으로 받은 판매금액을 부채로 계상한다.

(2) 만기 전

원래 판매가격과 재매입가격의 차이는 이자비용으로 인식하면서 만기(= 옵션의 행사 시점)까지 부채를 재매입가격으로 증가시킨다.

(3) 행사 시점에 옵션 포기 시

옵션 행사 시점에 옵션을 행사하지 않고 포기하면 매출을 인식하면서, 부채를 제거한다. 이자비용을 인식하면서 부채를 재매입가격까지 키워놨기 때문에 이때 인식하는 매출액은 재매입가격이 된다. 옵션을 포기하면 매출이 이루어지기 때문에 재고자산에 대한 통제가 고객에게 이전되며, 재고자산의 원가를 매출원가로 인식한다.

(4) 행사 시점에 옵션 행사 시

옵션을 행사하면 거래가 취소된 것이다. 매출을 인식하지 않고, 재매입가격만큼 현금을 지급하면서 부채를 제거한다.

2. 원래 판매가격보다 낮은 금액으로 재매입: 리스

재매입가격이 원래 판매가격보다 낮아진다면 구매자가 자산을 사용하여 가치가 하락한 것이다. 이는 소유권이 넘어가지 않은 상태로 자산을 잠시 빌려준 것(리스)이나 마찬가지이다.

예제 **재매입 약정**

01 12월 결산법인 ㈜서울은 20X1년 12월 1일 고객에게 A제품을 ₩50,000(원가 ₩40,000)에 인도하고 현금을 수령하였으며, ㈜서울은 20X2년 3월 31일에 동 A제품을 고객으로부터 ₩58,000에 재매입할 수 있는 콜옵션을 보유하고 있다. 20X2년 3월 31일 A제품의 시장가치는 20X1년 12월 1일 예상과 동일한 ₩56,000이며, ㈜서울은 20X2년 3월 31일 콜옵션을 행사하지 않았다. 동 거래에 대한 설명으로 가장 옳은 것은? 2020. 서울시 7급

① ㈜서울은 20X1년 12월 1일 해당거래를 리스계약으로 회계처리 한다.
② ㈜서울은 20X1년 12월 31일 해당거래로 인식할 이자비용은 없다.
③ ㈜서울은 20X1년 12월 1일 해당거래로 인식할 매출액은 ₩50,000이다.
④ ㈜서울은 20X2년 3월 31일 해당거래로 인식할 매출액은 ₩58,000이다.

> **해설**
>
> ① 콜옵션의 행사가격(58,000)이 원래 판매가격(50,000)보다 크므로, 금융 약정으로 회계처리한다. (X)
> ② 20X1년 12월 31일 이자비용: (58,000 − 50,000)×1/4 = 2,000 (X)
> − X1.12.1~X2.3.31까지 4달간 차입한 것으로 보고 이자비용을 월할 계산한다.
> ③ 금융 약정으로 회계처리하므로, 20X1년 12월 1일에 현금을 수령하더라도 매출액을 인식하지 않는다. (X)
> ④ 콜옵션을 행사하지 않았으므로, 콜옵션이 소멸되면서 부채가 제거되고, 매출을 인식한다. 이자비용을 인식하면서 부채를 58,000으로 증가시켰으므로 20X2년 3월 31일 매출액은 ₩58,000이다. (O)
> 참고로, 3월 31일의 예상 시장가치 56,000은 문제 풀이 시 고려하지 않는다.
>
> 회계처리〉
>
> | X1.12.1 | 현금 | 50,000 | 부채 | 50,000 |
> |---|---|---|---|---|
> | X1.12.31 | 이자비용 | 2,000 | 부채 | 2,000 |
> | X2.3.31 | 이자비용 | 6,000 | 부채 | 6,000 |
> | X2.3.31 | 부채 | 58,000 | 매출 | 58,000 |
> | | 매출원가 | 40,000 | 재고자산 | 40,000 |
>
> **정답** ④

02 ㈜대한은 20X1년 12월 1일에 ㈜민국에게 원가 ₩500,000의 제품을 ₩1,000,000에 현금 판매하였다. 판매계약에는 20X2년 3월 31일에 동 제품을 ₩1,100,000에 다시 살 수 있는 권리를 ㈜대한에게 부여하는 콜옵션이 포함되어 있다. ㈜대한은 20X2년 3월 31일에 계약에 포함된 콜옵션을 행사하지 않았으며, 이에 따라 해당 콜옵션은 동 일자에 소멸되었다. 상기 재매입약정 거래가 ㈜대한의 20X2년 당기순이익에 미치는 영향은 얼마인가? (단, 현재가치평가는 고려하지 않으며, 계산과정에 오차가 있으면 가장 근사치를 선택한다.)

2021. CPA

① ₩100,000 감소   ② ₩75,000 감소   ③ ₩500,000 증가
④ ₩525,000 증가   ⑤ ₩600,000 증가

 해설

재매입 가격(1,100,000)이 원래 판매가격(1,000,000)보다 크므로, 금융 약정이다. 따라서 1,000,000을 차입한 것으로 보고 다음과 같이 회계처리한다.

X1.12.1	현금	1,000,000	부채	1,000,000
X1.12.31	이자비용	25,000	부채	25,000
X2.3.31	이자비용	75,000	부채	75,000
X2.3.31	부채	1,100,000	매출	1,100,000
	매출원가	500,000	재고자산	500,000

1. 연도별 이자비용
  (1) x1년: (1,100,000 − 1,000,000)×1/4 = 25,000
  (2) x2년: (1,100,000 − 1,000,000)×3/4 = 75,000
    − X1.12.1~X2.3.31까지 4달간 차입한 것으로 보고 이자비용을 월할 계산한다.
2. x2년 당기순이익에 미치는 영향
  : 1,100,000(매출) − 500,000(매출원가) − 75,000(이자비용) = 525,000 증가

정답 ④

② 건설계약

건설계약 기준서는 2018년 수익 기준서가 개정되면서 새로운 기준서에 편입되었으며, 더 이상 존재하지 않는 규정이다. 건설계약이 기존에는 중요한 주제였으나, 2018년부터 국가직 및 지방직 회계학에서는 거의 출제되지 않고 있다. 건설계약을 넘길 학생들은 넘겨도 괜찮다.

1. 건설계약 – 일반형

STEP 1 진행률=누적발생원가/총예상원가 (단, 총예상원가=누적발생원가+추가예상원가)

진행률이란 건설의 진행 정도를 의미한다. 진행률은 건설에 소요되는 총예상원가 대비 현재까지 투입한 누적발생원가가 차지하는 비율로 계산한다. 이때, 총예상원가에 추가예상원가 뿐만 아니라 누적발생원가를 포함시키는 것에 주의하자. 문제에서 총예상원가를 제시하지 않고, 당기발생원가와 추가예상원가로 나누어 제시했다면 전기까지의 누적발생원가까지 포함해서 진행률을 계산해야 한다.

STEP 2 누적계약수익=계약대금*진행률

건설계약은 진행률에 비례하여 수익을 인식한다. 따라서 전체 계약대금 중 진행률을 곱한 만큼 누적수익으로 인식한다.

STEP 3 계약수익=누적계약수익-전기 누적계약수익

진행률은 예상원가의 변동에 따라 매년 변화하는데, 진행기준을 적용하면서 발생하는 모든 변동 사항은 회계추정의 변경으로 보아 전진법을 적용한다. 따라서 누적계약수익을 계산한 뒤, 전기까지 인식한 누적계약수익을 차감하여 당기에 인식할 수익을 계산한다.

STEP 4 계약이익=계약수익-계약원가 (단, 계약원가=당기발생원가)

Step 3에서 계산한 계약수익만큼 수익으로 인식하고, 당기에 발생한 계약원가만큼 비용으로 인식한다. 따라서 당기의 계약이익은 계약수익에서 계약원가를 차감한 이익이 된다.

👤 예제 건설계약 - 일반형

01 2007년 3월 1일에 ㈜대한건설은 정부로부터 건물 신축공사를 수주하였다. 총공사계약금액은 ₩120,000이며, 완성시점인 2009년 말까지 건설과 관련된 모든 원가자료는 다음과 같다. ㈜대한건설이 진행기준을 적용할 때 2008년에 인식할 공사이익은?

2010. 지방직 9급

	2007년	2008년	2009년
발생한 누적공사원가	₩20,000	₩60,000	₩80,000
추가로 소요될 원가추정액	₩40,000	₩20,000	–
총공사원가 추정액	₩60,000	₩80,000	₩80,000

① ₩10,000   ② ₩20,000

③ ₩30,000   ④ ₩40,000

해설

	2007년	2008년	2009년
진행률	20,000/60,000 = 1/3	60,000/80,000 = 3/4	80,000/80,000 = 100%
누적계약수익	120,000 × 1/3 = 40,000	120,000 × 3/4 = 90,000	120,000 × 100% = 120,000
계약수익	40,000	90,000 − 40,000 = 50,000	120,000 − 90,000 = 30,000
계약원가[1]	(20,000)	(40,000)	(20,000)
계약이익	20,000	10,000	10,000

[1]연도별 계약원가 = 당기 발생한 누적공사원가 − 전기 발생한 누적공사원가

07년: 20,000

08년: 60,000 − 20,000 = 40,000

09년: 80,000 − 60,000 = 20,000

정답 ①

02 (주)일산은 20×1년도에 (주)분당으로부터 컨설팅용역을 수주하고 진행기준을 적용하여 회계처리를 하고 있다. 컨설팅용역은 20×3년도 말까지 계속 제공될 예정이며, 계약금액은 총 ₩50,000이다. 진행기준을 적용함에 있어서 진행률은 발생누적원가를 총 추정원가로 나눈 비율을 사용하며, 3개년 동안 발생한 컨설팅용역과 관련된 자료는 다음과 같다. 20×2년도에 (주)일산의 용역손익은 얼마인가? 2013. 관세사

	20×1년도	20×2년도	20×3년도
당기 발생 용역원가	₩10,000	₩15,000	₩20,000
용역 완료 시까지 추가소요원가	₩30,000	₩25,000	

① ₩5,000 손실   ② ₩2,500 손실   ③ ₩2,500 이익
④ ₩5,000 이익   ⑤ ₩10,000 이익

해설

	20×1년도	20×2년도	20×3년도
진행률	10,000/40,000 = 25%	25,000/50,000 = 50%	45,000/45,000 = 100%
누적계약수익	50,000 × 25% = 12,500	50,000 × 50% = 25,000	50,000 × 100% = 50,000
계약수익	12,500	25,000−12,500 = 12,500	50,000 − 25,000 = 25,000
계약원가	(10,000)	(15,000)	(20,000)
계약이익	2,500	(2,500)	5,000

정답 ②

2. 계약금액의 변경

건설을 진행하다가 계약금액이 변경되는 경우가 있다. 이는 회계추정의 변경으로 보고, 전진법을 적용하여 변경된 계약금액을 변경 시점부터 반영해주면 된다.

예제 계약금액의 변경

03 다음은 ㈜대한이 2011년 수주하여 2013년 완공한 건설공사에 관한 자료이다.

구분	2011	2012	2013
당기발생계약원가	₩20억	₩40억	₩60억
총계약원가추정액	80억	100억	120억
계약대금청구	30억	40억	50억
계약대금회수	20억	30억	70억

이 건설계약의 최초 계약금액은 ₩100억이었으나, 2012년 중 설계변경과 건설원가 상승으로 인해 계약금액이 ₩120억으로 변경되었다. ㈜대한이 2012년에 인식할 계약손익은? (단, 진행률은 누적발생계약원가를 총계약원가추정액으로 나누어 계산한다) 2013. 국가직 7급

① ₩5억 손실   ② ₩3억 손실
③ ₩3억 이익   ④ ₩7억 이익

해설

(단위: 억)

	2011	2012	2013
진행률 누적계약수익	20/80 = 25% 100×25% = 25	60/100 = 60% 120×60% = 72	120/120 = 100% 120X100% = 120
계약수익 계약원가	25 (20)	72 − 25 = 47 (40)	120 − 72 = 48 (60)
계약이익	5	7	(12)

계약금액의 변경은 변경 시점인 2012년부터 반영하면 된다. 2011년의 손익을 건드리지 않는 것에 주의하자.

정답 ④

04 (주)서울은 20X1년 중 (주)대한의 기숙사를 건설하는 계약을 체결하였으며 총 계약금액은 ₩20,000이다. 20X1년에 발생한 공사원가는 ₩2,000이고, 향후 예상 투입원가는 ₩8,000이다. 20X2년에 설계변경이 있었고, 이로 인한 원가상승을 반영하여 계약금액을 ₩22,000으로 변경하였다. 20X2년에 발생한 공사원가는 ₩4,000이고, 향후 예상 투입원가는 ₩6,000이다. 이 기숙사는 20X3년 중에 완공되었다. 원가기준 투입법으로 진행률을 측정할 때, (주)서울이 동 계약과 관련하여 20X2년에 인식할 공사이익은?

2022. 서울시 7급

① ₩2,000   ② ₩3,000

③ ₩7,000   ④ ₩11,000

해설

	X1	X2
진행률 누적계약수익	2,000/10,000=20% 20,000*20%=4,000	6,000/12,000=50% 22,000*50%=11,000
계약수익 계약원가	4,000 (2,000)	11,000-4,0000=7,000 (4,000)
계약이익	2,000	3,000

정답 ②

3. 손실이 예상되는 경우

건설 중에 총예상원가가 상승하여 계약에서 손실이 발생할 것으로 예상되면, 손실을 예상한 해에 미리 비용을 다 인식한다. 따라서 손실이 예상되면 다음과 같이 계약손익을 인식한다.

	X1년	X2년(손실 예상)	총금액
계약수익	XXX	당기누적수익 – 전기 누적수익	총 계약금액
계약원가	(XXX)	③(XXX)	(총 계약원가)
계약손익	XXX	②(XXX)	①(예상손실)

STEP 1 예상손실=총 계약금액-총 계약원가

계약원가가 총 계약금액보다 커지는 경우에는 예상손실을 계산한다.

STEP 2 계약손익=예상손실-X1 계약손익

전체 예상손실 중에서 X1년도에 인식한 계약손익을 차감한 부분은 X2년도에 전부 손실로 인식한다. 미래의 손실을 예상한 시점에 미리 비용으로 인식한 것이다.

STEP 3 계약원가=계약손익-계약수익

원래는 '계약손익 = 계약수익 – 계약원가'의 방식으로 구하지만, 손실이 예상되는 경우에는 계약손익을 먼저 구한 뒤, 계약수익을 차감하여 계약원가를 채우자. 이 경우 계약원가는 '계약손익-계약수익'이므로, 일반형과 달리 계약원가가 당기발생원가와 다르다.

예제 손실이 예상되는 경우

05 ㈜국세는 20X1년 1월 1일에 계약금액 ₩7,000인 건설계약을 수주하였다. 동 공사는 20X3년 말에 완공되었으며, 건설계약과 관련된 자료는 다음과 같다.

	X1년	X2년	X3년
총공사계약원가	₩6,000	₩7,500	₩7,300
당기발생원가	₩1,500	₩4,500	₩1,300

동 건설계약과 관련하여 ㈜국세가 20X2년도 포괄손익계산서에 인식할 손실은? 2010. CTA 수정

① ₩250   ② ₩500

③ ₩650   ④ ₩750

해설

	X1년	X2년(손실 예상)	총금액
진행률	1,500/6,000 = 25%	6,000/7,500 = 80%	
누적계약수익	7,000×25% = 1,750	7,000×80% = 5,600	
계약수익	1,750	5,600 − 1,750 = 3,850	7,000
계약원가	(1,500)	③(4,600)	(7,500)
계약손익	250	②(750)	①(500)

X2년의 손익만 물었기 때문에 X2년의 진행률, 계약수익은 계산할 필요가 없다.

 정답 ④

06 ㈜서울은 20X1년 1월 1일 갑(甲)시로부터 도서관 건설계약을 수주하였다. 동 건설계약과 관련된 자료는 〈보기〉와 같으며, 발생원가에 기초하여 진행률을 계산할 경우, 20X2년 ㈜서울이 인식할 공사손익은?

2021. 서울시 7급

보기

- 계약금 : ₩2,000,000
- 공사기간 : 20X1년 1월 1일~20X3년 12월 31일
- 공사원가

구분	20X1년	20X2년	20X3년
총공사예정원가	₩1,800,000	₩2,100,000	₩2,100,000
당기공사원가	₩540,000	₩720,000	₩840,000

① ₩100,000 공사손실   ② ₩120,000 공사손실
③ ₩140,000 공사손실   ④ ₩160,000 공사손실

 해설

	X1년	X2년(손실 예상)	총금액
진행률	540/1,800 = 30%	1,260/2,100 = 60%	
누적계약수익	2,000,000×30% = 600,000	2,000,000×60% = 1,200,000	
계약수익	600,000	600,000	2,000,000
계약원가	(540,000)	③(760,000)	(2,100,000)
계약손익	60,000	②(160,000)	①(100,000)

X2년의 손익만 물었기 때문에 X2년의 진행률, 계약수익은 계산할 필요가 없다.

정답 ④

07 (주)대로건설은 20×1년 서울시로부터 ₩300,000에 수주한 교량 건설공사를 3년간 진행기준에 따라 회계처리하고 있다. 다음 자료를 이용하여 20×2년도 당기손익을 계산하시오.

2010. 관세사

	20×1년	20×2년	20×3년
누적발생계약원가	₩120,000	₩210,000	₩360,000
완료하는 데 필요한 계약원가	₩120,000	₩150,000	–
진행 청구액	₩100,000	₩100,000	₩100,000
기말에 수령한 공사대금	₩90,000	₩90,000	₩120,000

① ₩0 ② 이익 ₩18,000 ③ 손실 ₩30,000
④ 손실 ₩60,000 ⑤ 손실 ₩90,000

	20X1년	20X2년(손실 예상)	총금액
진행률 누적계약수익	120,000/240,000 = 50% 300,000 × 50% = 150,000	210,000/360,000 = 7/12 300,000 × 7/12 = 175,000	
계약수익 계약원가	150,000 (120,000)	175,000 – 150,000 = 25,000 ③(115,000)	300,000 (360,000)
계약손익	30,000	②(90,000)	①(60,000)

X2년의 손익만 물었기 때문에 X2년의 진행률, 계약수익은 계산할 필요가 없다.

정답 ⑤

Chapter 11 | 영업권 및 지분법

1 영업권

> 영업권 = 이전대가 – 피취득자의 순자산×지분율

영업권은 위 방식대로 계산한다. 쉽게 생각해서, 영업권은 피취득자 순자산의 가치에 비해 더 주는 웃돈(프리미엄)이라고 생각하면 된다. 만약 위 식대로 계산한 영업권이 음수로 나올 경우 염가매수차익이라고 부르고, 당기손익으로 인식한다.

1. 이전대가, 피취득자의 순자산: FV 평가

회사가 피취득자에게 지급하는 이전대가, 그리고 회사가 인수하는 피취득자의 자산과 부채는 모두 공정가치로 평가한다. 이전대가로 주식을 지급하는 경우가 있는데, 이때는 주식을 공정가치(not 액면금액)로 평가해야 한다.

2. 취득관련원가: 영업권에 미치는 영향 X

구분	처리방법
합병직접비용 및 일반관리비용	당기비용(PL)
지분상품 발행원가	주발초 차감
유형자산 관련 지출 (예 등기비용)	유형자산에 가산

합병직접비용 및 일반관리비용, 지분상품 발행원가, 유형자산 관련 지출은 위와 같이 처리한다. 셋 중 영업권에 영향을 미치는 항목은 없다. 따라서 영업권을 묻는 문제에서 위 요소가 제시된다 하더라도 그냥 무시하고 영업권을 계산하면 된다.

예제 영업권의 계산

01 ㈜대한은 20X1년 7월 1일 ㈜한국의 모든 자산과 부채를 취득, 인수하는 사업결합을 하였다. 사업결합과 관련된 자료가 다음과 같을 때, 20X1년 7월 1일 ㈜대한이 인식해야 할 영업권은? 2021. 국가직 7급

> • 사업결합시점에 식별할 수 있는 ㈜한국의 순자산 장부금액은 ₩1,000,000이며, 순자산 공정가치는 ₩1,200,000이다.
> • ㈜대한은 사업결합의 이전대가로 ㈜한국의 주주들에게 ㈜대한의 보통주 100주(주당 액면금액 ₩7,000, 주당 공정가치 ₩14,000)를 발행하고 교부하였다.
> • ㈜대한은 사업결합과 관련하여 보통주 발행과 직접 관련된 비용 ₩10,000과 기타 수수료 ₩10,000을 현금으로 지급하였다.

① ₩180,000   ② ₩190,000

③ ₩200,000   ④ ₩400,000

해설

영업권: 100주×@14,000 − 1,200,000 = **200,000**

|회계처리|

순자산	1,200,000	자본금	700,000
영업권	200,000	주발초	700,000
주발초	10,000	현금	20,000
비용(PL)	10,000		

1. 이전대가
   사업결합 시 지급하는 대가는 공정가치로 평가해야 한다. 따라서 주식의 주당 공정가치 14,000을 이용한다.

2. 순자산 공정가치
   사업결합 시 인수하는 순자산은 공정가치로 평가한다. 따라서 이전대가에서 1,200,000을 차감하여 영업권을 계산한다.

3. 취득 관련원가
   취득하면서 발생한 다음의 두 가지 원가는 영업권에 미치는 영향이 없다.
   (1) 보통주 발행 관련원가
       직접 관련된 비용은 주식 발행 시 주발초에서 차감한다.
   (2) 기타수수료
       문제에 제시된 '기타수수료'가 보통주 발행과 관련된 수수료인지, 그냥 사업결합을 하면서 발생한 일반관리비용인지는 애매하다. 하지만 보통주 발행과 관련된 간접원가로 보더라도 당기비용처리하고, 일반관리비용으로 보더라도 당기비용으로 처리하기 때문에 회계처리는 같다.

정답 ③

02 ㈜증식은 20X1년 1월 1일에 ㈜소멸의 주주들에게 ㈜증식의 보통주 100주(주당 액면금액 ₩5,000, 주당 공정가치 ₩6,000)를 발행·교부하고 ㈜소멸을 흡수합병하였으며, 보통주 발행과 직접 관련된 비용 ₩10,000과 기타 수수료 ₩20,000을 현금으로 지급하였다.

20X1년 1월 1일 현재 ㈜소멸의 요약재무상태표상 장부금액과 공정가치는 다음과 같다.

		요약재무상태표			
㈜소멸		20X2. 1. 1 현재			(단위: ₩)
계정과목	장부금액	공정가치	계정과목	장부금액	공정가치
현금 등	160,000	160,000	부 채	120,000	120,000
재고자산	180,000	150,000	자 본 금	500,000	–
유형자산	320,000	380,000	이익잉여금	40,000	–
자산총계	660,000		부채·자본총계	660,000	

20X1년 1월 1일에 ㈜ 증식이 인식해야 하는 영업권(혹은 염가매수차익)과 주식발행초과금은 각각 얼마인가?

2011. CPA 수정

	영업권 또는 염가매수차익		주식발행초과금
①	영업권	₩30,000	₩90,000
②	염가매수차익	₩30,000	₩90,000
③	영업권	₩60,000	₩100,000
④	염가매수차익	₩60,000	₩100,000
⑤	영업권	₩90,000	₩100,000

해설

이전대가: 100주×@6,000 = 600,000
종속기업 순자산 FV: 160,000 + 150,000 + 380,000 − 120,000 = 570,000
영업권: 600,000 − 570,000 = 30,000

주발초: 100주×(6,000 − 5,000) − 10,000(직접발행비용) = 90,000

|회계처리|

순자산	570,000	자본금	500,000
영업권	30,000	주발초	100,000
주발초	10,000	현금	30,000
비용(PL)	20,000		

정답 ①

2 지분법

1. 지분법이익

파워 회계학에서 지분법회계에 대해서 아주 간단히 배웠었다. 이번에는 '관계기업의 순자산 공정가치와 장부금액 사이의 차이'가 있는 경우 지분법회계를 배울 것이다. 문제 풀이는 아래 순서대로 이루어진다.

 STEP 1 FV−BV 차이

	FV − BV	X1	X2
재고자산	A	(A)×판매비율	(A)×판매비율
유형자산	B	(B)×상각률	처분 시: 남은 금액
계	A + B	XXX	XXX

(1) FV − BV

취득일 현재 공정가치와 장부금액의 차이를 계산하여 A, B 자리에 적는다.

(2) 상각

1) 재고자산

　FV − BV 중 '판매비율'만큼 제거한다.

2) 유형자산

　① 상각 시

　　FV − BV 중 '상각률'만큼 제거한다. 일반적으로 유형자산은 정액법으로 상각하므로 매년 '(FV − BV)/내용연수'만큼 상각하면 된다.

　② 처분 시

　　유형자산을 처분한 해에는 FV − BV 중 전기까지 상각한 금액을 제외하고 남은 금액을 전부 제거하면 된다.

> **※주의 유형자산 상각 시 잔존가치는 무시**
>
> 위 과정은 FV와 BV의 '차이'만을 조정하는 것이다. FV에서 상각하든, BV에서 상각하든 잔존가치는 동일하기 때문에 잔존가치가 차이 조정 과정에 영향을 미치지 않는다. 따라서 잔존가치는 무시하자.

 STEP 2 당기순이익 조정

	X1
조정 전	조정 전 NI
FV 차이	(FV)
조정 후	조정 후 NI
지분율(R)	×R
지분법이익	조정 후 NI×R

(1) 조정 전 NI

문제에 제시한 관계기업의 당기순이익을 적자.

(2) FV 차이

'Step 1. FV − BV 차이'에서 X1 아래에 있는 금액들을 전부 더하면 된다. 이때, 'FV − BV' 줄 아래에 있는 금액들은 반영하지 않도록 주의하자. 공정가치 차이는 손익에 영향을 미치지 않는다.

(3) 조정 후 NI

조정 전 NI에 FV 차이까지 반영하여 조정 후 NI를 구한 뒤, 투자기업의 지분율을 곱한다.

2. 관계기업투자주식 장부금액

X1
취득원가
Σ지분법이익
Σ지분법자본변동
− Σ배당액×R
관투

(1) 취득원가

투자기업이 관계기업투자주식을 취득하기 위해 지급한 금액을 적는다.

(2) Σ지분법이익

위에서 계산한 지분법이익의 누적액을 적는다. X1년도라면 X1년도의 지분법이익만 적으면 되지만, X2년도라면 X1년도와 X2년도의 지분법이익을 더한 뒤 적어야 한다.

(3) Σ지분법자본변동 = 관계기업의 OCI×R

관계기업의 손익 중 투자기업의 몫만큼 관투 장부금액에 가산하듯, 관계기업의 OCI도 투자기업의 몫만큼 관투 장부금액에 가산해야 한다. 관계기업의 OCI에 지분율을 곱한 금액을 지분법자본변동이라고 부르며, 투자기업은 이를 OCI로 인식하면서 관투 장부금액에 가산한다. 관계기업의 OCI가 100,000이고, 지분율이 30%라면 다음과 같이 회계처리한다.

(차) 관계기업투자 30,000 (대) 지분법자본변동(OCI) 30,000

(4) 배당금: 배당 총액에 지분율을 곱한 만큼 관투 장부금액에서 차감

관계기업으로부터 수령한 배당은 배당금수익(PL)으로 인식하는 것이 아니라, 관계기업투자 장부금액에서 차감한다. 관계기업투자 장부금액을 관계기업의 순자산 공정가치와 비례하게 계상하기 위함이다. 관계기업이 배당을 지급하면 관계기업의 자산이 유출되어 순자산이 감소하므로, 관투도 줄여주는 것이다.

이때, 문제에서 제시하는 배당금은 배당 '총액'이다. 따라서 배당 총액에 지분율을 곱한 만큼 관투 장부금액에서 차감해야 한다. 관계기업이 100,000의 배당을 지급하고, 지분율이 30%라면 다음과 같이 회계처리한다.

(차) 현금 30,000 (대) 관계기업투자 30,000

예제 지분법

01 ㈜한국은 20X1년초에 ㈜서울의 의결권 있는 주식 30%를 ₩40,000에 취득하여 유의적인 영향력을 갖게 되었다. ㈜한국은 ㈜서울의 투자주식에 대해서 지분법을 적용하기로 하였으며, 관련 자료는 다음과 같다.

- 20X1년초 ㈜서울의 순자산의 장부금액은 ₩100,000이고, 공정가치는 ₩130,000인데, 건물(잔존내용연수 10년, 잔존가치 없이 정액법 상각)의 공정가치가 장부금액을 ₩30,000 초과한다.
- 20X1년 중에 ㈜서울의 순자산의 장부금액이 ₩20,000 증가하였는데, 이 중 ₩15,000은 당기순이익이며, 나머지 ₩5,000은 기타포괄이익이다.

㈜한국이 20X1년말에 ㈜서울의 투자주식에 대해서 당기손익으로 인식할 지분법이익은 얼마인가?

2013. CPA 수정

① ₩1,600 ② ₩3,000
③ ₩3,600 ④ ₩4,500

해설

(1) FV – BV 차이

	FV – BV	X1
건물	30,000	(3,000)

X1년 건물 공정가치 차액 환입액: 30,000/10 = 3,000

(2) 지분법이익

	X1
조정 전	15,000
FV 차이	(3,000)
조정 후	12,000
지분율	×30%
지분법이익	3,600

참고〉 X1년말 관계기업투자주식 장부금액: 45,100

	X1
취득원가	40,000
Σ지분법이익	3,600
Σ지분법자본변동	1,500
– Σ배당액×R	–
관투	45,100

정답 ③

02 ㈜대한은 20X1년 1월 1일에 ㈜한국의 지분 30%를 ₩30,600에 취득하여 유의적인 영향력을 행사하게 되었다. 20X1년 1월 1일 ㈜한국의 장부상 순자산가액은 ₩100,000이며, 장부금액과 공정가치가 다른 항목은 다음과 같다.

구분	장부금액	공정가치	비고
상각자산	₩9,000	₩10,000	정액법 상각, 잔여내용연수 5년, 잔존가치 ₩0
재고자산	₩3,000	₩4,000	20X1년 중 모두 ㈜A에 판매

㈜한국의 20X1년 당기순이익이 ₩2,200일 때, ㈜대한이 20X1년 인식할 지분법평가이익은?

2021. 국가직 7급

① ₩60   ② ₩300

③ ₩600   ④ ₩660

해설

(1) FV − BV 차이

	FV − BV	X1
상각자산	1,000	(200)
재고자산	1,000	(1,000)
계	2,000	(1,200)

X1년 상각자산 공정가치 차액 환입액: 1,000/5 = 200

(2) 지분법이익

	X1
조정 전	2,200
FV 차이	(1,200)
조정 후	1,000
지분율	×30%
지분법이익	300

문제의 '지분법평가이익'은 지분법이익을 의미한다.

정답 ②

03 20X1년 초에 ㈜서울은 ㈜나라의 보통주식 20%를 ₩1,000,000에 취득하면서 ㈜나라에 대해 유의적인 영향력을 갖게 되었다. 20X1년 초 ㈜나라의 순자산의 장부금액은 ₩4,500,000이었으며, 건물을 제외한 자산과 부채에 대해서는 공정가액과 장부금액이 일치하였다. 동 건물의 공정가치는 장부금액보다 ₩200,000 높게 평가되었으며, 잔존내용연수 10년, 잔존가액 ₩0, 정액법으로 감가상각하고 있다. ㈜나라의 20X1년 순이익은 ₩100,000이다. ㈜서울의 20X1년 재무제표상 관계기업투자 주식은 얼마인가?

2017. 서울시 7급

① ₩1,012,000

② ₩1,016,000

③ ₩1,020,000

④ ₩1,024,000

해설

(1) FV − BV 차이

	FV − BV	X1
건물	200,000	(20,000)

X1년 건물 공정가치 차액 환입액: 200,000/10 = 20,000

(2) 지분법이익

	X1
조정 전	100,000
FV 차이	(20,000)
조정 후	80,000
×지분율	×20%
지분법이익	16,000

(3) X1년말 관계기업투자주식 장부금액

	X1
취득원가	1,000,000
Σ지분법이익	16,000
Σ지분법자본변동	−
− Σ배당액×R	−
관투	1,016,000

정답 ②

04 (주)관세는 20×1년 1월 1일 (주)무역의 의결권 주식 중 30%를 ₩1,000,000에 취득하여 지분법으로 평가하고 있다. 취득 당시 (주)무역의 순자산 장부금액은 ₩3,000,000이며, 유형자산(잔존내용연수 5년, 정액법 상각)의 공정가치가 장부금액에 비해 ₩210,000 높았고, 나머지 자산과 부채의 장부금액은 공정가치와 일치하였다. (주)무역의 최근 2년간 당기순이익과 현금배당은 다음과 같다. (주)관세가 20×2년 말 보유하고 있는 관계기업투자주식 장부금액은 얼마인가? (단, 손상차손은 고려하지 않는다.)

2014. 관세사

항목	20×1년	20×2년
당기순이익	₩200,000	₩100,000
현금배당	40,000	20,000

① ₩1,014,000   ② ₩1,024,000   ③ ₩1,034,000

④ ₩1,046,800   ⑤ ₩1,072,000

해설

(1) FV–BV 차이

	FV–BV	X1	X2
유형자산	210,000	(42,000)	(42,000)

유형자산 공정가치 차액 환입액: 210,000/5 = 42,000

(2) 지분법이익

	X1	X2
조정 전	200,000	100,000
FV 차이	(42,000)	(42,000)
조정 후	158,000	58,000
*지분율	*30%	*30%
지분법이익	47,400	17,400

(3) X2년말 관계기업투자주식 장부금액

	X2
취득원가	1,000,000
Σ지분법이익	64,800
Σ지분법자본변동	–
–Σ배당액 × R	(60,000) × 30%
관투	1,046,800

정답 ④

05 (주)관세는 20×1년 1월 1일에 (주)대한의 지분 30%를 ₩6,000,000에 취득하여 유의적인 영향력을 행사하게 되었다. 취득일 현재 (주)대한의 장부상 순자산금액은 ₩15,000,000이었고, (주)대한의 장부상 순자산금액과 공정가치가 일치하지 않는 항목은 재고자산(장부금액 ₩600,000, 공정가치 ₩1,000,000)만 있었으며, (주)대한은 동 재고자산을 모두 20×1년 중 외부에 판매하였다. (주)대한의 연도별 자본변동은 다음과 같다.

보고기간	현금배당(중간배당)	당기순이익
20×1년도	–	₩3,000,000
20×2년도	₩800,000	₩4,000,000

동 관계기업투자주식으로 인해 (주)관세가 20×1년도 포괄손익계산서에 표시할 지분법손익(A)과 20×2년말 재무상태표에 표시할 관계기업투자주식의 장부금액(B)은?

2016. 관세사

	(A)	(B)
①	(₩120,000)	₩6,780,000
②	₩780,000	₩7,740,000
③	₩780,000	₩7,980,000
④	₩1,200,000	₩7,740,000
⑤	₩1,200,000	₩7,980,000

해설

(1) FV-BV 차이

	FV-BV	X1
재고자산	400,000	(400,000)

재고자산을 모두 20X1년 중에 외부에 판매하였으므로 공정가치 차액을 전부 제거한다.

(2) 지분법이익

	X1	X2
조정 전	3,000,000	4,000,000
FV 차이	(400,000)	–
조정 후	2,600,000	4,000,000
*지분율	*30%	*30%
지분법이익	780,000	1,200,000

(3) X2년말 관계기업투자주식 장부금액

	X2
취득원가	6,000,000
Σ지분법이익	1,980,000
Σ지분법자본변동	–
−Σ배당액*R	(800,000) × 30%
관투	7,740,000

정답 ②

12 농림어업

농림어업활동이란, 판매목적 또는 수확물이나 추가적인 생물자산으로의 전환목적으로 생물자산의 생물적 변환과 수확을 관리하는 활동을 의미한다.

1 용어의 정의

1. 생물자산 및 수확물

생물자산은 살아있는 동물이나 식물을 의미한다. 수확물은 생물자산에서 수확한 생산물을 의미한다. 예를 들어, 양과 젖소는 생물자산에 해당하고, 양모 및 우유는 수확물에 해당한다.

2. 생산용식물

생산용식물은 다음 모두에 해당하는 살아있는 식물을 의미한다. 수확물을 '생산'하기 위한 식물은 생산용식물로 분류하는 반면, 수확물로 '판매'하기 위한 식물은 생산용식물로 분류하지 않는다.

생산용식물 O: 사용	생산용식물 X: 판매
(1) 수확물을 생산하거나 공급하는 데 사용	(1) 수확물로 수확하기 위해 재배하는 식물
(2) 수확물로 판매될 가능성이 희박 (부수적인 폐물로 판매하는 경우는 제외)	(2) 수확물로도 식물을 수확하고 판매할 가능성이 희박하지 않은 경우
(3) 한 회계기간을 초과하여 생산물을 생산할 것으로 예상	(3) 한해살이 작물

(1) 수확물을 생산하거나 공급하는 데 사용

수확물을 생산하거나 공급하는 데 사용되는 식물은 생산용식물이다. 반면, 식물 그 자체를 수확하기 위해 재배하는 식물은 생산용식물이 아니다. 예를 들어 과일을 얻기 위해 재배하는 나무는 생산용식물에 해당하지만, 목재로 사용하기 위해 재배하는 나무는 생산용식물이 아니다.

(2) 수확물로 판매될 가능성이 희박

식물이 수확물로 판매될 가능성이 희박하다면 생산용식물로 분류한다. 하지만 식물이 수확물로 판매될 가능성이 희박하지 않다면 생산용식물이 아니다. 예를 들어 과일과 목재 모두를 얻기 위해 재배하는 나무는 생산용식물이 아니다.

(3) 한 회계기간을 초과하여 생산물을 생산할 것으로 예상

생산용식물은 유형자산으로 분류한다. 기준서는 생산용식물에서 수확물을 생산하는 것이 마치 기계장치에서 제품을 생산하는 것과 같다고 본 것이다. 유형자산은 한 회계기간을 초과하여 사용하는 자산이므로, 한 회계기간을 초과하여 생산물을 생산할 것으로 예상하는 식물만 생산용식물로 분류하고, 한해살이 작물은 생산용식물로 분류하지 않는다.

2 생물자산 및 수확물의 평가

	평가시점	평가금액	평가손익
생물자산	최초 인식 시, 매 보고기간말	순공정가치 (=공정가치-처분부대원가)	당기손익(PL)
수확물	최초 인식 시 (=수확 시점)		

1. 생물자산의 평가

생물자산은 최초 인식시점과 매 보고기간말에 순공정가치(=공정가치에서 처분부대원가를 뺀 금액)로 측정하여야 한다. 생물자산을 최초 인식시점에 순공정가치로 인식하여 발생하는 평가손익과 생물자산의 순공정가치의 변동으로 발생하는 평가손익은 당기손익으로 인식한다.

2. 수확물의 평가

생물자산에서 수확된 수확물은 수확시점에 순공정가치로 측정하여야 한다. 수확물을 최초 인식시점에 순공정가치로 인식하여 발생하는 평가손익은 발생한 기간의 당기손익에 반영한다.

유형자산으로 분류하는 생산용식물과 달리, 수확물은 재고자산으로 분류한다. 수확물은 회사가 사용하는 것이 아니라, 팔 것이기 때문이다.

3. 최초 인식시점에 발생하는 손익

(1) 생물자산 취득 시 발생하는 손실=추정 매각부대원가

생물자산의 순공정가치는 추정 매각부대원가를 차감하기 때문에 생물자산의 최초 인식시점에 손실이 발생할 수 있다. 생물자산의 취득할 때 공정가치를 지급하고 취득하지만, 취득원가인 순공정가치는 지급액보다 작기 때문에 취득과 동시에 손실이 발생할 수 있다. 예를 들어, 소 1마리(공정가치 ₩100,000, 추정 매각부대원가 ₩10,000)를 공정가치에 취득한 경우 회계처리는 다음과 같다.

(차) 생물자산(소)	90,000	(대) 현금	100,000
평가손실(PL)	10,000		

(2) 생물자산, 수확물 취득 시 발생하는 이익=순공정가치

반면, 생물자산의 최초 인식시점에 이익이 발생할 수도 있다. 예를 들어, 위에서 취득한 소가 아기 소를 낳았다고 치자. 이 경우 추가적인 대가를 지급하지 않고도 생물자산을 취득한 것이므로 이익이 발생한다. 소가 태어난 경우 회계처리는 다음과 같다. 생물자산은 최초 인식시점에 순공정가치로 측정하므로 소의 취득원가는 90,000이다.

(차) 생물자산(소)	90,000	(대) 평가이익(PL)	90,000

수확의 결과로 수확물의 최초 인식시점에도 평가손익이 발생할 수 있다. 예를 들어 소가 우유를 생산한 경우에도 추가적인 대가를 지급하지 않고도 수확물을 취득한 것이므로 이익이 발생한다. 수확물도 생물자산과 마찬가지로 순공정가치로 평가하므로, 평가이익도 순공정가치만큼 인식한다.

③ 공정가치를 신뢰성 있게 측정할 수 없는 경우

1. 최초 인식 시점에 한해 '원가-감누-손누'로 측정

생물자산의 공정가치는 신뢰성 있게 측정할 수 있다고 추정한다. 그러나 생물자산을 최초로 인식하는 공정가치를 신뢰성 있게 측정할 수 없는 경우 생물자산은 '최초 인식 시점에 한해' 원가에서 감가상각누계액과 손상차손누계액을 차감한 금액으로 측정한다. '원가-감누-손누'로 측정하는 것은 최초 인식 시점에만 가능하다. 생물자산을 이전에 순공정가치로 측정하였다면 처분시점까지 계속하여 순공정가치로 측정해야 한다.

2. 이후 신뢰성 있는 측정이 가능하면: 순공정가치로 측정

최초 인식 시점에 '원가-감누-손누'로 측정한 이후 생물자산의 공정가치를 신뢰성 있게 측정할 수 있게 되면 원칙대로 순공정가치로 측정한다.

3. 수확물: 무조건 순공정가치로 측정

어떠한 경우에도 수확시점의 수확물은 순공정가치로 측정한다. 기준서는 수확시점에는 수확물의 공정가치를 항상 신뢰성 있게 측정할 수 있다고 본다.

④ 정부보조금

정부보조금에 부수되는 조건	당기손익 인식 시점
X	수취할 수 있게 되는 시점
O	조건을 충족하는 시점

순공정가치로 측정하는 생물자산과 관련된 정부보조금에 다른 조건이 없는 경우에는 이를 수취할 수 있게 되는 시점에만 당기손익으로 인식한다. 반면, 정부보조금에 부수되는 조건이 있는 경우에는 그 조건을 충족하는 시점에만 당기손익으로 인식한다.
조건이 없다면 그냥 받을 수 있기 때문에 수취할 수 있는 시점에 수익을 인식하지만, 조건이 있다면 조건을 충족하는 시점에 수익을 인식한다는 뜻이다.

예제

01 생물자산과 수확물의 인식과 측정에 대한 설명으로 옳지 않은 것은? 2022. 지방직 9급

① 생물자산에서 수확된 수확물은 수확시점에 공정가치에서 처분부대원가를 뺀 금액으로 측정하여야 한다.

② 생물자산의 공정가치에서 처분부대원가를 뺀 금액을 산정할 때에 추정 매각부대원가를 차감하기 때문에 생물자산의 최초 인식시점에 손실이 발생할 수 있다.

③ 생물자산을 최초에 원가에서 감가상각누계액과 손상차손누계액을 차감한 금액으로 측정하고, 그 이후 그러한 생물자산의 공정가치를 신뢰성 있게 측정할 수 있더라도 최초 적용한 측정방법을 변경하지 않는다.

④ 공정가치에서 처분부대원가를 뺀 금액으로 측정하는 생물자산과 관련된 정부보조금에 다른 조건이 없는 경우에는 이를 수취할 수 있게 되는 시점에만 당기손익으로 인식한다.

> **해설**
>
> 생물자산을 최초로 인식하는 시점에 공정가치를 신뢰성 있게 측정할 수 없다면, 생물자산은 원가에서 감가상각누계액과 손상차손누계액을 차감한 금액으로 측정한다. 이후 그러한 생물자산의 공정가치를 신뢰성 있게 측정할 수 있게 되면 공정가치에서 처분부대원가를 뺀 금액으로 측정한다.
>
> **정답 ③**

02 농림어업 기준서의 내용으로 옳지 않은 것은? 2013. CTA

① 생물자산은 공정가치를 신뢰성 있게 측정할 수 없는 경우를 제외하고는 최초인식시점과 매 보고기간말에 순공정가치로 측정한다.

② 최초로 인식하는 생물자산을 공정가치로 신뢰성 있게 측정할 수 없는 경우에는 원가에서 감가상각누계액과 손상차손누계액을 차감한 금액으로 측정한다.

③ 생물자산을 최초인식시점에 순공정가치로 인식하여 발생하는 평가손익과 생물자산의 순공정가치 변동으로 발생하는 평가손익은 발생한 기간의 당기손익에 반영한다.

④ 수확물을 최초인식시점에 순공정가치로 인식하여 발생하는 평가손익은 발생한 기간의 당기손익에 반영한다.

⑤ 순공정가치로 측정하는 생물자산과 관련된 정부보조금에 부수되는 조건이 있는 경우에는 이를 수취할 수 있게 되는 시점에만 당기손익으로 인식한다.

> **해설**
>
> 정부보조금에 부수되는 조건이 있는 경우에는 그 조건을 충족하는 시점에만 당기손익으로 인식한다.
>
> **정답 ⑤**

03 농림어업 기준서의 내용으로 옳지 않은 것은? 2018. CTA

① 최초의 인식시점에 생물자산의 공정가치를 신뢰성 있게 측정할 수 없다면, 원가에서 감가상각누계액 및 손상차손누계액을 차감한 금액으로 측정한다.

② 생물자산을 이전에 순공정가치로 측정하였다면 처분시점까지 계속하여 당해 생물자산을 순공정가치로 측정한다.

③ 수확물을 최초 인식시점에 순공정가치로 인식하여 발생하는 평가손익은 발생한 기간의 당기손익에 반영한다.

④ 목재로 사용하기 위해 재배하는 나무와 같이 수확물로 수확하기 위해 재배하는 식물은 생산용식물이 아니다.

⑤ 과일과 목재 모두를 얻기 위해 재배하는 나무는 생산용식물이다.

 해설

식물이 수확물로 판매될 가능성이 희박하지 않다면 생산용식물이 아니다. 따라서, 과일과 목재 모두를 얻기 위해 재배하는 나무는 생산용식물이 아니다.

정답 ⑤

04 (주)한국은 2016년 1월 1일에 1년 된 돼지 5마리를 보유하고 있다. (주)한국은 2016년 7월 1일에 1년 6개월 된 돼지 2마리와 새로 태어난 돼지 3마리를 매입하였다. 돼지의 일자별 마리당 순공정가치가 다음과 같을 때, (주)한국이 동 생물자산과 관련하여 2016년도 기말 재무상태표 상에 표시할 생물자산은? (단, 2016년 중 매각 등 감소된 돼지는 없다) 2016. 관세직 9급

일자	내용	마리당 순공정가치
2016년 1월 1일	1년 된 돼지	₩8,000
2016년 7월 1일	1년 6개월 된 돼지	₩12,000
2016년 7월 1일	새로 태어난 돼지	₩3,000
2016년 12월 31일	6개월 된 돼지	₩5,000
2016년 12월 31일	2년 된 돼지	₩15,000

① ₩120,000　　　　　② ₩141,000
③ ₩150,000　　　　　④ ₩156,000

 해설

일자별 상태		2016년 12월 31일 상태	기말 순공정가치
2016년 1월 1일	1년 된 돼지	2년 된 돼지	15,000*5마리
2016년 7월 1일	1년 6개월 된 돼지	2년 된 돼지	15,000*2마리
2016년 7월 1일	새로 태어난 돼지	6개월 된 돼지	5,000*3마리
계			120,000

생물자산은 순공정가치로 측정한다. 시간이 지날수록 돼지가 나이를 먹기 때문에 나이를 계산할 때 주의하자.

정답 ①

05 20×1년 초 (주)세무낙농은 우유 생산을 위하여 젖소 5마리(1마리당 순공정가치 ₩5,000,000)를 1마리당 ₩5,200,000에 취득하고 목장운영을 시작하였다. 20×1년 12월 25일에 처음으로 우유를 생산하였으며, 생산된 우유는 전부 1,000리터(ℓ)이다. 생산시점 우유의 1리터(ℓ)당 순공정가치는 ₩10,000이다. 20×1년 12월 27일 (주)세무낙농은 생산된 우유 중 500리터(ℓ)를 유가공업체인 (주)대한에 1리터(ℓ)당 ₩9,000에 판매하였다. 20×1년 말 목장의 실제 젖소는 5마리이고, 우유보관창고의 실제 우유는 500리터(ℓ)이다. 20×1년 말 젖소 1마리당 순공정가치는 ₩5,100,000이고 우유 1리터(ℓ)당 순실현가능가치는 ₩11,000이다. 위 거래가 (주)세무낙농의 20×1년도 포괄손익계산서상 당기순이익에 미치는 영향은?

2022. CTA

① ₩9,000,000 증가   ② ₩10,000,000 증가   ③ ₩11,000,000 증가

④ ₩12,000,000 증가   ⑤ ₩13,000,000 증가

해설

당기순이익에 미치는 영향
: −1,000,000 + 10,000,000 + 4,500,000 − 5,000,000 + 500,000 = 9,000,000 증가

일자	구분	차변 계정	차변 금액	구분	대변 계정	대변 금액
1.1	(차)	생물자산	25,000,000	(대)	현금	26,000,000
		평가손실(PL)	1,000,000			
12.25	(차)	수확물	10,000,000	(대)	평가이익(PL)	10,000,000
	(차)	재고자산	10,000,000	(대)	수확물	10,000,000
12.27	(차)	현금	4,500,000	(대)	매출	4,500,000
	(차)	매출원가	5,000,000	(대)	재고자산	5,000,000
12.31	(차)	생물자산	500,000	(대)	평가이익(PL)	500,000

수확물은 최초 인식 후 재고자산으로 분류한다. 따라서 우유(수확물) 처분 시 재고자산 회계처리(매출, 매출원가 표시)를 하였다. 또한, 기말에 저가법을 적용하여 NRV(11,000)가 BP(10,000)보다 크므로 평가손실을 인식하지 않는다.

정답 ①

종합예산

종합예산은 연초에 기업이 달성해야 할 목표를 구체적인 수량과 금액으로 나타낸 예산이다. 종합예산은 제품의 생산 및 판매 순서의 반대로 편성된다. 제품은 '원재료 구입→제품 생산→제품 판매'의 순서대로 생산과 판매가 이루어진다. 하지만 예산은 '예상 판매량→제품 생산량→원재료 구입량'의 순서로 편성한다.

1 생산예산

제품(1분기)			제품(2분기)	
기초	판매		기초	판매
생산	기말		생산	기말

생산예산은 기업이 분기 또는 1년간의 목표생산량을 결정하는 예산이다. 목표생산량은 다음과 같이 계산한다.

목표생산량 = 예산판매량 + 기말 제품 재고량 - 기초 제품 재고량

각 분기별 예산판매량은 문제에서 제시해줄 것이다. 여기에 기초, 기말 제품 재고량을 가감하면 목표생산량을 구할 수 있다. 위와 같이 제품 원장을 그리면 계산하기 쉽다. 이때 전분기 말 제품 재고량은 당분기 초 제품 재고량이 된다. 예를 들어, 1분기 말 제품 재고량은 2분기 초 제품 재고량과 일치한다.

 예제

01 (주)관세는 20×1년 3분기에 30,000단위의 제품을 판매하였으며, 4분기에는 판매량이 3분기보다 10% 증가할 것으로 예측하고 있다. 20×1년 9월 및 12월 말 제품재고량이 각각 3,300단위, 2,800단위라면, 4분기의 목표생산량은 얼마인가?

2014. 관세사 수정

① 29,000단위   ② 32,000단위
③ 32,500단위   ④ 33,500단위

해설

제품(3분기)			제품(4분기)			
기초	판매	30,000	기초	3,300	판매	33,000
생산	기말	3,300	생산	32,500	기말	2,800

4분기 판매량: 30,000 × 1.1 = 33,000
3분기 기말 재고: 3,300, 4분기 기말 재고: 2,800
– 3분기는 7.1~9.30을, 4분기는 10.1~12.31을 의미한다. 9월말 재고는 3분기말 재고를, 12월말 재고는 4분기말 재고를 의미한다. 3분기말 재고는 4분기초 재고가 된다.
4분기 생산량: 33,000 + 2,800 – 3,300 = 32,500

정답 ③

02 다음은 제품A를 생산·판매하는 (주)관세의 20×1년 분기별 판매계획이다.

구 분	1분기	2분기	3분기	4분기
예상판매수량	1,000단위	1,000단위	1,200단위	1,300단위
분기 말 예상재고수량	400단위	480단위	520단위	450단위

(주)관세의 20×1년 제품A의 기초재고수량이 300단위라면, 20×1년 제품A의 연간 예상 생산수량은?

2019. 관세사

① 4,350단위   ② 4,550단위   ③ 4,650단위

④ 4,700단위   ⑤ 4,750단위

해설

제품(1분기)	
기초 300	판매 1,000
생산 1,100	기말 400

제품(2분기)	
기초 400	판매 1,000
생산 1,080	기말 480

제품(3분기)	
기초 480	판매 1,200
생산 1,240	기말 520

제품(4분기)	
기초 520	판매 1,300
생산 1,230	기말 450

X1년 연간 생산량: 1,100 + 1,080 + 1,240 + 1,230 = 4,650

별해〉 1년 전체 접근법

제품(X1년)			
기초	300	판매	4,500
생산	4,650	기말	450

1~4분기의 제품 원장을 모두 합치면 기초에는 1분기 초 재고가, 기말에는 4분기 말 재고가 기재된다. 1년간 전체 판매수량은 4,500단위이므로 1년간 전체 생산량은 4,650단위이다.

정답 ③

2 원재료 구매예산

원재료(1분기)	
기초	사용
매입	기말

원재료(2분기)	
기초	사용
매입	기말

원재료 구매예산이란, 기업이 분기 또는 1년간의 원재료 구입량과 원재료 구입액을 결정하는 예산이다. 원재료 구입량 및 원재료 구입액은 다음과 같이 계산한다.

① 예상 원재료 사용량 = 목표생산량 × 단위당 예상 사용량
② 원재료 구입량 = 예상 원재료 사용량 + 기말 원재료 재고량 – 기초 원재료 재고량
③ 원재료 구입액 = 원재료 구입량 × 단위당 가격

① 제품의 목표생산량에 제품 단위당 예상 사용량을 곱하면 총 예상 원재료 사용량을 구할 수 있다. 예를 들어, 제품 1단위에 2kg의 원재료를 사용하고, 제품의 목표생산량이 100단위라면 예상 원재료 사용량은 100개*2kg=200kg이다.

② ①에서 구한 원재료 사용량에 기초, 기말 원재료 재고량을 가감하면 원재료 구입량을 구할 수 있다. 위와 같이 원재료 원장을 그리면 계산하기 쉽다.

③ 원재료 구입량에 원재료 단위당 가격을 곱하면 총 원재료 구입액을 구할 수 있다. 예를 들어, 원재료가 1kg당 ₩10이고, 원재료 구입량이 200kg이라면 원재료 구입액은 200kg*₩10=₩2,000이다.

 예제

01 (주)한국은 제품 1단위에 2kg의 원재료를 사용하고 있으며, 원재료 1kg당 가격은 ₩100이다. 각 분기 말 원재료 재고량은 다음 분기 원재료 예상사용량의 10%를 유지하고 있다. ㈜한국이 1분기 초에 보유하고 있는 원재료는 220kg이다. 분기별 실제(=목표) 생산량이 다음과 같을 때, 1분기의 원재료 예산구입액은? (단, 재공품 및 제품 재고는 없다)   2019. 국가직 9급

	1분기	2분기
실제생산량(=목표생산량)	1,100개	1,500개

① ₩17,200 ② ₩18,800
③ ₩22,800 ④ ₩23,000

해설

원재료(1분기)				원재료(2분기)			
기초	220	사용	2,200	기초	300	사용	3,000
매입	2,280	기말	300	매입		기말	

(1) 분기별 예상 원재료 사용량
제품 1단위에 2kg의 원재료를 사용하므로 각 분기별 원재료 예상 사용량은 다음과 같다.
2분기 원재료 예상사용량: 1,500개 × 2kg = 3,000kg
1분기 원재료 예상사용량: 1,100개 × 2kg = 2,200kg

(2) 분기별 기초 원재료 수량
다음 분기 원재료 예상 사용량의 10%를 각 분기말 원재료 재고량으로 유지하고 있으므로 분기별 기초 원재료 수량은 다음과 같다.
2분기 기초(=1분기 기말) 원재료 수량: 3,000kg × 10% = 300kg
1분기 기초 원재료 수량: 2,200kg × 10% = 220kg

(3) 1분기 원재료 예산 구입액
1분기 원재료 구매량: 2,200 + 300 − 220 = 2,280kg
1분기 원재료 예산 구입액: 2,280kg × @10 = ₩22,800

정답 ③

14 학습모형

1 학습모형

학습효과란 동일한 작업을 반복할 경우 능률이 향상되는 효과를 말한다. 학습모형은 생산량 증가에 따라 단위당 노동시간이 일정한 비율로 감소하는 원가행태를 의미한다. 학습모형에는 누적평균시간 학습모형과 증분단위시간 학습모형이 있으나, 수험목적 상 누적평균시간 학습모형만 다룬다.

2 누적평균시간 학습모형

누적평균시간 학습모형은 누적 생산량이 2배가 될 때마다 단위당 평균 노동시간이 전 단계 누적생산량의 단위당 평균 노동시간에 비하여 일정한 비율(1-학습률)로 감소하는 상황에서 사용하는 학습모형이다.
예를 들어, 최초 1단위 생산 시 소요되는 직접노동시간은 100시간, 학습률은 60%인 누적평균시간 학습모형을 따른다고 할 경우 각 시간은 다음과 같다.

누적 생산량(a)	단위당 평균노동시간(b)	총 노동시간(c=a*b)	증분 노동시간($c_2 - c_1$)
1단위	100시간	100*1=100시간	100시간
2단위	100시간*60%=60시간	60*2=120시간	20시간
4단위	100시간*60%²=36시간	36*4=144시간	24시간

누적생산량이 2배가 될 때마다 단위당 평균노동시간은 60%를 곱한다. 총 노동시간은 누적생산량에 단위당 평균노동시간을 곱한 것이므로 누적생산량이 2배가 될 때마다 총 노동시간은 1.2배(=0.6*2)가 된다. 1단위를 생산한 후 1단위를 추가로 생산할 때 증분노동시간은 120-100=20시간이지만, 2단위를 생산한 후 2단위를 추가로 생산할 때 증분노동시간은 144-120=24시간이다. 3번째, 4번째 생산한 제품에 포함된 직접노무원가를 구할 때에는 '24시간*단위당 직접노무원가'의 방식을 이용하면 된다.

예제

01 (주)대한은 상품운반용 신제품 드론 1대를 생산하였다. 1대를 생산하는 데 소요되는 원가자료는 다음과 같다.

• 직접재료원가	₩80,000
• 직접노무시간	100시간
• 직접노무원가	₩1,000/직접노무시간
• 변동제조간접원가	₩500/직접노무시간

직접노무시간에 대해 80% 누적평균시간 학습모형이 적용될 때, 드론 3대를 추가로 생산할 경우 발생할 제조원가는? (단, 추가 생산 시 단위당 직접재료원가, 직접노무원가, 변동제조간접원가의 변동은 없으며, 고정제조간접원가는 발생하지 않는다)

2021. 국가직 7급

① ₩234,000   ② ₩318,000
③ ₩396,000   ④ ₩474,000

해설

누적 생산량	단위당 평균 직접노무시간	총 직접노무시간	증분 노동시간
1대	100시간	100시간 × 1대 = 100시간	
2대			
4대	100시간*80%²=64시간	64시간 × 4대 = 256시간	256 − 100 = 156시간

직접노무시간에 대해 80% 누적평균시간 학습모형이 적용되면 누적 생산량이 2배가 될 때마다 평균 직접노무시간이 80%가 된다. 1대 생산 시 직접노무시간이 100시간이었으므로, 평균 직접노무시간은 100시간이다. 3대를 추가로 생산하면 총 4대를 생산하고, 평균 직접노무시간은 100*80%²=64시간이 된다. 이때 총 직접노무시간은 64*4=256시간이다. 따라서 1대를 생산한 후 3대를 추가로 생산할 경우 증가하는 직접노무시간은 156시간이다.

3대 추가 생산 시 발생할 제조원가

DM	80,000 × 3대 = 240,000
DL	1,000 × 156시간 = 156,000
변동OH	500 × 156시간 = 78,000
제조원가	474,000

정답 ④

02 ㈜한국은 전기자동차용 특수장비 A를 개발하여 첫 20단위를 생산하였는데, 이와 관련된 원가자료는 다음과 같다. 변동제조간접원가는 직접노무원가의 50%로 배부된다.

• 직접재료원가	₩10,000
• 직접노무원가 (100시간 @₩100)	10,000
• 변동제조간접원가	5,000

㈜한국은 직접노무시간이 80% 누적평균시간 학습곡선을 따른다고 예상하고 있다. ㈜한국이 특수장비 A를 60단위 추가로 생산하는 경우 발생하는 제조원가는 얼마인가? 단, 고정제조간접원가는 없다고 가정한다.

2022. 계리사

① ₩53,400

② ₩75,000

③ ₩68,400

④ ₩72,400

해설

누적 생산량	단위당 평균 직접노무시간	총 직접노무시간	증분 노동시간
20대	5시간	100시간	
40대			
80대	5시간*80%²=3.2시간	3.2시간*80대=256시간	156시간

60대 추가 생산 시 발생할 제조원가

DM	10,000 × 3 = 30,000
DL	100 × 156시간 = 15,600
변동OH	15,600 × 50% = 7,800
제조원가	53,400

20단위 생산 시 DM이 10,000이므로 60단위 생산 시 DM은 3배인 30,000이다. 변동OH는 DL의 50%로 배부되므로, 15,600의 50%인 7,800이다.

정답 ①

---

03 20×3년도에 설립된 (주)관세항공은 처음으로 소방용 헬기 4대의 주문을 받았다. (주)관세항공이 소방용 헬기를 생산할 때 학습률 90%의 누적평균시간 학습모형이 적용된다. 소방용 헬기 4대에 대한 제품원가를 계산하면 얼마인가? (단, 고정제조간접원가는 없는 것으로 가정한다.) 2013. 관세사

• 1대당 직접재료원가	₩80,000
• 첫 번째 헬기생산 직접작업시간	3,000시간
• 직접노무원가	직접작업시간당 ₩25
• 변동제조간접원가	직접노무원가의 60%

① ₩631,040   ② ₩684,800   ③ ₩708,800

④ ₩718,800   ⑤ ₩740,040

 해설

누적 생산량	단위당 평균 직접노무시간	총 직접노무시간	증분 노동시간
1대	3,000시간		
2대	3,000시간 × 90% = 2,700시간		
4대	3,000시간 × 90%² = 2,430시간	2,430시간 × 4대 = 9,720시간	

4대의 총 제품원가

DM	80,000 × 4 = 320,000
DL	25 × 9,720시간 = 243,000
변동OH	243,000 × 60% = 145,800
제조원가	708,800

관세사 문제이기 때문에, 계산기 없이 계산하기 어려웠다. 계산하는 방법만 읽어보고 넘어가자.

정답 ③

15 재평가모형의 손상

1 재평가모형의 손상: 손상도 재평가의 일부

재평가모형도 원가모형과 마찬가지로 손상징후를 검사하여 손상차손과 손상차손환입을 인식한다. 재평가모형 손상차손은 위에서 배운 재평가과정의 일부이며, "올라가면 OCI, 내려가면 PL, 상대방 것이 있다면 제거 후 초과분만 인식"으로 처리해주면 된다. 재평가모형에서 손상차손이 발생하는 경우 풀이법은 다음과 같다.

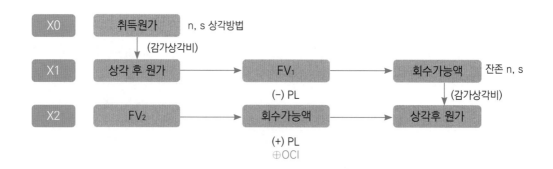

STEP 1 1차 상각

문제에 제시된 방법으로 감가상각한다.

STEP 2 평가 및 손상: 재평가모형과 동일하게 처리

재평가모형에서 손상징후가 발생하는 경우 공정가치 평가와 함께 손상차손을 인식해야 한다. 하지만 공정가치는 무시하고 바로 회수가능액으로 감액하면 된다. 손상은 재평가과정과 같은 방식으로 평가손실을 PL로 인식하되, 이전에 인식한 OCI가 있다면 전부 제거하고, 초과분만 PL로 인식한다.

STEP 3 2차 상각: 잔존내용연수 주의!

재평가 완료 후, 다시 상각해야 한다. 원가모형에서 언급한 바와 같이, '잔존내용연수'를 이용하여 상각해야 함에 주의하자.

STEP 4 환입 및 평가: 재평가모형과 동일하게 처리

손상이 회복되었으므로 공정가치 평가와 함께 손상차손환입을 인식해야 한다. 이때, 재평가모형은 원가모형과 달리 손상차손환입에 한도가 없다. 따라서 손상차손환입 시에는 한도를 고려하지 말고 공정가치까지 증가시키면 된다. 자세한 사항은 아래 김수석의 꿀팁에서 후술한다.
손상차손환입 시 평가이익은 재평가모형과 동일하게 처리하면 된다. 기존에 인식한 PL이 있으므로, PL을 제거하면서 추가 이익을 OCI로 인식하면 된다.

 **내려갈 땐 회수가능액으로, 올라갈 땐 공정가치로**

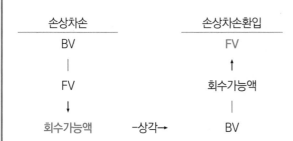

손상징후가 있을 때 손상차손을 인식하며, 그 기준금액은 회수가능액이다. 손상이 발생하면 일반적으로 회수가능액이 FV보다 작으므로 FV을 무시하고 회수가능액까지 감액하면 된다.

손상이 회복된 경우에는 손상이 발생하지 않았으므로, 재평가만 신경 써주면 된다. 회수가능액은 '손상'의 기준액이므로 회수가능액을 무시하고 FV까지 증가시키면 된다.

예제

01 ㈜한국은 2015년 1월 1일 기계장치를 ₩1,000,000에 취득하여 정액법(내용연수 5년, 잔존가치 ₩0)으로 감가상각하고 있다. 동 기계장치에 대하여 감가상각누계액을 전액 제거하는 방법으로 재평가모형을 적용하고 있으며, 공정가치는 다음과 같다. 2016년 말 기계장치의 회수가능액이 ₩420,000인 경우, 2016년 말 포괄손익계산서에 인식할 당기비용은? (단, 2016년 말 기계장치에 대해 손상차손을 인식해야 할 객관적인 증거가 있다)

2016. 국가직 7급

	2015년 말	2016년 말
공정가치	₩920,000	₩580,000

① ₩150,000 ② ₩280,000

③ ₩330,000 ④ ₩380,000

해설

```
14  1,000,000 n=5, s=0
      ↓ (200,000)=(1,000,000-0)×1/5
15  800,000    →    920,000 n=4
          ⊕ 120,000 ↓ (230,000)=(920,000-0)×1/4
16            690,000 - 580,000 →    420,000
                      ⊖ 120,000
                      (-) 150,000
```

16년도 당기비용: 230,000(감가상각비) + 150,000(손상차손) = 380,000
'당기비용'을 물었다면 감가상각비를 빼놓지 말자.

정답 ④

02 ㈜한국은 20X1년 1월 1일 무형자산 요건을 충족하는 특허권을 취득(취득원가 ₩10,000, 내용연수 5년, 잔존가치 ₩0, 정액법 상각)하고 재평가모형을 적용하고 있다. 특허권은 활성시장이 존재하며, 20X2년 말 손상이 발생하였고, 20X3년 말 손상이 회복되었다. 연도별 특허권의 공정가치와 회수가능액이 다음과 같을 경우, 20X3년 말 손상차손환입액과 재평가잉여금 증가액은? (단, 내용연수 동안 재평가잉여금의 이익잉여금 대체는 없는 것으로 가정한다)

2018. 국가직 7급

구분	20X1년 말	20X2년 말	20X3년 말
공정가치	₩8,400	₩5,900	₩4,200
회수가능액	₩8,500	₩5,400	₩4,100

① 손상차손환입액 ₩500, 재평가잉여금 증가액 ₩0

② 손상차손환입액 ₩500, 재평가잉여금 증가액 ₩100

③ 손상차손환입액 ₩600, 재평가잉여금 증가액 ₩0

④ 손상차손환입액 ₩600, 재평가잉여금 증가액 ₩100

해설

X0 10,000 n=5, s=0 정액법
　　↓ (2,000)=(10,000−0)×1/5
X1 8,000 → 8,400 n=4
　　⊕ 400 ↓ (2,100)=(8,400−0)×1/4
X2 　　　6,300 − 5,900 → 5,400 n=3
　　　　　⊖ 400
　　　　　(−) 500 ↓ (1,800)=(5,400−0)×1/3
X3 　　　4,200 ← 4,100 − 3,600
　　　　　(+) 500
　　　　　⊕ 100

참고〉회계처리
X2년말
(차) 재평가잉여금　　　　400　(대) 무형자산　　　　　400
(차) 손상차손　　　　　　500　(대) 손상차손누계액　　500

X3년말
(차) 손상차손누계액　　　500　(대) 손상차손환입　　　500
(차) 무형자산　　　　　　100　(대) 재평가잉여금　　　100

손상차손과 손상차손환입은 PL인 500을 의미한다. OCI로 인식하는 부분은 회계처리를 보면 알 수 있듯 '재평가잉여금'으로 처리한다.

정답 ②

03 ㈜대한은 취득원가가 ₩10,000이고 내용연수는 10년이며 잔존가액이 ₩0인 기계장치를 1차연도 1월 1일 취득하여 정액법으로 감가상각하였다. 다음의 사항을 회계처리한 결과로 옳지 않은 것은? 2012. 국가직 7급 수정

> - 2차연도 1월 1일에 재평가모형을 선택하고 이 기계장치를 ₩13,500으로 재평가하였다.
> - 2차연도 결산일에 감가상각비를 인식한 후 회수가능액 ₩6,400을 기준으로 손상차손을 인식하였다.
> - 4차연도 결산일에 감가상각비를 인식한 후 유형자산의 회수가능가액이 ₩6,500으로, 공정가치는 ₩7,000으로 회복되었다.

① 2차연도 결산일에 계상될 감가상각비는 ₩1,500이다.

② 2차연도에 인식할 당기손익으로 인식할 손상차손은 ₩1,100이다.

③ 3차연도 결산일에 계상될 감가상각비는 ₩800이다.

④ 4차연도 결산일에는 종전에 인식한 손상차손 금액만큼 기계장치의 장부금액이 조정된다.

해설

X0 10,000 n=10, s=0 정액법
　↓ (1,000)=(10,000−0)×1/10
X1 9,000 → 13,500 **n=9**
　⊕ 4,500 ↓ (1,500)=(13,500−0)×1/9
X2 　　12,000 → 6,400 **n=8**
　　⊖ 4,500
　　(−) 1,100 ↓ (800)=(6,400−0)×1/8
X3 　　　5,600
　　　↓ (800)
X4 　　7,000 ← 4,800
　　(+) 1,100
　　⊕ 1,100

종전에 인식한 손상차손 금액은 1,000이지만, 장부금액의 조정액은 재평가잉여금까지 포함한 2,200이다. 원가모형 적용 시에는 손상차손환입에 한도가 있지만, 재평가모형 적용 시에는 한도가 없다.
손상차손 시에는 회수가능액으로 금액을 줄이지만, 환입 시에는 공정가치까지 금액을 증가시킨다는 것을 주의하자.

정답 ④

16 어음의 할인

1 어음의 할인

어음의 할인은 계산이 어렵기 때문에 공무원 회계학에서는 자주 출제되지는 않는다. 계산 방법을 정확히 알더라도 실전에서 계산기 없이는 계산하기 굉장히 까다롭다. 일단 공부를 해보고, 실전에서 풀기 어렵다고 판단하면 해당 주제를 대비하지 않는 것도 좋다.

1. 어음의 할인 구조

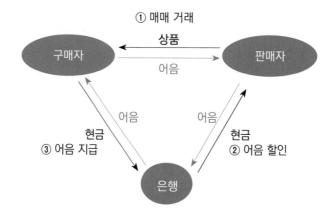

① 매매 거래: 외상거래의 경우 판매대금을 어음으로 받기도 한다. 판매자 입장에서 이 어음을 보유하면 나중에 현금을 '받을' 수 있으므로, '받을어음'이라고 부른다. 받을어음은 매출채권의 한 종류라고 생각하면 된다.

② 어음 할인: 어음은 지급일까지 기다려야 돈을 받을 수 있으므로 판매자가 빨리 돈을 받고 싶다면 어음을 은행에 양도하고 그 대가를 미리 받는다. 은행은 판매자에게 돈을 빨리 지급하는 대신에 판매자에게 이자를 차감한 금액을 지급한다. 이를 어음의 '할인'이라고 부른다.

③ 어음 지급: 어음을 양도받은 은행은 만기까지 기다린 후 구매자에게 어음을 지급하여 원금과 이자를 받는다. 우리가 다룰 내용은 '② 어음 할인'이다. 할인 시 판매자가 받는 1) 현금 수령액, 보유기간 동안 발생한 2) 이자수익과 할인 시 3) 어음의 처분손실을 계산할 수 있어야 한다.

2. 어음 할인 시 현금 수령액

(1) 만기 수령액 = 어음의 액면가액×(1 + 어음 이자율×만기월수/12)
(2) 어음 할인 시 현금 수령액 = 만기 수령액 - 만기 수령액×은행 이자율×잔여월수/12
　　　　　　　　　　　　　 = 만기 수령액×(1 - 은행 이자율×잔여월수/12)

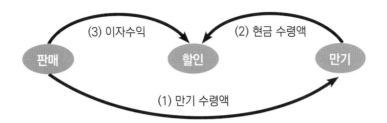

(1) 만기 수령액

어음을 할인하지 않고 만기까지 보유한다면 어음의 액면가액과 함께 이자를 수령할 수 있다. 어음 자체의 이자율이 있기 때문에 어음 이자율에 판매 시점부터 만기까지의 월수를 곱하면 이자를 구할 수 있다.

> **※주의** 주의 문제에 제시된 이자율은 '연' 이자율임!
>
> 어음은 만기가 1년보다 짧으므로 이자도 1년 치가 아니라 수개월 치 이자만 발생하는데, 문제에 제시된 이자율은 '연' 이자율이다. 어음의 보유 기간은 사람마다 다를 수 있으므로 어음에 기재하는 이자율 및 은행이 부과하는 이자율은 1년 기준의 이자율이다. 따라서 만기 수령액 및 현금 수령액 계산 시 어음 이자율을 곱한 뒤, 월수/12를 반드시 곱해야 한다.
>
> 예를 들어, 액면가액이 ₩1,000,000인 만기 3개월, 이자율 12%인 어음을 수령하였다면, 만기에 ₩1,000,000 × 12% = ₩120,000의 이자를 수령하는 것이 아니라, ₩1,000,000 × 12% × 3/12 = ₩30,000의 이자를 수령한다.

(2) 어음 할인 시 현금 수령액

은행은 판매자에게 돈을 빨리 지급하는 대신, 할인 시점부터 만기까지 잔여 월수에 대해서 은행의 이자율로 계산한 이자를 차감한 금액만 지급한다.

 **Why?** 어음 할인 시 현금 수령액 현재가치

> 위 현금 수령액 계산식을 잘 이해하였다면 이 설명은 오히려 혼란을 불러일으킬 수 있으니, 읽지 않길 바란다.
>
> 현재가치는 원칙적으로 '현금흐름÷(1+이자율)'의 방식으로 계산한다. 하지만 어음의 할인은 '현금흐름×(1-이자율)'의 방식으로 계산한다. 둘을 계산해보면 후자의 방식이 더 작게 계산된다. 어음 할인 시 은행의 현금 지급액을 작게 만들기 위해 관행적으로 후자의 방식을 사용하는 것이다. 만기 이후의 선이자를 차감하는 개념으로 이해하면 된다.

👤 예제

01 ㈜한국은 고객에게 상품을 판매하고 그 대가로 액면가액 ₩10,000,000, 만기 3개월, 이자율 연 9%인 약속어음을 수령하였다. 이 어음에 대한 은행의 연간 할인율은 12%이다. (주)한국은 이 어음을 2개월간 보유한 후 은행에서 할인하였다. ㈜한국이 어음 할인을 통해 받는 현금 수취액은? (단, 이자는 월할 계산한다고 가정한다)

2012. 국가직 9급 수정

① ₩9,918,250   ② ₩10,020,500

③ ₩10,122,750   ④ ₩10,225,000

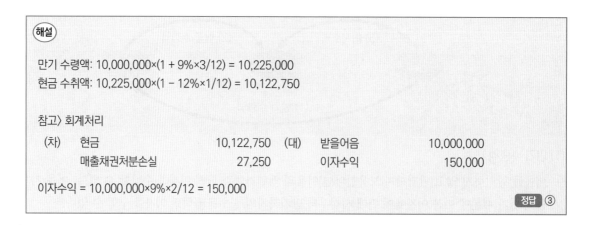

해설

만기 수령액: 10,000,000×(1 + 9%×3/12) = 10,225,000
현금 수취액: 10,225,000×(1 − 12%×1/12) = 10,122,750

참고〉 회계처리

(차)	현금	10,122,750	(대)	받을어음	10,000,000
	매출채권처분손실	27,250		이자수익	150,000

이자수익 = 10,000,000×9%×2/12 = 150,000

정답 ③

02 ㈜대한은 거래처에 상품을 외상으로 판매하고 액면금액 ₩5,000,000(만기가 120일이고 이자율은 6%)인 받을어음(이자부어음)을 수령하였다. (주)대한이 발행일로부터 30일이 지난 후 주거래 은행에 연이자율 12%의 조건으로 할인받은 경우 은행으로부터 수취할 금액은? (단, 1년의 계산기간은 360일로 처리한다)

2012. 국가직 7급

① ₩4,800,000   ② ₩4,947,000
③ ₩4,998,000   ④ ₩5,048,000

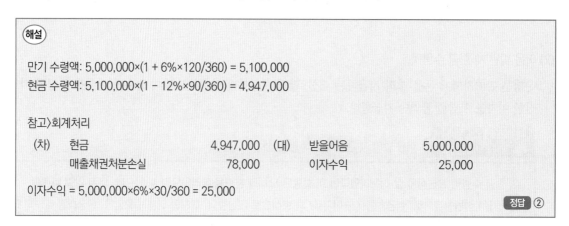

해설

만기 수령액: 5,000,000×(1 + 6%×120/360) = 5,100,000
현금 수령액: 5,100,000×(1 − 12%×90/360) = 4,947,000

참고〉회계처리

(차)	현금	4,947,000	(대)	받을어음	5,000,000
	매출채권처분손실	78,000		이자수익	25,000

이자수익 = 5,000,000×6%×30/360 = 25,000

정답 ②

3. 어음 할인 시 회계처리

(차)	현금	수령액	(대)	받을어음	액면가액
	매출채권처분손실	XXX		이자수익	액면가액×이자율×월수/12

(1) 이자수익 = 어음 액면가액×어음 이자율×보유월수/12

어음 보유자가 어음을 할인할 때까지 보유하는 동안 이자수익이 발생한다.

(2) 매출채권처분손실 = 어음 액면가액 + 이자수익 − 현금 수령액

이자수익만큼 어음의 가치가 상승하므로, 어음 보유자는 현금 수령액과 '받을어음의 액면가액+이자수익'의 차이만큼 처분손익을 인식한다. 어음의 이자율보다 은행의 할인율이 높기 때문에 어음 할인 시에는 일반적으로 처분손실이 계상된다.

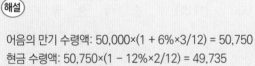 예제

01 ㈜한국은 20x1년 4월 1일에 상품을 판매하고 그 대가로 3개월 만기, 액면이자율 6%, 액면 ₩50,000의 약속어음을 받았다. 한 달 뒤인 5월 1일에 대한캐피탈에 할인(할인율 12%)하였다. 이 받을어음의 할인이 제거요건을 충족한다고 가정할 때 (주)한국이 20x1년 5월 1일에 인식할 금융자산처분손실 금액은?

2012. 계리사

① ₩485   ② ₩495

③ ₩505   ④ ₩515

해설

어음의 만기 수령액: 50,000×(1 + 6%×3/12) = 50,750
현금 수령액: 50,750×(1 − 12%×2/12) = 49,735

이자수익: 50,000×6%×1/12 = 250
처분손실: 50,000 + 250 − 49,735 = 515

참고〉 회계처리

(차)	현금	49,735	(대)	받을어음	50,000
	매출채권처분손실	515		이자수익	250

정답 ④

02 20×1년 초 (주)한국은 거래처에 상품을 판매하고 액면금액 ₩100,000인 무이자부어음(6개월 만기)을 수취하였다. (주)한국은 3개월간 해당 어음을 보유한 후 거래은행에 연 10%로 할인받았다. (주)한국이 받을어음 소유에 따른 위험과 보상의 대부분을 거래은행에 이전하였다면 받을어음 할인 시점에 인식할 매출채권처분손실은? (단, 이자는 월할 계산한다)

2024. 국가직 9급

① ₩0   ② ₩2,500

③ ₩3,000   ④ ₩5,000

해설

만기 수령액: 100,000, 이자수익: 0 (무이자부어음이므로)
현금 수령액: 100,000×(1−10%×3/12) = 97,500
처분손실: 97,500−100,000 = (−)2,500

회계처리〉

현금	97,500	매출채권	100,000
매출채권처분손실	2,500		

정답 ②

---

03 ㈜한국은 2011년 3월 1일에 상품판매대금 ₩400,000을 만기 3개월의 어음(액면이자율 연 9%)으로 수령하였다. (주)한국은 5월 1일에 대한은행에서 연 12% 이자율로 동 어음을 할인하였다. 이 받을어음의 할인이 금융자산 제거조건을 충족할 때, (주)한국이 행할 회계처리는? (단, 이자는 월할 계산한다)

2013. 국가직 7급

① (차변) 현　　　　　　금　　₩404,910　(대변) 매　출　채　권　₩400,000
　　　　　금융자산처분손실　　₩1,090　　　　　　이　자　수　익　₩6,000

② (차변) 현　　　　　　금　　₩404,800　(대변) 매　출　채　권　₩400,000
　　　　　금융자산처분손실　　₩1,200　　　　　　이　자　수　익　₩6,000

③ (차변) 현　　　　　　금　　₩406,000　(대변) 매　출　채　권　₩400,000
　　　　　금융자산처분손실　　₩3,000　　　　　　이　자　수　익　₩9,000

④ (차변) 현　　　　　　금　　₩402,000　(대변) 매　출　채　권　₩400,000
　　　　　금융자산처분손실　　₩2,000　　　　　　이　자　수　익　₩4,000

해설

어음의 만기 수령액: 400,000×(1+9%×3/12)=409,000
어음 할인 시 현금 수령액=409,000×(1−12%×1/12)=404,910

이자수익: 400,000×9%×2/12=6,000
처분손실: 400,000+6,000−404,910=1,090

정답 ①

PART

02

7급 대비
연도별 기출문제

Chapter 01
국가직 7급 기출문제

김용재 파이널 공무원 회계학

2023

국가직 7급
기출문제

회 계 학

본 과목 풀이 시 기업의 보고기간(회계기간)은 매년 1월 1일부터 12월 31일까지이고 기업은 계속해서 「한국채택국제회계기준」을 적용해 오고 있다고 가정하며, 자료에서 제시하지 않은 사항(예: 법인세 효과 등)은 고려하지 않음

1. 재무제표 표시의 일반사항에 대한 설명으로 옳지 않은 것은?
   ① 「한국채택국제회계기준」에 따라 작성된 재무제표(필요에 따라 추가공시한 경우 포함)는 공정하게 표시된 재무제표로 본다.
   ② 「한국채택국제회계기준」을 준수하여 재무제표를 작성하는 기업은 그러한 준수 사실을 주석에 명시적으로 기재할 필요는 없다.
   ③ 거의 모든 상황에서 공정한 표시는 관련 「한국채택국제회계기준」을 준수함으로써 달성된다.
   ④ 부적절한 회계정책은 이에 대하여 공시나 주석 또는 보충 자료를 통해 설명하더라도 정당화될 수 없다.

2. 유용한 재무정보의 질적특성에 대한 설명으로 옳지 않은 것은?
   ① 재무정보가 과거 평가에 대해 피드백을 제공한다면(과거 평가를 확인하거나 변경시킨다면) 확인가치를 갖는다.
   ② 계량화된 정보가 검증가능하기 위해서 단일 점추정치이어야 한다.
   ③ 측정불확실성이 높은 수준이더라도 그러한 추정이 무조건 유용한 재무정보를 제공하지 못하는 것은 아니다.
   ④ 완전한 서술은 필요한 기술과 설명을 포함하여 이용자가 서술되는 현상을 이해하는 데 필요한 모든 정보를 포함하는 것이다.

3. 보고기간후사건에 대한 설명으로 옳지 않은 것은?
   ① 보고기간말에 존재하였던 상황에 대한 정보를 보고기간 후에 추가로 입수한 경우에는 그 정보를 반영하여 공시 내용을 수정한다.
   ② 경영진이 보고기간 후에, 기업을 청산하거나 경영활동을 중단할 의도를 가지고 있거나, 청산 또는 경영활동의 중단 외에 다른 현실적 대안이 없다고 판단하는 경우에는 계속기업의 기준에 따라 재무제표를 작성해서는 아니 된다.
   ③ 보고기간 후부터 재무제표 발행승인일 전 사이에 배당을 선언한 경우, 보고기간말에 부채로 인식한다.
   ④ 수정을 요하지 않는 보고기간후사건을 반영하기 위하여 재무제표에 인식된 금액을 수정하지 아니한다.

4. 보조부문원가의 배부 방법에 대한 설명으로 옳지 않은 것은?
   ① 직접배분법은 보조부문 상호 간의 용역수수관계를 전혀 고려하지 않는 방법이다.
   ② 단계배분법은 보조부문의 배분순서가 달라지면 배분 후의 결과가 달라지는 방법이다.
   ③ 상호배분법은 보조부문 상호 간의 용역수수관계를 모두 고려한다.
   ④ 상호배분법이 직접배분법에 비해 적용과 계산이 간단한 방법이다.

5. 내부적으로 창출한 무형자산의 개발활동이 아닌 것은?
   ① 생산이나 사용 전의 시제품과 모형을 설계, 제작, 시험하는 활동
   ② 새로운 기술과 관련된 공구, 지그, 주형, 금형 등을 설계하는 활동
   ③ 상업적 생산 목적으로 실현가능한 경제적 규모가 아닌 시험공장을 설계, 건설, 가동하는 활동
   ④ 새롭거나 개선된 재료, 장치, 제품, 공정, 시스템이나 용역에 대한 여러 가지 대체안을 제안, 설계, 평가, 최종 선택하는 활동

6. 다음은 (주)한국의 20×1년 12월 31일 수정전시산표의 일부이다. 20×1년 12월 31일 (주)한국의 창고에 화재가 발생하여 보관 중인 재고자산이 전부 소실되었다. (주)한국의 매출총이익률이 40 %인 경우 화재로 인해 소실된 기말재고자산은? (단, (주)한국은 재고자산을 실지재고조사법으로 기록하고 있다)

수정전시산표

재고자산	₩100,000	매출	₩510,000
매입	₩390,000	매입에누리와 환출	₩6,000
매입운임	₩30,000	매입할인	₩14,000
매출할인	₩10,000		

① ₩100,000
② ₩120,000
③ ₩180,000
④ ₩200,000

7. (주)한국은 재고자산에 대해 저가기준 선입선출소매재고법을 사용하고 있다. 재고자산 관련 자료가 다음과 같을 경우 기말재고자산은?

구분	원가	판매가
기초재고	₩10,000	₩20,000
순매입	₩180,000	₩300,000
순인상액	–	₩60,000
순인하액	–	₩10,000
순매출	–	₩250,000

① ₩60,000
② ₩70,000
③ ₩75,000
④ ₩80,000

8. 다음 거래 중 수정분개를 하지 않을 경우, 20×1년 말 당기순이익에 미치는 영향은?

○ 당기 발생한 미수임대료   ₩1,000
○ 당기 인식한 수익 중 선수수익 해당액   ₩300
○ 외상매출금 회수   ₩500
○ 당기 발생한 미지급급여   ₩100
○ 토지 최초 재평가증가액   ₩400

① ₩600 과소
② ₩800 과소
③ ₩1,000 과소
④ ₩1,500 과소

9. (주)한국이 다음 거래를 수정분개 할 경우, 당기순이익에 미치는 영향은? (단, 기간은 월할 계산한다)

○ 12월 31일 소모품 계정잔액은 ₩30,000이나 실제 소모품 재고액은 ₩15,000이다.
○ 11월 1일에 은행으로부터 ₩2,000,000(이자율 연 6%)을 차입하였다.
○ 7월 1일 1년 만기 보험으로 ₩36,000을 지급하고 선급보험료로 회계처리하였다.
○ 12월 31일 선급임차료 계정잔액이 ₩14,000이나 기간 미경과분은 ₩9,000이다.
○ 9월 1일 건물 임대계약으로 2년치 임대료 ₩240,000을 수령하고 선수임대료로 회계처리하였다.
○ 10월 1일 정기예금(1년 만기, 이자율 연 6%)에 ₩1,000,000을 예금하였다.

① ₩3,000 감소
② ₩83,000 감소
③ ₩7,000 증가
④ ₩33,000 증가

10. 20×1년 1월 1일 (주)한국과 (주)대한은 기계장치 A와 기계장치 B를 ₩1,000,000에 각각 취득하였다. 기계장치 A와 기계장치 B에 대한 자료는 다음과 같다.

구분	기계장치 A	기계장치 B
내용연수	4년	4년
잔존가치	₩200,000	₩200,000
감가상각방법	연수합계법	정액법
20×3년 1월 1일 공정가치	₩540,000	₩570,000

20×3년 1월 1일 (주)한국은 기계장치 A를 (주)대한의 기계장치 B와 교환 후 기계장치 B에 대해 정액법(잔존내용연수 2년, 잔존가치 ₩200,000)으로 감가상각하였으며, 20×3년 7월 1일 (주)한국은 기계장치 B를 현금 ₩300,000에 처분하였다. (주)한국의 기계장치 B에 대한 회계처리가 20×3년도 당기순이익에 미치는 영향은? (단, 기계장치는 원가모형을 적용하며, 교환거래는 상업적 실질이 있고 감가상각은 월할 계산한다)

① ₩25,000 감소
② ₩55,000 감소
③ ₩110,000 감소
④ ₩140,000 감소

11. 「국가회계기준에 관한 규칙」에 따른 A 부처 기타특별회계의 재정운영순원가는?

○ 프로그램 수익   ₩30,000
○ 비배분수익   ₩10,000
○ 비교환수익   ₩12,000
○ 프로그램 총원가   ₩200,000
○ 비배분비용   ₩15,000
○ 관리운영비   ₩50,000

① ₩213,000
② ₩225,000
③ ₩235,000
④ ₩237,000

12. (주)한국은 단일제품을 생산하고 있으며, 제품원가와 관련된 자료는 다음과 같다. 제품원가 계산 시 종합원가계산방법을 적용할 경우 비정상공손원가는?

> ○ 검사시점: 60 %
> ○ 공손수량: 총 1,000개 (정상공손 900개, 비정상공손 100개)
> ○ 완성품환산량 단위당 원가:
> 　　전공정원가 ₩8, 재료원가 ₩5, 가공원가 ₩10
> ○ 재료는 공정의 80 % 시점에 투입된다.
> ○ 가공원가는 공정 전반에 걸쳐 균등하게 발생한다.

① ₩1,200
② ₩1,400
③ ₩1,800
④ ₩2,300

13. 재무상태표상 자본총액이 증가하는 거래는?
① 액면금액 ₩5,000인 보통주를 주당 ₩4,000에 할인발행하였다.
② 자기주식처분이익 중 ₩10,000을 자본금으로 대체하였다.
③ 주주총회에서 주식배당 ₩6,000을 결의하였다.
④ 보통주 액면금액 ₩5,000을 ₩500으로 분할하였다.

14. 고객과의 계약에서 생기는 수익의 거래가격 산정에 대한 설명으로 옳지 않은 것은?
① 유의적인 금융요소를 반영하여 약속한 대가를 조정할 때에는 계약 개시시점에 기업과 고객이 별도 금융거래를 한다면 반영하게 될 할인율을 사용한다.
② 유의적인 금융요소를 반영한 계약의 개시 후에 이자율이나 그 밖의 상황이 달라지는 경우, 할인율을 새로 수정한다.
③ 고객에게서 받은 대가의 일부나 전부를 고객에게 환불할 것으로 예상하는 경우에는 환불부채를 인식한다.
④ 고객에게 지급할 대가가 고객에게서 받은 구별되는 재화나 용역에 대한 지급이라면, 다른 공급자에게서 구매한 경우와 같은 방법으로 회계처리한다.

15. 「국가회계기준에 관한 규칙」에 따른 자산에 대한 설명으로 옳지 않은 것은?
① 자산은 공용 또는 공공용으로 사용되는 등 공공서비스를 제공할 수 있거나 직접적 또는 간접적으로 경제적 효익을 창출하거나 창출에 기여할 가능성이 매우 높고 그 가액을 신뢰성 있게 측정할 수 있을 때에 인식한다.
② 현재 세대와 미래 세대를 위하여 정부가 영구히 보존하여야 할 자산으로서 역사적, 자연적, 문화적, 교육적 및 예술적으로 중요한 가치를 갖는 자산은 자산으로 인식하지 아니하고 그 종류와 현황 등을 주석으로 공시한다.
③ 국가안보와 관련된 자산은 국방부장관과 협의하여 자산으로 인식하지 아니할 수 있다. 이 경우 해당 중앙관서의 장은 해당 자산의 종류, 취득시기 및 관리현황 등을 별도의 장부에 기록하지 않는다.
④ 사회기반시설은 국가의 기반을 형성하기 위하여 대규모로 투자하여 건설하고 그 경제적 효과가 장기간에 걸쳐 나타나는 자산으로서, 도로, 철도, 항만, 댐, 공항, 하천, 상수도, 국가어항, 기타 사회기반시설 및 건설 중인 사회기반시설 등을 말한다.

16. (주)한국은 20×1년 1월 1일 비품을 취득하고 원가모형을 적용하고 있다. 비품과 관련된 자료는 다음과 같다.

> ○ 취득원가: ₩1,000,000 　 ○ 잔존가치: ₩0
> ○ 내용연수: 5년 　　　　　 ○ 감가상각방법: 정액법
> ○ 회수가능액

20×1년 말	20×2년 말
₩400,000	₩800,000

(주)한국이 비품에 대해 20×2년 12월 31일 인식해야 할 손상차손(손상차손환입)은? (단, 자산의 회수가능액 변동은 비품의 손상 혹은 그 회복에 따른 것이라고 가정하며, 감가상각은 월할 계산한다)
① 손상차손 ₩200,000
② 손상차손 ₩300,000
③ 손상차손환입 ₩200,000
④ 손상차손환입 ₩300,000

17. 20×1년 1월 1일 (주)한국은 채무상품을 ₩952,000에 발행하였다. 채무상품과 관련된 자료는 다음과 같다.

> ○ 액면금액: ₩1,000,000(만기 3년)
> ○ 표시이자율: 연 10%(매년 말 이자지급)

(주)대한은 20×1년 4월 1일 (주)한국이 발행한 채무상품을 ₩981,000(미수이자 포함)에 취득하여 상각후원가 측정 금융자산으로 분류하였다. (주)대한이 채무상품의 취득일부터 만기일까지 인식할 총 이자수익은? (단, (주)대한은 20×3년 말까지 채무상품을 보유하고 있다)

① ₩294,000
② ₩300,000
③ ₩319,000
④ ₩348,000

18. A부처는 20×1년 12월 1일에 국내단기차입금 ₩10,000,000,000과 그 이자 ₩1,000,000,000을 채권채무재조정하여 원금 ₩8,000,000,000과 이자비용 ₩500,000,000으로 채무를 일부 면제받기로 합의하고 미지급금으로 대체하였다. A부처의 20×1년 12월 1일 회계처리에 대한 설명으로 옳지 않은 것은? (단, A부처는 국내단기차입금에 대해 기말에 이자비용을 인식하며, 「국가회계예규」에 따라 회계처리한다)

① 미지급금 ₩8,500,000,000을 대변에 인식한다.
② 국내단기차입금 ₩10,000,000,000을 차감한다.
③ 국내차입금이자비용 ₩1,000,000,000을 차변에 인식한다.
④ 채무면제이익 ₩2,000,000,000을 대변에 인식한다.

19. 다음 자료를 이용한 자기자본순이익률은? (단, 비율 계산 시 총자산과 자기자본은 기초금액과 기말금액의 연평균금액으로 한다)

> ○ 매출액 ₩50,000
> ○ 당기순이익 ₩2,000
> ○ 기말 총자산은 기초 총자산의 3배이다.
> ○ 타인자본과 자기자본은 기초와 기말 모두 총자산에서 차지하는 비율이 1대1로 일정하다.
> ○ 총자산회전율 2.5회

① 20%
② 25%
③ 30%
④ 40%

20. (주)한국의 20×1년 기초 보통주식수는 10,000주이며, 20×1년도 보통주식수 변동내역은 다음과 같다.

> ○ 4월 1일: 보통주 2,000주를 시장가격으로 유상증자하였다.
> ○ 10월 1일: 무상증자 20%를 실시하였다.
> ○ 11월 1일: 자기주식 1,200주를 취득하였다.

(주)한국의 20×1년 당기순이익이 ₩13,600,000인 경우 기본주당이익은? (단, 유통보통주식수는 월할 계산한다)

① ₩1,000
② ₩1,150
③ ₩1,200
④ ₩1,360

21. (주)한국은 영업활동현금흐름을 직접법으로 작성하고 있으며 (주)한국의 20×1년 재무상태표의 일부는 다음과 같다. (주)한국의 20×1년 매출원가가 ₩1,000,000일 경우 매입처에 대한 현금유출액은? (단, 선급금은 재고자산 매입과 관련되어 있다)

	20×1. 12. 31.	20×1. 1. 1.
매출채권	₩420,000	₩450,000
선급금	₩80,000	₩90,000
재고자산	₩120,000	₩100,000
선급임차료	₩60,000	₩90,000
매입채무	₩90,000	₩120,000
미지급급여	₩50,000	₩20,000

① ₩1,010,000
② ₩1,020,000
③ ₩1,030,000
④ ₩1,040,000

22. 조업도에 대한 설명으로 옳지 않은 것은?
　① 원가－조업도－이익분석에서 사용되는 조업도는 판매량 혹은 생산량을 의미한다.
　② 고정제조간접원가 표준배부율은 고정제조간접원가 예산을 기준조업도로 나눈 것이다.
　③ 고정제조간접원가 조업도 차이는 고정제조간접원가 실제액과 고정제조간접원가 예산액의 차이이다.
　④ 기준조업도는 고정제조간접원가를 제품원가에 배부하기 위한 기준이 되는 것으로 직접노무시간 예산, 기계가동시간 예산, 생산량 예산 등으로 표현된다.

23. (주)한국은 20×1년 1월 1일 전환사채를 액면발행하였다. 전환사채와 관련된 자료는 다음과 같다.

○ 액면금액: ₩1,000,000(만기 3년)
○ 표시이자율: 연 0 %
○ 발행일 현재 일반사채 시장수익률: 연 12 %
○ 원금상환방법: 상환기일에 액면금액 일시상환
○ 전환조건: 사채 액면금액 ₩10,000당 보통주 1주(액면금액 ₩5,000)로 전환가능
○ 단일금액 ₩1의 현가계수

기간	1	2	3
현가계수(12 %)	0.89286	0.79719	0.71178

20×3년 초 액면금액 100 %에 해당하는 전환사채가 보통주로 전환되었을 경우 (주)한국이 인식해야 할 주식발행초과금은? (단, 전환권대가는 전환권이 행사되어 주식으로 발행될 때 행사된 부분만큼 주식발행초과금으로 대체한다)
　① ₩288,220
　② ₩392,860
　③ ₩681,080
　④ ₩892,860

24. 법인세회계에 대한 설명으로 옳지 않은 것은?
　① 이연법인세 자산과 부채는 할인하지 아니한다.
　② 기업이 순액으로 결제하거나, 자산을 실현하는 동시에 부채를 결제할 의도가 없더라도 기업이 인식된 금액에 대한 법적으로 집행가능한 상계권리를 가지고 있는 경우 당기법인세자산과 당기법인세부채를 상계할 수 있다.
　③ 이연법인세부채와 이연법인세자산을 측정할 때에는 보고기간말에 기업이 관련 자산과 부채의 장부금액을 회수하거나 결제할 것으로 예상되는 방식에 따른 세효과를 반영한다.
　④ 법인세비용은 당기법인세비용과 이연법인세비용으로 구성된다.

25. 공정가치 측정에 대한 설명으로 옳지 않은 것은?
　① 측정일 현재의 시장에서 자산을 매도하거나 부채를 이전하는 시장참여자 사이의 정상거래에서 자산이나 부채가 교환되는 것으로 가정하여 공정가치를 측정한다.
　② 비금융자산의 공정가치를 측정하는 경우에는 시장참여자 자신이 그 자산을 최고 최선으로 사용하거나 최고 최선으로 사용할 다른 시장참여자에게 그 자산을 매도함으로써 경제적 효익을 창출할 수 있는 시장참여자의 능력을 고려한다.
　③ 자산이나 부채의 공정가치를 측정하기 위하여 사용하는 주된 (또는 가장 유리한) 시장의 가격에는 거래원가를 조정한다.
　④ 부채의 공정가치는 불이행위험의 영향을 반영한다.

김용재 파이널 공무원 회계학

2022

국가직 7급
기출문제

회 계 학

본 과목 풀이 시 기업의 보고기간(회계기간)은 매년 1월 1일부터 12월 31일까지이며, 기업은 계속해서 「한국채택국제회계기준」을 적용해 오고 있다고 가정한다. 또한 자료에서 제시하지 않은 사항 (예: 법인세 효과 등)은 고려하지 않는다.

문 1. 회계정책, 회계추정의 변경 및 오류에 대한 설명으로 옳지 않은 것은?
① 과거에 발생한 거래와 실질이 다른 거래, 기타 사건 또는 상황에 대하여 다른 회계정책을 적용하는 것은 회계정책의 변경에 해당하지 아니한다.
② 추정의 근거가 되었던 상황의 변화, 새로운 정보의 획득, 추가적인 경험의 축적이 있는 경우 추정의 수정이 필요할 수 있다. 성격상 추정의 수정은 과거기간과 연관되지 않으며 오류수정으로 보지 아니한다.
③ 당기 기초시점에 과거기간 전체에 대한 오류의 누적효과를 실무적으로 결정할 수 없는 경우, 실무적으로 적용할 수 있는 가장 이른 날부터 전진적으로 오류를 수정하여 비교정보를 재작성한다.
④ 전기오류의 수정은 오류가 발견된 기간의 당기손익으로 보고하고, 과거 재무자료의 요약을 포함한 과거기간의 정보는 실무적으로 적용할 수 있는 최대한 앞선 기간까지 소급재작성한다.

문 2. (주)한국의 20×1년 상품 관련 자료가 다음과 같을 때, 20×1년 매출총이익과 기말상품재고액을 바르게 연결한 것은?

○ 기초상품재고액: ₩100,000
○ 4월 8일: 상품 ₩900,000을 현금 매입
○ 7월 7일: 원가 ₩700,000(판매가 ₩910,000)인 상품을 시용 판매
○ 12월 8일: 고객으로부터 시용 상품(판매가 ₩650,000)에 대해 구매 의사표시 받음

	매출총이익	기말상품재고액
①	₩150,000	₩350,000
②	₩150,000	₩500,000
③	₩210,000	₩350,000
④	₩210,000	₩500,000

문 3. (주)한국은 20×1년 12월 초 회계관련서비스업을 목적으로 설립되었다. 한 달 동안의 거래 내역이 다음과 같을 때, 20×1년 당기순이익은?

구분	거래 내역
12월 초	○ 주식 1,000주(주당 액면가 ₩500)를 액면가로 발행하고 현금 납입받다.
12월 중	○ 일회성광고를 하고, ₩150,000을 현금 지급하다. ○ 회계자문용역을 제공하고, 용역대가 ₩1,200,000을 현금 수취하다. ○ 회계교육용역을 제공하고, 용역대가 ₩500,000은 다음 달에 받기로 하다. ○ 사무실용 비품을 ₩100,000에 취득하고, 다음 달에 지급하기로 하다.
12월 말	○ 당월분 전기사용료 ₩80,000을 현금 지급하다. ○ 당월분 사무실 임차료 ₩200,000을 현금 지급하다. ○ 당월분 직원급여 ₩300,000을 현금 지급하다. ○ 당월분 비품 감가상각비 ₩2,500을 인식하다.

① ₩867,500
② ₩870,000
③ ₩967,500
④ ₩970,000

문 4. 법인세에 대한 설명으로 옳지 않은 것은?
① 일시적차이는 재무상태표상 자산 또는 부채의 장부금액과 세무기준액의 차이이며, 가산할 일시적차이와 차감할 일시적차이로 구분된다.
② 자산의 세무기준액은 자산의 장부금액이 회수될 때 기업에 유입될 과세대상 경제적효익에서 세무상 차감될 금액을 말하며, 만약 그러한 경제적효익이 과세대상이 아니라면, 자산의 세무기준액은 장부금액과 일치한다.
③ 미사용 세무상결손금과 세액공제가 사용될 수 있는 미래 과세소득의 발생가능성이 높은 경우 그 범위 안에서 이월된 미사용 세무상결손금과 세액공제에 대하여 이연법인세자산을 인식한다.
④ 이연법인세자산의 일부 또는 전부에 대한 혜택이 사용되기에 충분한 과세소득이 발생할 가능성이 더 이상 높지 않다면 이연법인세자산의 장부금액을 감액시키며, 이후 감액된 금액은 사용되기에 충분한 과세소득이 발생할 가능성이 높아져도 환입하지 않는다.

문 5. (주)한국은 단일제품을 생산·판매하고 있으며, 연간 최대생산 능력은 600단위이다. (주)한국은 매년 500단위의 제품을 생산·판매하였으며, 이에 대한 공헌이익계산서는 다음과 같다.

매출액(단위당 판매가격 ₩200)	₩100,000
변동원가	₩60,000
공헌이익	₩40,000
총고정제조간접원가	₩10,000
총고정판매비와관리비	₩20,000
영업이익	₩10,000

(주)한국은 새로운 고객으로부터 200단위를 단위당 ₩180에 구입하겠다는 제의를 받았는데, 이 특별주문은 200단위 모두를 수락하거나 아니면 거절해야 한다. 특별주문을 수락할 경우 영업이익 증가액은? (단, 특별주문을 수락하더라도 추가 설비 증설은 없으며, 이를 제외한 시장 수요에는 변화가 없다)

① ₩2,000
② ₩4,000
③ ₩12,000
④ ₩36,000

문 6. 「국가회계예규」의 '재무제표의 통합에 관한 지침'에 대한 설명으로 옳지 않은 것은?
① 중앙관서 재무제표는 중앙관서별로 구분된 국가회계실체 재무제표를 소관 중앙관서별로 통합하여 작성하고, 국가 재무제표는 중앙관서 재무제표를 대한민국 정부로 통합하여 작성한다.
② 국가회계실체가 보유한 자산·부채, 순자산, 수익·비용의 성격 등을 고려한 재무정보의 적정공시를 위해 필요한 경우 관련 자산·부채, 순자산, 수익·비용을 재무제표 본문에 반영하지 않고, 주석으로 공시한다.
③ 중앙관서 재무제표 작성 시 중앙관서 내 국가회계실체 간 거래를 통해 재정운영표에 "기타재원조달"과 "기타재원이전"을 인식하거나 순자산변동표에 "재원의 조달 및 이전"을 인식한 경우 해당 내부거래로 인하여 상호 발생한 무상이전거래를 제거한다.
④ 국세징수활동표에 표시된 "국세수익"은 국가 재정운영표의 재정운영순원가의 "국세수익"으로 직접 표시한다.

문 7. (주)한국은 20×1년 초 영업을 개시하였으며, 제품 4,000단위를 생산하여 3,400단위를 판매하였다. 20×1년 원가 관련 자료가 다음과 같을 때 옳지 않은 것은?

○ 단위당 판매가격	₩150
○ 단위당 직접재료원가	₩30
○ 단위당 직접노무원가	₩18
○ 단위당 변동제조간접원가	₩14
○ 단위당 변동판매비와관리비	₩5
○ 총고정제조간접원가	₩240,000
○ 총고정판매비와관리비	₩80,000

① 전부원가계산과 변동원가계산에 의한 영업이익(또는 영업손실)의 차이는 ₩36,000이다.
② 전부원가계산과 초변동원가계산에 의한 영업이익(또는 영업손실)의 차이는 ₩55,200이다.
③ 변동원가계산에 의한 기말재고액은 ₩37,200이다.
④ 초변동원가계산에 의한 기말재고액은 ₩28,800이다.

문 8. (주)한국은 20×1년 초 건설계약을 체결하고 공사(기간: 3년, 계약금액: ₩2,000,000)를 진행하고 있으며, 진행률은 발생원가에 기초한 투입법으로 추정하고 있다. 20×1년 공사원가가 ₩300,000 발생하였고, 완성시까지 추가소요원가는 ₩900,000이다. 20×1년 공사대금으로 ₩350,000을 청구하였다면, 재무상태표에 표시될 계약자산(미청구공사) 금액은? (단, (주)한국은 건설용역에 대한 통제가 기간에 걸쳐 이전한 것으로 판단한다)

① ₩110,000
② ₩150,000
③ ₩200,000
④ ₩500,000

문 9. 보고기간후사건에 대한 설명으로 옳지 않은 것은?
① 재무제표를 발행한 이후에 주주에게 승인을 받기 위하여 제출하는 경우 재무제표 발행승인일은 재무제표를 발행한 날이 아니라 주주가 재무제표를 승인한 날이다.
② 경영진은 별도의 감독이사회(비집행이사로만 구성)의 승인을 얻기 위하여 재무제표를 발행하는 경우가 있다. 그러한 경우, 경영진이 감독이사회에 재무제표를 제출하기 위하여 승인한 날이 재무제표 발행승인일이다.
③ 보고기간후사건은 이익이나 선별된 재무정보를 공표한 후에 발생하였더라도, 재무제표 발행승인일까지 발생한 모든 사건을 포함한다.
④ 보고기간 후에 지분상품 보유자에 대해 배당을 선언한 경우, 그 배당금을 보고기간말의 부채로 인식하지 아니한다.

문 10. (주)한국은 20×1년 초 영업을 개시하였으며, 이후 자본금의 변동은 없었다. 20×3년 말 발행주식에 대한 자료는 다음과 같다.

보통주	주당 액면금액 ₩1,000, 발행주식 수 3,500주
우선주	주당 액면금액 ₩1,000, 발행주식 수 1,500주 (연 배당율 5%, 누적적, 완전참가적)

(주)한국은 20×1년과 20×2년에 배당가능이익이 부족하여 배당금을 지급하지 못하였으나, 20×3년 이익배당을 위해 20×4년 3월 주주총회에서 보통주에 대한 5%의 배당과 ₩1,000,000의 현금배당을 결의하였다. 보통주와 우선주에 배분되는 배당금을 바르게 연결한 것은?

	보통주 배당금	우선주 배당금
①	₩355,000	₩645,000
②	₩405,000	₩595,000
③	₩595,000	₩405,000
④	₩645,000	₩355,000

문 11. (주)한국의 20×1년 초 재무상태표상 자산총액 ₩800,000, 부채총액 ₩500,000이다. 다음 거래 내역과 관련 결산조정 사항을 반영한 20×1년 말 재무상태표상 자산총액과 부채총액을 바르게 연결한 것은? (단, 기간은 월할 계산한다)

일자	거래 내역
3월 1일	1년치 화재보험료 ₩120,000 현금 지급하고 전액 비용 인식
8월 1일	1년치 건물임대료 ₩240,000 현금 수취하고 전액 수익 인식

	자산총액	부채총액
①	₩560,000	₩380,000
②	₩920,000	₩500,000
③	₩940,000	₩640,000
④	₩1,040,000	₩620,000

문 12. (주)한국은 20×1년 초 영입을 개시하고, 정상개별원가계산을 채택하였다. 20×1년 제조간접원가 실제발생액은 ₩70,000, 예정배부액은 ₩60,000이고, 기말 계정잔액은 다음과 같다.

기말재공품	기말제품	매출원가
₩56,000	₩70,000	₩154,000

제조간접원가의 배부차이를 매출원가조정법에 의해 회계처리할 때, 총원가기준 비례배분법에 의한 회계처리에 비해 당기순이익에 미치는 영향은?
① ₩4,500 감소
② ₩4,500 증가
③ ₩5,500 감소
④ ₩5,500 증가

문 13. 금융자산의 재분류에 대한 설명으로 옳지 않은 것은?
① 금융자산을 기타포괄손익 – 공정가치 측정 범주에서 당기손익 – 공정가치 측정 범주로 재분류하는 경우에 계속 공정가치로 측정하며, 재분류 전에 인식한 기타포괄손익누계액은 재분류일에 재분류조정으로 자본에서 당기손익으로 재분류한다.
② 금융자산을 기타포괄손익 – 공정가치 측정 범주에서 상각후원가 측정 범주로 재분류하는 경우에 재분류일의 공정가치로 측정하며, 재분류 전에 인식한 기타포괄손익누계액은 자본에서 제거하고 재분류일의 금융자산의 공정가치에서 조정한다.
③ 금융자산을 상각후원가 측정 범주에서 기타포괄손익 – 공정가치 측정 범주로 재분류하는 경우에 재분류 전 상각후원가와 공정가치의 차이에 따른 손익은 기타포괄손익으로 인식하며, 유효이자율과 기대신용손실 측정치는 재분류로 인해 조정한다.
④ 금융자산을 당기손익 – 공정가치 측정 범주에서 상각후원가 측정 범주로 재분류하는 경우에 재분류일의 공정가치가 새로운 총장부금액이 된다.

문 14. 재고자산의 순실현가능가치에 대한 설명으로 옳지 않은 것은?
① 순실현가능가치를 추정할 때에는 재고자산으로부터 실현가능한 금액에 대하여 추정일 현재 사용가능한 가장 신뢰성 있는 증거에 기초하여야 한다.
② 순실현가능가치를 추정할 때 재고자산의 보유 목적도 고려하여야 하는데, 예를 들어 확정판매계약 또는 용역계약을 이행하기 위하여 보유하는 재고자산의 순실현가능가치는 계약가격에 기초한다.
③ 완성될 제품이 원가 이상으로 판매될 것으로 예상하는 경우에는 그 생산에 투입하기 위해 보유하는 원재료 및 기타 소모품을 감액하지 아니하며, 원재료 가격이 하락하여 제품의 원가가 순실현가능가치를 초과할 것으로 예상되더라도 해당 원재료를 순실현가능가치로 감액하지 않는다.
④ 매 후속기간에 순실현가능가치를 재평가하며, 재고자산의 감액을 초래했던 상황이 해소되거나 경제상황의 변동으로 순실현가능가치가 상승한 명백한 증거가 있는 경우에는 최초의 장부금액을 초과하지 않는 범위 내에서 평가손실을 환입한다.

문 15. (주)한국은 20×1년 초 기계장치(내용연수 3년, 잔존가치 [A], 연수합계법, 월할 상각, 원가모형 적용)를 ₩20,000에 취득하였다. 20×1년 말 기계장치의 순공정가치 ₩5,000, 사용가치 ₩4,000, 손상차손 인식액 ₩6,000이다. 20×1년 초 기계장치 취득시의 잔존가치 'A'는? (단, 잔존가치의 변동은 없다)
① ₩1,000
② ₩2,000
③ ₩3,000
④ ₩4,000

문 16. 중앙관서 A 부처는 B 기업과 'XYZ'수익이 발생하는 계약을 체결하였다. 계약기간은 20×1년 10월 1일부터 20×2년 9월 30일까지이며, 계약금액은 ₩100,000이다. 계약서상 A 부처는 20×1년 12월 1일 ₩40,000, 20×2년 6월 1일 ₩60,000을 청구할 수 있다. 'XYZ'수익이 교환수익과 비교환수익에 해당될 경우, A 부처의 수익인식에 대한 설명으로 옳은 것은? (단, 기간은 월할 계산한다)

① 교환수익에 해당할 경우 20×1년도에 인식할 수익은 ₩0이다.

② 교환수익에 해당할 경우 20×2년도에 인식할 수익은 ₩40,000이다.

③ 비교환수익에 해당할 경우 20×1년도에 인식할 수익은 ₩25,000이다.

④ 비교환수익에 해당할 경우 20×2년도에 인식할 수익은 ₩60,000이다.

문 17. (주)한국은 20×1년 초 다음의 조건으로 비분리형 신주인수권부사채를 액면발행하였다.

○ 액면가액: ₩500,000(만기 3년)
○ 표시이자율: 연 2 %(매년 말 지급)
○ 발행일 현재 일반사채 시장이자율: 연 10 %
○ 만기 상환할증금: ₩40,000

20×1년 초 신주인수권부사채 액면발행시 인식한 신주인수권대가가 ₩69,430일 경우, 20×1년 말 신주인수권부사채의 장부금액은?

① ₩433,627
② ₩453,876
③ ₩463,627
④ ₩500,000

문 18. 주식기준보상에서 주식결제형 주식기준보상거래에 대한 설명으로 옳지 않은 것은?

① 주식결제형 주식기준보상거래에서는, 제공받는 재화나 용역과 그에 상응하는 자본의 증가를 제공받는 재화나 용역의 공정가치로 직접 측정한다.

② 부여한 주식선택권의 공정가치를 측정기준일에 추정할 때, 그 주식선택권에 재부여특성이 있다면 재부여 특성을 고려하고, 사후적으로 부여된 재부여주식선택권에 대해서는 새로운 주식선택권으로 회계처리한다.

③ 만약 거래상대방이 특정 기간에 용역을 제공하여야 부여한 지분상품이 가득된다면, 기업은 그 지분상품의 대가로 거래상대방에게서 받을 용역을 미래 가득기간에 받는다고 본다.

④ 부여한 지분상품의 공정가치에 기초하여 거래를 측정하는 때에는, 시장가격을 구할 수 있다면 시장가격을 기초로 하되 지분상품의 부여조건을 고려하여 측정기준일 현재 공정가치를 측정한다.

문 19. 금융상품: 표시의 복합금융상품에 대한 설명으로 옳은 것은?

① 전환권을 행사할 가능성이 변동되는 경우에는 전환상품의 부채요소와 자본요소의 분류를 수정할 수 있다.

② 최초 인식시점에 부채요소의 공정가치는 계약상 정해진 미래현금흐름의 현재가치이며, 그 미래현금흐름은 해당 금융상품과 조건, 신용상태, 현금흐름이 유사하고 전환권이 있는 채무상품에 적용되는 그 시점의 시장이자율로 할인한다.

③ 발행자는 전환사채의 조기전환을 유도하기 위하여 좀 더 유리한 전환비율을 제시하거나 추가 대가를 지급하는 등의 방법으로 전환사채의 조건을 변경할 수 없다.

④ 만기 시점에서 전환사채가 전환되는 경우에 발행자는 부채를 제거하고 자본으로 인식하며, 최초 인식시점의 자본요소는 자본의 다른 항목으로 대체될 수 있지만 계속하여 자본으로 유지된다. 만기 시점에 전환사채의 전환에 따라 인식할 손익은 없다.

문 20. (주)한국은 20×1년 초 (주)대한이 발행한 사채를 ₩1,050,000에 취득하고, 상각후원가측정금융자산으로 분류하였다. 사채 관련 자료는 다음과 같다.

○ 액면가액: ₩1,000,000(만기 3년)
○ 표시이자율: 연 12 %(매년 말 지급)
○ 발행시 유효이자율: 연 10 %
○ 취득시 사채의 신용은 손상되어 있지 않음
○ 기대신용손실

기대신용손실	20×1년 말	20×2년 말
12개월	₩2,000	₩4,000
전체기간	₩5,000	₩5,000

(주)한국은 상각후원가측정금융자산의 신용위험에 대해 20×1년 말에는 유의하게 증가하지 않았다고 판단하였으나, 20×2년 말에는 유의하게 증가하였다고 판단하였다. 20×3년 초 상각후원가측정금융자산을 ₩1,000,000에 처분하였을 경우 처분손익은?

① 처분손실 ₩13,500
② 처분이익 ₩13,500
③ 처분손실 ₩18,500
④ 처분이익 ₩18,500

문 21. 정부보조금의 회계처리와 정부지원의 공시에 대한 설명으로 옳은 것은?

① 정부보조금의 회계처리는 보조금을 당기손익 이외의 항목으로 인식하는 수익접근법과 보조금을 하나 이상의 회계기간에 걸쳐 당기손익으로 인식하는 자본접근법이 있다.

② 이미 발생한 비용이나 손실에 대한 보전으로 수취하는 정부보조금은 정부보조금을 수취할 권리가 발생하는 기간에 기타포괄손익으로 인식한다.

③ 자산의 취득과 관련된 보조금의 수취는 기업의 현금흐름에 중요한 변동을 일으키므로 재무상태표에 보조금이 관련 자산에서 차감하여 표시되는지와 관계없이 자산의 총투자를 보여주기 위해 이러한 변동을 주석에 별도 항목으로 표시한다.

④ 정부보조금에 부수되는 조건의 준수와 보조금 수취에 대한 합리적인 확신이 있을 경우에만 정부보조금을 인식하며, 보조금의 수취 자체가 보조금에 부수되는 조건이 이행되었거나 이행될 것이라는 결정적인 증거를 제공하지는 않는다.

문 22. (주)한국은 20×1년 초 본사 건물을 ₩5,000,000에 취득(내용연수 20년, 잔존가치 ₩50,000, 정액법, 월할 상각)하면서 다음 조건의 국채를 액면가액으로 의무매입하여 만기까지 보유할 목적이다. 다음 중 옳은 것은?

○ 액면가액: ₩1,000,000(만기 5년, 만기 일시상환)
○ 표시이자율: 연 4%(매년 말 지급)
○ 시장이자율: 연 10%
○ 이자율 10%, 5년 ₩1의 현가계수 0.6
○ 이자율 10%, 5년 ₩1의 연금현가계수 3.8

① 건물 취득시 감가상각대상금액은 ₩5,722,000이다.
② 건물 취득원가는 ₩5,248,000이다.
③ 국채 취득시 현재가치할인차금은 ₩152,000이다.
④ 국채 취득원가는 ₩848,000이다.

문 23. 환율변동효과에 대한 설명으로 옳지 않은 것은?

① 기능통화가 분명하지 않은 경우에는 경영진이 판단하여 실제 거래, 사건과 상황의 경제적 효과를 가장 충실하게 표현하는 기능통화를 결정한다.

② 비화폐성항목에서 생긴 손익을 기타포괄손익 또는 당기손익으로 인식하는 경우 그 손익에 포함된 환율변동효과는 기타포괄손익으로 인식한다.

③ 기능통화로 외화거래를 최초로 인식하는 경우에 거래일의 외화와 기능통화 사이의 현물환율을 외화금액에 적용하여 기록한다.

④ 매 보고기간말의 외화환산방법 중 역사적원가로 측정하는 비화폐성 외화항목은 거래일의 환율로 환산한다.

문 24. (주)한국은 20×1년 1월 1일 건물을 ₩500,000에 취득하고 공정가치모형을 적용하는 투자부동산으로 분류하였다. (주)한국은 20×2년 7월 1일 동 건물을 유형자산(내용연수 10년, 잔존가치 ₩0, 정액법, 월할 상각)으로 분류를 변경하여 공장으로 사용하기 시작하였다. 각 시점별 공정가치가 다음과 같을 때 옳은 것은?

○ 20×1년 12월 31일	₩550,000
○ 20×2년 7월 1일	₩600,000
○ 20×2년 12월 31일	₩580,000

① 20×1년 건물의 공정가치변동으로 인해 기타포괄이익이 ₩50,000 증가한다.

② 20×2년 유형자산(건물)에 대해 원가모형을 적용한다면, 건물로 인해 20×2년 당기순이익이 ₩30,000 증가한다.

③ 20×2년 유형자산(건물)에 대해 재평가모형을 적용한다면, 건물로 인해 20×2년 기타포괄이익이 ₩10,000 증가한다.

④ 20×2년 유형자산(건물)에 대해 재평가모형을 적용한다면, 건물로 인해 20×2년 당기순이익이 ₩50,000 증가한다.

문 25. 「국가회계예규」의 '원가계산에 관한 지침'에 대한 설명으로 옳지 않은 것은?

① 원가는 신뢰할 수 있는 객관적인 자료와 주관적인 증거에 의하여 계산하며, 국가회계실체가 프로그램 예산체계에 따라 집행한 예산을 현금주의의 원칙에 따라 계산한다.

② 국가회계실체는 그 활동의 특성에 따라 행정형 회계와 사업형 회계로 구분되며, 정부원가계산은 회계의 내용에 따라 그 계산방식을 달리할 수 있다.

③ 각 중앙관서의 장은 사업관리자, 예산편성 관계자 등 정보 이용자의 요구에 의해 주요 사업의 원가자료를 제공할 수 있도록 원가 집계 대상에 따라 원가를 산출하여 관리하되, 재정운영표에는 프로그램별로 총원가와 순원가를 표시하여야 한다.

④ 원가계산기간은 「국가회계법」에서 정하는 회계연도와 일치하여야 한다. 다만, 내부관리 목적으로 월별 또는 분기별 등으로 세분하여 원가계산을 실시할 수 있다.

김용재 파이널 공무원 회계학

2021

국가직 7급
기출문제

회 계 학

본 과목 풀이 시 기업의 보고기간(회계기간)은 매년 1월 1일부터 12월 31일까지이며, 기업은 계속해서 「한국채택국제회계기준」을 적용해 오고 있다고 가정한다. 또한 자료에서 제시하지 않은 사항 (예: 법인세 효과 등)은 고려하지 않는다.

문 1. 일반목적재무보고에 대한 설명으로 옳지 않은 것은?
① 많은 현재 및 잠재적 투자자, 대여자 및 그 밖의 채권자는 정보를 제공하도록 보고기업에 직접 요구할 수 없다.
② 일반목적재무보고서는 현재 및 잠재적 투자자, 대여자와 그 밖의 채권자가 필요로 하는 모든 정보를 제공한다.
③ 일반목적재무보고서는 보고기업의 가치를 보여주기 위해 고안된 것이 아니다.
④ 경영진은 필요로 하는 재무정보를 내부에서 구할 수 있기 때문에 일반목적재무보고서에 의존할 필요가 없다.

문 2. (주)한국은 20×1년 1월 1일부터 적격자산인 공장건물을 신축하기 시작하였으며, 20×2년 10월 31일 완공하였다. 공사대금 지출 및 신축공사와 관련되는 차입금의 자료는 다음과 같다.

구분	지출일·차입일	금액	상환일	연 이자율
공사대금 지출액	20×1년 1월 1일	₩100,000	–	–
특정목적 차입금	20×1년 1월 1일	₩80,000	20×1년 12월 31일	5%
일반목적 차입금	20×1년 1월 1일	₩200,000	20×2년 12월 31일	10%

(주)한국이 20×1년 공장건물 신축과 관련하여 자본화한 차입원가는? (단, 이자비용은 월할 계산한다)
① ₩4,000　　　　② ₩6,000
③ ₩20,000　　　　④ ₩24,000

문 3. 「국가회계기준에 관한 규칙」의 수익과 비용에 대한 설명으로 옳은 것은?
① 정부가 부과하는 방식의 국세는 납세의무자가 세액을 자진 신고하는 때에 수익으로 인식한다.
② 신고·납부하는 방식의 국세는 국가가 고지하는 때에 수익으로 인식한다.
③ 원가는 중앙관서의 장 또는 기금관리주체가 프로그램의 목표를 달성하고 성과를 창출하기 위하여 직접적·간접적으로 투입한 경제적 자원의 가치를 말한다.
④ 재화나 용역의 제공 등 국가재정활동 수행을 위하여 자산이 감소하고 그 금액을 합리적으로 측정할 수 있을 때 또는 금액을 합리적으로 측정할 수 없더라도 법령 등에 따라 지출에 대한 의무가 존재한다면 비용으로 인식한다.

문 4. (주)한국은 20×1년 초에 무형자산인 라이선스를 ₩500,000(정액법 상각, 내용연수 10년, 잔존가치 ₩0, 재평가모형 적용)에 취득하였다. 20×1년 말 라이선스의 공정가치가 ₩450,000, 20×2년 말 라이선스의 공정가치가 ₩525,000이라면, 20×2년 말 인식할 재평가이익은?
① ₩25,000
② ₩50,000
③ ₩75,000
④ ₩125,000

문 5. 다음은 (주)한국의 20×1년 기초 및 기말 재고자산과 관련한 자료이다.

구분	기초	기말
직접재료	₩2,000	₩7,000
재공품	₩8,000	₩5,000
제품	₩7,000	₩10,000

(주)한국은 매출원가의 20%를 매출원가에 이익으로 가산하여 제품을 판매하고 있으며, 20×1년 매출액은 ₩60,000이다. (주)한국의 20×1년 직접재료 매입액은 ₩15,000이고, 제조간접원가는 가공원가 (conversion cost)의 40%일 때, 20×1년의 기초원가(prime cost)는?
① ₩24,000
② ₩32,800
③ ₩34,000
④ ₩40,000

문 6. 다음은 (주)한국의 20×1년 주당이익 계산과 관련한 자료이다. (주)한국의 배당결의가 이미 이루어졌을 경우 기본주당이익은?

○ 기초유통보통주식수: 800주 (액면금액 ₩1,000)
○ 기초전환우선주: 500주 (액면금액 ₩1,000, 비누적적, 비참가적)
○ 20×1년 7월 1일에 400주의 전환우선주가 400주의 보통주로 전환(기중 전환된 우선주에 대해서는 보통주 배당금 지급)
○ 당기순이익: ₩50,000
○ 연 배당율: 우선주 10%, 보통주 8%

① ₩30
② ₩35
③ ₩40
④ ₩62.5

문 7. (주)한국은 선입선출법에 의한 원가기준 소매재고법을 사용하고 있다. 기말재고액(원가)은 ₩1,600이고, 당기매입원가율이 80 %인 경우 순인상액과 종업원할인은?

구분	원가	매가
기초재고	₩2,000	₩4,000
당기매입액	₩16,000	₩18,000
매출액		₩20,000
순인상액		㉠
순인하액		₩1,000
종업원할인		㉡

　　　순인상액(㉠)　　　　종업원할인(㉡)
① 　　₩1,500　　　　　　　₩1,500
② 　　₩1,500　　　　　　　₩2,000
③ 　　₩3,000　　　　　　　₩1,500
④ 　　₩3,000　　　　　　　₩2,000

문 8. 충당부채, 우발부채, 우발자산에 대한 설명으로 옳지 않은 것은?
① 제삼자와 연대하여 의무를 지는 경우에는 이행할 전체 의무 중 제삼자가 이행할 것으로 예상되는 부분을 우발부채로 처리한다.
② 관련 상황의 변화가 적절하게 재무제표에 반영될 수 있도록 우발자산을 지속적으로 평가하며, 상황 변화로 경제적 효익의 유입이 거의 확실하게 되는 경우에는 그러한 상황변화가 일어난 기간의 재무제표에 그 자산과 관련 이익을 인식한다.
③ 현재 의무를 이행하기 위하여 필요한 지출 금액에 영향을 미치는 미래 사건이 일어날 것이라는 충분하고 객관적인 증거가 있는 경우에는 그 미래 사건을 고려하여 충당부채 금액을 추정한다.
④ 구조조정충당부채로 인식할 수 있는 지출은 구조조정에서 발생하는 직접비용과 간접비용을 포함하되, 구조조정 때문에 반드시 생기는 지출이며, 기업의 계속적인 활동과 관련 있는 지출이어야 한다.

문 9. (주)대한은 20×1년 7월 1일 (주)한국의 모든 자산과 부채를 취득, 인수하는 사업결합을 하였다. 사업결합과 관련된 자료가 다음과 같을 때, 20×1년 7월 1일 (주)대한이 인식해야 할 영업권은?

○ 사업결합시점에 식별할 수 있는 (주)한국의 순자산 장부금액은 ₩1,000,000이며, 순자산 공정가치는 ₩1,200,000이다.
○ (주)대한은 사업결합의 이전대가로 (주)한국의 주주들에게 (주)대한의 보통주 100주(주당 액면금액 ₩7,000, 주당 공정가치 ₩14,000)를 발행하고 교부하였다.
○ (주)대한은 사업결합과 관련하여 보통주 발행과 직접 관련된 비용 ₩10,000과 기타 수수료 ₩10,000을 현금으로 지급하였다.

① ₩180,000　　　　　② ₩190,000
③ ₩200,000　　　　　④ ₩400,000

문 10. 다음은 20×1년 중앙관서 A부처 기타특별회계의 재무제표 작성을 위한 자료이다. 재무제표에 대한 설명으로 옳지 않은 것은?

○ 프로그램총원가 ₩28,000, 프로그램수익 ₩12,000
○ 관리운영비: 인건비 ₩5,000, 경비 ₩3,000
○ 프로그램과 직접적인 관련이 없는 수익과 비용: 이자비용 ₩1,000, 자산처분손실 ₩1,000, 자산처분이익 ₩2,000
○ 국고수입 ₩10,000, 부담금수익 ₩5,000, 채무면제이익 ₩10,000, 국고이전지출 ₩3,000
○ 기초순자산 ₩20,000(기본순자산 ₩5,000, 적립금 및 잉여금 ₩10,000, 순자산조정 ₩5,000)

① 재정운영표상 재정운영결과는 ₩24,000이다.
② 순자산변동상 재원의 조달 및 이전은 ₩22,000이다.
③ 순자산변동표상 기말 적립금 및 잉여금은 ₩7,000이다.
④ 순자산변동표상 기말순자산은 ₩18,000이다.

문 11. (주)대한은 퇴직급여제도로 확정급여제도를 채택하고 있다. 20×1년 초 확정급여채무의 장부금액은 ₩15,000이며, 사외적립자산의 공정 가치는 ₩12,000이다. 20×1년의 확정급여제도와 관련하여 발생한 재측정요소는 확정급여채무 재측정손실 ₩2,500, 사외적립자산 재측정이익 ₩600이다. 다음의 자료를 이용할 때, 20×1년 말 순확정급여부채는? (단, 자산인식상한은 고려하지 않는다)

- 20×1년 순확정급여부채 계산 시 적용되는 할인율은 연 10%이다.
- 20×1년 당기근무원가는 ₩4,000이다.
- 20×1년 말 퇴직종업원에게 ₩3,000의 현금이 사외적립 자산에서 지급되었다.
- 20×1년 말 사외적립자산에 ₩5,000을 현금으로 출연 하였다.

① ₩4,200
② ₩4,400
③ ₩4,600
④ ₩4,800

문 12. (주)한국은 20×1년 1월 1일에 기계장치를 ₩4,000,000(정액법 상각, 내용연수 5년, 잔존가치 ₩0, 원가모형 적용)에 취득하였다. 각 회계연도 말 기계장치에 대한 회수가능액은 다음과 같다.

- 20×1년 말 ₩3,200,000
- 20×2년 말 ₩1,800,000
- 20×3년 말 ₩1,200,000
- 20×4년 말 ₩2,000,000

(주)한국은 20×2년 말에 기계장치에 대해 손상차손이 발생하였고, 20×4년 말에 손상차손환입이 발생하였다고 판단하였다. 20×4년에 계상된 손상차손환입액은?

① ₩200,000
② ₩600,000
③ ₩800,000
④ ₩1,400,000

문 13. (주)한국은 대형 옥외전광판을 단위당 ₩30,000,000에 판매하고, 옥외전광판에 대한 연간 유지서비스를 단위당 ₩20,000,000에 제공하고 있다. 옥외전광판의 매출원가는 단위당 ₩20,000,000이며, 연간 유지서비스 원가는 단위당 ₩10,000,000이 발생한다. (주)한국은 20×1년 7월 1일에 옥외전광판 1 단위와 이에 대한 1년간 유지 서비스를 묶어서 ₩40,000,000에 판매하고 설치완료하였다. 이와 관련한 설명으로 옳지 않은 것은? (단, 기간은 월할 계산한다)

① 20×1년 7월 1일에 인식한 매출액은 ₩24,000,000이다.
② 20×1년의 매출액은 ₩32,000,000이다.
③ 20×1년의 매출총이익은 ₩7,000,000이다.
④ 20×2년의 매출총이익은 ₩6,000,000이다.

문 14. 다음은 상품매매 기업인 (주)한국의 재무비율을 산정하기 위한 자료이다.

○ 매출	₩4,500,000	○ 매출원가	₩4,000,000
○ 기초매출채권	₩150,000	○ 기말매출채권	₩450,000
○ 기초재고자산	₩240,000	○ 기말재고자산	₩160,000

(주)한국은 매출이 전액 외상으로 이루어지며, 재고자산회전율 계산 시 매출원가를 사용할 경우, 매출채권회전율과 재고자산 평균처리기간은? (단, 1년은 360일, 회전율 계산 시 기초와 기말 의 평균값을 이용한다)

	매출채권회전율(회)	재고자산평균처리기간(일)
①	15	18
②	15	36
③	30	18
④	30	36

문 15. 부채의 정의에 대한 설명으로 옳은 것은?
① 의무는 항상 다른 당사자(또는 당사자들)에게 이행해야 하며, 다른 당사자(또는 당사자들)는 사람이나 또 다른 기업, 사람들 또는 기업들의 집단, 사회 전반이 될 수 있는데, 의무를 이행할 대상인 당사자(또는 당사자들)의 신원을 반드시 알아야 한다.
② 기업이 실무 관행, 공개한 경영방침, 특정 성명(서)과 상충되는 방식으로 행동할 실제 능력이 없는 경우, 기업의 그러한 실무 관행, 경영방침이나 성명(서)에서 의무가 발생할 수도 있다.
③ 의무에는 기업이 경제적자원을 다른 당사자(또는 당사자들)에게 이전하도록 요구받게 될 잠재력이 있어야 하며, 그러한 잠재력이 존재하기 위해서는, 기업이 경제적자원의 이전을 요구받을 것이 확실하거나 그 가능성이 높아야 한다.
④ 새로운 법률이 제정되는 경우에는 법률제정 그 자체만으로 기업에 현재의무를 부여하기에 충분하다.

문 16. 리스에 대한 설명으로 옳지 않은 것은?

① 리스제공자는 리스개시일에 금융리스에 따라 보유하는 자산을 재무상태표에 인식하고 그 자산을 리스순투자와 동일한 금액의 수취채권으로 표시한다.

② 포괄손익계산서에서 리스이용자는 리스부채에 대한 이자비용을 사용권자산의 감가상각비와 구분하여 표시한다.

③ 제조자 또는 판매자인 리스제공자는 고객을 끌기 위하여 의도적으로 낮은 이자율을 제시하기도 하며, 이러한 낮은 이자율의 사용은 리스제공자가 거래에서 생기는 전체 이익 중 과도한 부분을 리스개시일에 인식하는 결과를 가져온다.

④ 제조자 또는 판매자인 리스제공자는 금융리스 체결과 관련하여 부담하는 원가를 리스개시일에 자산으로 인식한다.

문 17. (주)한국은 20×1년 4월 1일에 건물을 임대하고, 3년분 임대료 ₩360,000을 현금으로 수취하였다. 세법상 임대료의 귀속시기는 현금기준이며, (주)한국은 임대에 대해 발생기준을 적용하여 인식한다. 세율이 20×1년 30%, 20×2년 25%, 20×3년 이후는 20%라면, 20×1년 말 재무상태표에 보고될 이연법인세자산(부채)은? (단, 다른 일시적차이는 없고, 임대료는 월할 계산한다)

① 이연법인세자산 ₩60,000
② 이연법인세부채 ₩60,000
③ 이연법인세자산 ₩81,000
④ 이연법인세부채 ₩81,000

문 18. 재무제표와 보고기업에 대한 설명으로 옳지 않은 것은?

① 보고기업은 단일의 실체이거나 어떤 실체의 일부일 수 있으며, 둘 이상의 실체로 구성될 수도 있으므로, 보고기업이 반드시 법적 실체일 필요는 없다.

② 보고기업이 지배기업 단독인 경우 그 보고기업의 재무제표를 '비연결재무제표'라고 부른다.

③ 보고기업이 지배−종속관계로 모두 연결되어 있지는 않은 둘 이상 실체들로 구성된다면, 그 보고기업의 재무제표를 '결합재무제표'라고 부른다.

④ 연결재무제표는 특정 종속기업의 자산, 부채, 자본, 수익 및 비용에 대한 별도의 정보를 제공하기 위해 만들어졌다.

문 19. (주)대한은 상품운반용 신제품 드론 1대를 생산하였다. 1대를 생산하는 데 소요되는 원가자료는 다음과 같다.

○ 직접재료원가	₩80,000
○ 직접노무시간	100시간
○ 직접노무원가	₩1,000/직접노무시간
○ 변동제조간접원가	₩500/직접노무시간

직접노무시간에 대해 80% 누적평균시간 학습모형이 적용될 때, 드론 3대를 추가로 생산할 경우 발생할 제조원가는? (단, 추가 생산 시 단위당 직접재료원가, 직접노무원가, 변동제조간접원가의 변동은 없으며, 고정제조간접원가는 발생하지 않는다)

① ₩234,000
② ₩318,000
③ ₩396,000
④ ₩474,000

문 20. (주)대한은 20×1년 1월 1일에 (주)한국의 지분 30%를 ₩30,600에 취득하여 유의적인 영향력을 행사하게 되었다. 20×1년 1월 1일 (주)한국의 장부상 순자산가액은 ₩100,000이며, 장부금액과 공정가치가 다른 항목은 다음과 같다.

구분	장부금액	공정가치	비고
상각자산	₩9,000	₩10,000	정액법 상각, 잔여내용연수 5년, 잔존가치 ₩0
재고자산	₩3,000	₩4,000	20×1년 중 모두 (주)A에 판매

(주)한국의 20×1년 당기순이익이 ₩2,200일 때, (주)대한이 20×1년 인식할 지분법평가이익은?

① ₩60
② ₩300
③ ₩600
④ ₩660

문 21. (주)한국은 20×1년 초 기계장치를 ₩10,000(정액법 상각, 내용연수 4년, 잔존가치 ₩2,000, 원가모형 적용)에 취득하였다. 기계장치 관련 자료가 다음과 같을 때 옳은 것은?

> ○ 20×2년 중 최초로 기계장치에 대해 재평가모형으로 변경하였으며, 재평가 시 기존의 감가상각누계액은 전액 제거한 후 공정가치로 평가한다. (상각방법, 내용연수, 잔존가치의 변동은 없다)
> ○ 20×2년 말 기계장치의 공정가치는 ₩12,000이다.
> ○ 20×3년 말 기계장치를 현금 ₩8,000을 받고 처분하였다.

① 20×1년 감가상각비는 ₩2,500이다.
② 20×2년 재평가잉여금은 ₩4,000이다.
③ 20×3년 감가상각비는 ₩5,000이다.
④ 20×3년 기계장치 처분이익은 ₩2,000이다.

문 22. 금융상품 인식과 측정에서 위험회피회계에 대한 설명으로 옳지 않은 것은?
① 위험회피효과란 회피대상위험으로 인한 위험회피대상항목의 공정가치나 현금흐름의 변동이 위험회피수단의 공정가치나 현금흐름의 변동으로 상쇄되는 정도이다.
② 예상거래란 이행해야 하는 구속력을 가지며, 향후 발생할 것으로 예상되는 거래이다.
③ 위험회피수단이란 공정가치나 현금흐름의 변동이 지정된 위험회피대상항목의 공정가치나 현금흐름의 변동을 상쇄할 것으로 기대하여 지정한 파생상품 또는 비파생금융자산(또는 비파생금융부채)이다.
④ 확정계약이란 미래의 특정시기에 거래대상의 특정 수량을 특정 가격으로 교환하기로 하는 구속력 있는 약정이다.

문 23. 재무제표 표시에 대한 설명으로 옳지 않은 것은?
① 상이한 성격이나 기능을 가진 항목은 구분하여 표시하며, 다만 중요하지 않은 항목은 성격이나 기능이 유사한 항목과 통합하여 표시할 수 있다.
② 재무제표의 표시통화를 천 단위나 백만 단위로 표시할 때 중립성이 제고될 수 있으며, 이러한 표시는 금액 단위를 공시하고 중요한 정보가 누락되지 않는 경우에 허용될 수 있다.
③ 전체 재무제표(비교정보를 포함)는 적어도 1년마다 작성하며, 보고기간종료일을 변경하여 재무제표의 보고기간이 1년을 초과하거나 미달하는 경우 재무제표 해당 기간뿐만 아니라 보고기간이 1년을 초과하거나 미달하게 된 이유와 재무제표에 표시된 금액이 완전하게 비교가능하지는 않다는 사실을 추가로 공시한다.
④ 재무제표 항목의 표시나 분류를 변경하는 경우 실무적으로 적용할 수 없는 것이 아니라면 비교금액도 재분류해야 하며, 비교금액을 재분류할 때 재분류의 성격, 재분류된 개별 항목이나 항목군의 금액, 재분류의 이유를 공시한다(전기 기초 포함).

문 24. (주)한국의 20×1년도 고정비는 ₩600,000이고 손익분기점 매출액이 ₩1,500,000이며, 안전한계율이 40%일 경우, 영업이익은?
① ₩0
② ₩200,000
③ ₩400,000
④ ₩1,000,000

문 25. 다음은 (주)한국의 20×1년과 20×2년 수정전시산표의 일부이다.

계정과목	20×1년 말	20×2년 말
매출채권	₩200,000	₩100,000
재고자산	₩100,000	₩200,000
매입채무	₩200,000	₩300,000
매출	₩500,000	₩700,000
매입	₩600,000	₩500,000

20×2년 (주)한국이 계상할 매출총이익과 직접법에 따른 영업활동으로 인한 현금증감액은?

	매출총이익	영업활동으로 인한 현금증감액
①	₩300,000	₩400,000 증가
②	₩300,000	₩400,000 감소
③	₩400,000	₩300,000 증가
④	₩400,000	₩300,000 감소

김용재 파이널 공무원 회계학

2020

국가직 7급
기출문제

회 계 학

본 과목 풀이 시 기업의 보고기간(회계기간)은 매년 1월 1일부터 12월 31일까지이며, 기업은 계속해서 「한국채택국제회계기준」을 적용해 오고 있다고 가정한다. 또한 자료에서 제시하지 않은 사항 (예: 법인세 효과 등)은 고려하지 않는다.

문 1. 재무상태표에 대한 설명으로 옳지 않은 것은?

① 기업이 재무상태표에 유동자산과 비유동자산, 그리고 유동부채와 비유동부채로 구분하여 표시하는 경우, 이연법인세자산(부채)은 유동자산(부채)으로 분류한다.

② 유동성 순서에 따른 표시방법이 신뢰성 있고 더욱 목적적합한 정보를 제공하는 경우를 제외하고는 유동자산과 비유동자산, 유동부채와 비유동부채로 재무상태표에 구분하여 표시한다.

③ 유동자산은 주로 단기매매목적으로 보유하고 있는 자산과 비유동금융자산의 유동성 대체 부분을 포함한다.

④ 보고기간 후 12개월 이상 결제를 연기할 수 있는 무조건의 권리를 가지고 있지 않으면 유동부채로 분류한다.

문 2. 20×1년 기초 재무상태표와 기말 재무상태표의 자산 및 부채의 총액이 다음과 같고 수익과 비용의 합계액이 각각 ₩10,000,000과 ₩8,000,000인 경우, 20×1년의 추가적인 지분출자액은? (단, 배당금은 고려하지 않는다)

구분	기초	기말
자산총액	₩50,000,000	₩30,000,000
부채총액	₩65,000,000	₩20,000,000

① ₩20,000,000　　② ₩23,000,000
③ ₩26,000,000　　④ ₩29,000,000

문 3. 시산표를 작성하는 중 차변합계와 대변합계가 일치하지 않은 것을 발견하였다. 이와 관련하여 시산표상 차변합계와 대변합계가 일치하지 않는 원인은?

① ₩50,000의 매입채무를 현금으로 상환하면서 분개를 누락하였다.

② ₩30,000의 토지를 외상으로 구입하면서 분개는 정확하게 하였지만, 원장으로 전기할 때 토지 계정 대신 건물 계정 차변에 ₩30,000, 미지급금 계정 대변에 ₩30,000으로 전기하였다.

③ [(차)매출채권 ₩35,000 / (대)매출 ₩35,000]의 분개를 원장으로 전기할 때 매출채권 계정 차변에 ₩53,000, 매출 계정 대변에 ₩35,000으로 전기하였다.

④ 건물 수선비를 현금 지급하면서 차변에 건물 ₩10,000, 대변에 현금 ₩10,000으로 분개하였다.

문 4. 충당부채와 우발부채에 대한 설명으로 옳은 것은?

① 미래의 예상 영업손실에 대하여 충당부채로 인식한다.

② 우발부채는 자원의 유출가능성을 최초 인식시점에 판단하며 지속적으로 평가하지 않는다.

③ 제삼자와 연대하여 의무를 지는 경우에는 이행할 전체 의무 중 제삼자가 이행할 것으로 예상되는 부분을 우발부채로 처리한다.

④ 다수의 항목과 관련되는 충당부채를 측정하는 경우에 해당 의무는 가능한 모든 결과에 관련된 확률 중 최댓값으로 추정한다.

문 5. 20×1년 초 설립한 (주)한국의 자본거래는 다음과 같다. (주)한국의 20×1년 말 자본총액은?

○ 20×1년 1월: 보통주 1,000주(주당 액면가 ₩5,000)를 액면발행하였다.
○ 20×1년 3월: 자기주식 200주를 주당 ₩6,000에 매입하였다.
○ 20×1년 4월: 자기주식 200주를 주당 ₩7,000에 매입하였다.
○ 20×1년 5월: 3월에 구입한 자기주식 100주를 주당 ₩8,000에 처분하였다.
○ 20×1년 9월: 3월에 구입한 자기주식 100주를 주당 ₩9,000에 처분하였다.

① ₩3,600,000　　② ₩4,100,000
③ ₩5,000,000　　④ ₩5,500,000

문 6. 다음 자료에 따른 건물 관련 손익이 20×2년 (주)대한의 당기순이익에 미치는 영향은? (단, 감가상각은 월할상각한다)

○ 20×1년 1월 1일 투자목적으로 건물(취득원가 ₩1,000, 잔존가치 ₩0, 내용연수 4년, 정액법 상각)을 취득한 후 공정가치 모형을 적용하였다.
○ 20×2년 7월 1일 (주)대한은 동 건물을 공장용 건물(잔존가치 ₩0, 내용연수 2.5년, 정액법 상각)로 대체하여 자가사용하기 시작하였으며 재평가모형을 적용하였다.
○ 일자별 건물 공정가치

20×1년 말	20×2년 7월 1일	20×2년 말
₩1,200	₩1,400	₩1,500

① ₩300 증가　　② ₩280 감소
③ ₩180 증가　　④ ₩80 감소

문 7. (주)한국은 사용 중인 기계장치 A(장부금액 ₩300,000, 공정가치 ₩150,000)를 (주)대한의 사용 중인 기계장치 B(장부금액 ₩350,000, 공정가치 ₩250,000)와 교환하였으며 공정가치 차액에 대하여 현금 ₩100,000을 지급하였다. 해당 교환거래가 상업적 실질이 존재하는 경우, (주)한국과 (주)대한이 각각 인식할 유형자산처분손실은?

	(주)한국	(주)대한
①	₩100,000	₩100,000
②	₩100,000	₩150,000
③	₩150,000	₩100,000
④	₩150,000	₩150,000

문 8. 「재무보고를 위한 개념체계」에서 제시된 '측정'에 대한 설명으로 옳지 않은 것은?

① 역사적 원가와는 달리 자산이나 부채의 현행가치는 자산이나 부채를 발생시킨 거래나 그 밖의 사건의 가격으로부터 부분적으로라도 도출되지 않는다.

② 자산의 공정가치는 측정일 현재 동등한 자산의 원가로서 측정일에 지급할 대가와 그날에 발생할 거래원가를 포함한다.

③ 사용가치는 기업이 자산의 사용과 궁극적인 처분으로 얻을 것으로 기대하는 현금흐름 또는 그 밖의 경제적효익의 현재가치이다.

④ 사용가치와 이행가치는 직접 관측될 수 없으며 현금흐름기준 측정기법으로 결정된다.

문 9. (주)한국은 선입선출법을 이용하여 종합원가계산을 한다. 원재료는 공정시작 시점에서 전량 투입되며, 가공원가는 공정 전반에 걸쳐 균등하게 발생한다고 가정할 때, 다음의 자료를 이용한 가공원가의 완성품환산량은? (단, 공손과 감손은 없다)

구분	수량(개)	가공원가완성도
기초재공품	300	50 %
완성품	1,000	100 %
기말재공품	500	40 %

① ₩ 800

② ₩ 950

③ ₩ 1,050

④ ₩ 1,150

문 10. (주)한국은 단일제품을 생산·판매하고 있으며 제품 1단위를 생산하는 데 11시간의 직접노무시간을 사용하고 있고, 제품 단위당 변동판매관리비는 ₩ 25이다. (주)한국의 총제조원가에 대한 원가동인은 직접노무시간이고, 고저점법에 의하여 원가를 추정하고 있다. 제품의 총제조원가와 직접노무시간에 대한 자료는 다음과 같다.

구분	총제조원가	직접노무시간
1월	₩ 14,000	120시간
2월	₩ 17,000	100시간
3월	₩ 20,000	135시간
4월	₩ 19,000	150시간

(주)한국이 5월에 30단위의 제품을 단위당 ₩ 500에 판매한다면 총공헌이익은?

① ₩ 850

② ₩ 1,050

③ ₩ 1,250

④ ₩ 1,450

문 11. 「국가회계기준에 관한 규칙」에 대한 설명으로 옳은 것은?

① 현재 세대와 미래 세대를 위하여 정부가 영구히 보존하여야 할 자산으로서 역사적, 자연적, 문화적, 교육적 및 예술적으로 중요한 가치를 갖는 자산은 자산으로 인식하지 아니하고 그 종류와 현황 등을 주석으로 공시한다.

② 미래예상거래의 현금흐름변동위험을 회피하는 파생상품 계약에서 발생하는 평가손익은 발생한 시점의 재정운영순원가에 반영한다.

③ 압수품 및 몰수품이 비화폐성 자산인 경우 압류 또는 몰수 당시의 시장가격으로 평가하며 감정가액으로 평가할 수 없다.

④ 우발자산은 과거의 거래나 사건으로 발생하였으나 국가회계 실체가 전적으로 통제할 수 없는 하나 이상의 불확실한 미래 사건의 발생 여부로만 그 존재 유무를 확인할 수 있는 잠재적 자산을 말하며, 경제적 효익의 유입 가능성이 매우 높은 경우 재정상태표에 자산으로 공시한다.

문 12. '유용한 재무정보의 질적 특성' 중 목적적합성에 대한 설명으로 옳지 않은 것은?

① 재무정보에 예측가치, 확인가치 또는 이 둘 모두가 있다면 그 재무정보는 의사결정에 차이가 나도록 할 수 있다.

② 재무정보가 과거 평가에 대해 피드백을 제공한다면(과거 평가를 확인하거나 변경시킨다면) 확인가치를 갖는다.

③ 재무정보의 예측가치와 확인가치는 상호 연관되어 있다.

④ 재무정보가 예측가치를 갖기 위해서는 그 자체가 명백한 예측치 또는 예상치 형태를 갖추어야만 한다.

문 13. (주)한국은 20×1년 1월 1일에 액면금액 ₩ 1,000,000, 표시이자율 연 8 %, 이자지급일 매년 12월 31일, 만기 3년인 사채를 할인 발행하였다. 만기까지 상각되는 연도별 사채할인발행차금 상각액은 다음과 같다.

20×1. 12. 31.	20×2. 12. 31.	20×3. 12. 31.
₩ 15,025	₩ 16,528	₩ 18,195

이에 대한 설명으로 옳지 않은 것은?

① 20×2년 12월 31일에 인식할 이자비용은 ₩ 96,528이다.

② 20×1년 1월 1일 사채의 발행금액은 ₩ 950,252이다.

③ 이 사채의 표시이자율은 유효이자율보다 낮다.

④ 이 사채의 발행 기간에 매년 인식하는 이자비용은 동일한 금액이다.

문 14. (주)한국의 기말 재고자산평가충당금은?

○ 재고자산은 실지재고조사법과 총평균법 적용	
○ 기말 재고자산 장부상 취득단가	₩85/개
○ 기말 재고자산 현행대체원가	₩74/개
○ 기말 재고자산 순실현가치	₩83/개
○ 기말 재고자산(장부수량)	480개
○ 기말 재고자산(실사수량)	476개
○ 기초 재고자산평가충당금	₩0

① ₩0   ② ₩340
③ ₩952   ④ ₩5,236

문 15. 다음은 (주)한국의 20×1년 1월 1일부터 12월 31일까지 재고자산 관련 자료이다. 20×1년 (주)한국의 매출원가는?

○ 기초 재고자산 ₩200,000
○ 당기 매입액 ₩1,000,000
○ 기말 재고자산 ₩100,000 (창고보관분 실사 금액)
○ 미착상품 ₩60,000 (도착지 인도조건으로 매입하여 12월 31일 현재 운송 중)
○ 적송품 ₩200,000 (이 중 12월 31일 현재 80 % 판매 완료)
○ 시송품 ₩60,000 (이 중 12월 31일 현재 고객이 매입 의사표시를 한 금액 ₩20,000)

① ₩780,000   ② ₩820,000
③ ₩920,000   ④ ₩1,020,000

문 16. 다음 자료를 이용하여 계산한 지방자치단체의 재정상태표에 표시될 일반순자산은?

○ 자산총계 ₩2,000,000
○ 부채총계 ₩1,000,000
○ 일반유형자산, 주민편의시설, 사회기반시설투자액 ₩900,000
○ 무형자산투자액 ₩200,000
○ 일반유형자산 투자재원을 위해 조달된 차입금 ₩450,000
○ 적립성기금의 원금 ₩150,000

① ₩200,000   ② ₩350,000
③ ₩400,000   ④ ₩650,000

문 17. (주)한국의 20×1년도 당기순이익 ₩100,000이고, 감가상각비 ₩10,000, 유형자산처분이익 ₩8,000이다. 영업활동과 관련 있는 자산과 부채의 기말금액에서 기초금액을 차감한 변동금액이 다음과 같을 때, (주)한국의 20×1년 영업활동현금흐름은?

○ 매출채권 ₩9,000 증가	○ 선급비용 ₩4,000 감소
○ 매입채무 ₩5,000 증가	○ 미지급비용 ₩3,000 감소

① ₩95,000   ② ₩99,000
③ ₩101,000   ④ ₩105,000

문 18. 다음 자료를 이용하여 계산한 20×1년도 매출총이익은?

구분	20×1년 초	20×1년 기중	20×1년 말
직접재료	₩20		₩15
재공품	₩30		₩10
제품	₩20		₩10
직접재료 매입액		₩350	
직접노무원가		₩250	
간접노무원가		₩80	
공장 임차료		₩10	
영업장 화재보험료		₩5	
공장 수도광열비		₩15	
판매원 상여금		₩40	
매출액		₩1,400	

① ₩660   ② ₩665
③ ₩730   ④ ₩740

문 19. 「고객과의 계약에서 생기는 수익」에 대한 설명으로 옳지 않은 것은?

① 거래가격을 배분하는 목적은 기업이 고객에게 약속한 재화나 용역을 이전하고 그 대가로 받을 권리를 갖게 될 금액을 나타내는 금액으로 각 수행의무에 거래가격을 배분하는 것이다.

② 개별 판매가격을 추정하기 위해 시장평가 조정 접근법을 적용하는 경우 개별 판매가격은 총 거래가격에서 계약에서 약속한 그 밖의 재화나 용역의 관측 가능한 개별 판매가격의 합계를 차감하여 추정한다.

③ 할인액 전체가 계약상 하나 이상의 일부 수행의무에만 관련된다는 관측 가능한 증거가 있는 때 외에는, 할인액을 계약상 모든 수행의무에 비례하여 배분한다.

④ 거래가격의 후속 변동은 계약 개시시점과 같은 기준으로 계약상 수행의무에 배분하므로, 계약을 개시한 후의 개별 판매가격 변동을 반영하기 위해 거래가격을 다시 배분하지 않는다.

문 20. (주)한국은 상품을 외상매출하고 거래대금을 지급받지 않는 대신 거래상대방에게 상환해야 할 같은 금액의 채무를 변제하였다. 이 거래가 (주)한국의 자산, 부채, 수익 및 순이익에 미치는 영향을 옳게 짝 지은 것은? (단, 판매한 상품의 매출원가는 거래대금의 80 %이고 재고자산은 계속기록법을 적용한다)

	자산	부채	수익	순이익
①	감소	감소	증가	증가
②	불변	감소	불변	증가
③	증가	불변	증가	불변
④	감소	불변	증가	불변

김용재 파이널 공무원 회계학

2019

국가직 7급
기출문제

회 계 학

본 과목 풀이 시 기업의 보고기간(회계기간)은 매년 1월 1일부터 12월 31일까지이며, 기업은 계속해서 「한국채택국제회계기준」을 적용해 오고 있다고 가정한다. 또한 자료에서 제시하지 않은 사항 (예: 법인세 효과 등)은 고려하지 않는다.

문 1. '재무제표의 표시'의 일반사항에 대한 설명으로 옳지 않은 것은?
① 계속기업으로서의 존속능력에 유의적인 의문이 제기될 수 있는 사건이나 상황과 관련한 중요한 불확실성을 알게 된 경우, 경영진은 그러한 불확실성을 공시하여야 한다.
② 매출채권에 대한 대손충당금과 같은 평가충당금을 차감하여 관련 자산을 순액으로 측정하는 것은 상계표시에 해당하지 아니한다.
③ 한국채택국제회계기준이 달리 허용하거나 요구하는 경우를 제외하고는 당기 재무제표에 보고되는 모든 금액에 대해 전기 비교정보를 표시하며, 서술형 정보는 당기 정보만 표시한다.
④ 기업은 현금흐름 정보를 제외하고는 발생기준 회계를 사용하여 재무제표를 작성한다.

문 2. '재무보고를 위한 개념체계'에 대한 설명으로 옳지 않은 것은?
① 재무제표 요소의 인식이란 재무제표 요소의 정의에 부합하고 인식기준을 충족하는 항목을 재무상태표나 포괄손익계산서에 반영하는 과정을 말한다.
② 일반목적재무보고의 목적은 현재 및 잠재적 투자자, 대여자 및 기타 채권자가 기업에 자원을 제공하는 것에 대한 의사결정을 할 때 유용한 보고기업 재무정보를 제공하는 것이다.
③ 비교가능성, 검증가능성, 중요성 및 적시성은 목적적합하고 충실하게 표현된 정보의 유용성을 보강해 주는 질적 특성이다.
④ 부채의 의무는 정상적인 거래실무, 관행 또는 원활한 거래관계를 유지하거나 공평한 거래를 하려는 의도에서 발생할 수도 있다.

문 3. 자본에 대한 설명으로 옳지 않은 것은? (자기주식의 회계처리는 원가법을 따른다)
① 자기주식을 취득원가보다 낮은 금액으로 매각한 경우 자기주식 처분손실이 발생하며 포괄손익계산서에 비용으로 계상한다.
② 감자 시 주주에게 지급하는 대가가 감소하는 주식의 액면금액 보다 적을 때에는 차액을 감자차익으로 기록한다.
③ 실질적 감자의 경우 자본금과 자산이 감소하며, 감자차익 또는 감자차손이 발생할 수 있다.
④ 결손을 보전하기 위한 목적으로 형식적 감자를 실시하는 경우 자본금 감소가 이월결손금보다 큰 경우에는 감자차익이 발생한다.

문 4. 「국가회계기준에 관한 규칙」상 '부채의 분류 및 평가'에 대한 설명으로 옳지 않은 것은?
① 재정상태표상 부채는 유동부채, 장기차입부채 및 기타유동부채로 분류한다.
② 장기연불조건의 거래, 장기금전대차거래 또는 이와 유사한 거래에서 발생하는 채권·채무로서 명목가액과 현재가치의 차이가 중요한 경우에는 현재가치로 평가한다.
③ 화폐성 외화부채는 재정상태표일 현재의 적절한 환율로 평가한다.
④ 재정상태표에 표시되는 부채의 가액은 「국가회계기준에 관한 규칙」에서 따로 정한 경우를 제외하고는 원칙적으로 만기 상환가액으로 평가한다.

문 5. (주)한국은 20×1년 12월 1일을 기준으로 현금실사를 실시한 결과 현금잔액이 장부상 잔액보다 ₩100,000이 적은 것을 확인하고 차이금액을 현금과부족 계정을 이용하여 회계처리하였다. (주)한국은 여비교통비로 20×1년 11월에 ₩120,000을 현금 지급하였으나 장부에 기록하지 않은 것을 결산일에 발견하였으며, 그 밖의 원인을 밝혀내지 못한 현금과부족은 잡이익(잡손실)으로 보고하였다. (주)한국이 결산일에 할 수정분개는?

	차변		대변	
①	여비교통비	₩120,000	현금과부족	₩120,000
	현금과부족	₩20,000	잡이익	₩20,000
②	현금과부족	₩120,000	여비교통비	₩120,000
	잡손실	₩20,000	현금과부족	₩20,000
③	여비교통비	₩100,000	현금과부족	₩100,000
	현금과부족	₩20,000	잡이익	₩20,000
④	현금과부족	₩100,000	여비교통비	₩100,000
	잡손실	₩20,000	현금과부족	₩20,000

문 6. (주)한국은 20×7년 1월 1일에 다음과 같은 조건으로 3년 만기 사채를 발행하였다.

○ 발행일: 20×7년 1월 1일
○ 액면금액: ₩100,000
○ 이자지급: 매년 12월 31일에 액면금액의 연 8% 이자 지급
○ 발행가액: ₩105,344

발행일 현재 유효이자율은 6%이며, 유효이자율법에 따라 이자를 인식하고 이자는 매년 12월 31일에 지급한다. 연도별 상각액은 20×7년도 ₩1,679, 20×8년도 ₩1,780, 20×9년도 ₩1,885이며, 상각액 합계액은 ₩5,344이다. 이 사채 발행 시부터 만기까지 인식할 총 이자비용은? (단, 사채발행비는 발생하지 않았다)
① ₩5,344
② ₩18,656
③ ₩24,000
④ ₩42,656

문 7. (주)한국의 20×8년 손실충당금(대손충당금) 기초잔액은 ₩30이고 20×8년 12월 31일에 매출채권 계정을 연령별로 채무불이행률을 검사하고, 다음의 연령분석표를 작성하였다.

결제일 경과기간	매출채권	채무불이행률
미경과	₩90,000	1 %
1일 ~ 30일	₩18,000	2 %
31일 ~ 60일	₩9,000	5 %
61일 ~ 90일	₩6,000	15 %
91일 이상	₩4,000	30 %

20×9년 1월 10일에 거래처인 (주)부도의 파산으로 인해 매출채권 ₩4,500의 회수불능이 확정되었다. (주)한국이 20×9년 1월 10일 인식할 손상차손(대손상각비)은?

① ₩630
② ₩660
③ ₩690
④ ₩720

문 8. (주)한국의 20×1년 기말재고 관련 자료는 다음과 같으며 품목별로 저가법을 적용한다.

품목	수량	취득원가	예상판매가격	예상판매비용
상품a	2	@₩5,000	@₩7,000	@₩1,500
상품b	3	@₩8,000	@₩9,000	@₩2,000
상품c	2	@₩2,500	@₩3,000	@₩1,000

기초상품재고액은 ₩50,000, 당기총매입액은 ₩1,000,000, 매입할인은 ₩50,000이며, (주)한국은 재고자산평가손실을 매출원가에 포함한다. (주)한국의 20×1년 포괄손익계산서상 매출원가는?

① ₩962,000
② ₩964,000
③ ₩965,000
④ ₩1,050,000

문 9. (주)한국은 20×9년 공장을 신축하기 위해 토지를 취득하였다. 취득한 토지에는 철거예정인 건물이 있었으며 20×9년 관련 자료는 다음과 같다.

○ 토지와 건물 일괄 취득가격 ₩1,000,000(토지와 건물의 상대적 공정가치 비율 3:1)
○ 토지 취득세 및 등기비용 ₩100,000
○ 공장신축 전 토지를 운영하여 발생한 수입 ₩80,000
○ 건물 철거비용 ₩50,000
○ 건물 철거 시 발생한 폐자재 처분수입 ₩40,000
○ 영구적으로 사용 가능한 하수도 공사비 ₩100,000

(주)한국의 20×9년 토지 취득원가는?

① ₩960,000
② ₩1,110,000
③ ₩1,130,000
④ ₩1,210,000

문 10. (주)한국은 매월 말 결산을 하고 재무제표를 작성한다. 20×9년 4월에 다음과 같은 자료 및 거래가 있었다.

○ 20×9년 4월에 상품을 ₩200,000에 판매하면서 ₩150,000은 현금수취하고 ₩50,000은 5월에 받기로 하였다.
○ 20×9년 4월 1일 상품재고는 ₩50,000이 있었다.
○ 20×9년 4월 중에 상품 ₩100,000을 구입하면서 ₩80,000은 현금 지급하고 ₩20,000은 5월에 지급하기로 하였다.
○ 20×9년 4월 30일 기말에 남아 있는 상품은 ₩10,000이다.
○ 20×9년 4월 종업원 급여가 ₩10,000 발생하였고 결산일 현재 ₩5,000은 지급하지 않았다.
○ 20×9년 4월 1일 향후 3개월 치 광고비 ₩3,000을 현금 지급하였고, 향후 2개월 치 임대수익 ₩2,000을 현금 수령하였다.

(주)한국의 20×9년 4월 현금기준의 순이익과 발생기준의 순이익 차이는?

① ₩14,000
② ₩16,000
③ ₩18,000
④ ₩20,000

문 11. (주)대한은 정상개별원가계산을 적용하고 있으며, 제조간접원가 배부기준은 직접노무시간이다. 20×1년 제조간접원가 예산은 ₩2,000이고, 예정 직접노무시간은 200시간이었다. 20×1년 실제 직접노무시간은 210시간, 제조간접원가 과대배부액이 ₩200이었다. 제조간접원가 실제발생액은?

① ₩1,700
② ₩1,800
③ ₩1,900
④ ₩2,000

문 12. '고객과의 계약에서 생기는 수익'의 측정에 대한 설명으로 옳지 않은 것은?

① 거래가격은 고객에게 약속한 재화나 용역을 이전하고 그 대가로 기업이 받을 권리를 갖게 될 것으로 예상하는 금액이며, 제삼자를 대신하여 회수한 금액(예: 일부 판매세)도 포함한다.
② 계약에서 약속한 대가에 변동금액이 포함된 경우에 고객에게 약속한 재화나 용역을 이전하고 그 대가로 받을 권리를 갖게 될 금액을 추정한다.
③ 고객이 현금 외의 형태로 대가를 약속한 계약의 경우에 거래가격을 산정하기 위하여 비현금 대가를 공정가치로 측정한다.
④ 고객에게 지급할 대가에는 기업이 고객에게 지급하거나 지급할 것으로 예상하는 현금 금액을 포함한다.

문 13. (주)한국의 당기 실제 제품 생산량은 400개, 직접노무비 실제 발생액은 ₩31,450, 제품 단위당 표준 직접노동시간은 5시간이다. 표준원가계산하에서 계산된 직접노무비 임률차이는 ₩3,700 불리한 차이, 직접노무비 능률차이는 ₩2,250 유리한 차이이다. 직접노무비의 시간당 표준임률은?

① ₩14
② ₩15
③ ₩16
④ ₩17

문 14. 다음은 (주)한국에 관한 20×1년 자료이다. 이를 이용하여 계산한 (주)한국의 20×1년 희석주당이익은? (단, 가중평균유통주식수는 월할 계산하며, 소수점 발생 시 소수점 이하 첫째자리에서 반올림한다)

○ 기초유통보통주식수 2,000주(액면금액 ₩1,000)
○ 기초유통우선주식수 1,000주(비누적적·비참가적 전환우선주, 액면금액 ₩1,000, 전환비율 1:1)
○ 7월 1일 보통주 600주 시장가격으로 발행
○ 기말까지 미전환된 전환우선주는 액면금액의 5%를 배당
○ 기중 전환된 우선주는 없었다.
○ 당기순이익은 ₩1,000,000

① ₩264
② ₩278
③ ₩288
④ ₩303

문 15. 「국가회계기준에 관한 규칙」에 대한 설명으로 옳지 않은 것은?
① 재정상태표상 순자산은 자산에서 부채를 뺀 금액을 말하며, 기본순자산, 적립금 및 잉여금, 순자산조정으로 구분한다.
② 융자보조원가충당금은 융자사업에서 발생한 융자금 원금과 추정 회수가능액의 현재가치와의 차액으로 평가한다.
③ 채무증권은 상각후취득원가로 평가하고, 지분증권은 취득원가로 평가한다. 다만, 재정상태표일 현재 신뢰성 있게 공정가액을 측정할 수 있으면 그 공정가액으로 평가한다.
④ 일반유형자산에 대해서는 재평가를 할 수 있으나 사회기반시설에 대해서는 재평가를 할 수 없다.

문 16. (주)한국은 매월 말 결산을 하고 재무제표를 작성한다. (주)한국의 20×1년 3월 31일 수정전시산표상 총수익과 총비용은 각각 ₩10,000과 ₩4,500이다. 다음과 같은 수정분개 사항이 있다고 할 때, 20×1년 3월 31일에 보고할 포괄손익계산서상 당기순이익은?

○ 직원의 3월 급여 ₩900이 발생하였으며 4월 10일에 지급될 예정이다.
○ 3월 건물 임대료가 ₩500 발생하였으나 아직 현금으로 수취하지 못하였다.
○ 건물에 대한 3월 감가상각비가 ₩400이다.
○ 2월에 구입하여 자산으로 기록한 소모품 중 3월에 사용한 소모품은 ₩200이다.
○ 2월에 선수수익으로 계상한 금액 중 3월에 제공한 용역이 ₩1,200이다.

① ₩4,500
② ₩5,200
③ ₩5,700
④ ₩6,100

문 17. (주)한국은 20×6년 4월초 기계장치를 ₩1,000,000에 취득하였다. 해당자산의 내용연수는 4년, 잔존가치는 0이며, 연수합계법으로 감가상각하였다. (주)한국은 20×8년 1월초 기계장치의 잔존가치를 ₩105,000로 변경하였으며 감가상각방법은 정액법으로 변경하였다. 잔존가치와 감가상각방법의 변경 외 다른 회계추정의 변동이 없다면, 20×8년 인식할 감가상각비는? (단, 추정치의 변경은 모두 정당한 회계변경으로 가정하고, 감가상각비는 월할 상각한다)
① ₩90,000
② ₩120,000
③ ₩165,000
④ ₩220,000

문 18. (주)대한의 기초 및 기말 재무상태표의 매출채권 잔액은 각각 ₩1,000,000과 ₩2,000,000이고, 기초 매출채권 중 절반이 당기 중에 현금으로 회수되었다. (주)대한의 당기 매출원가 및 매출 총이익율이 각각 ₩7,500,000과 25%인 경우에 (주)대한의 당기 매출액 중 현금 회수액은?
① ₩7,000,000
② ₩7,500,000
③ ₩8,000,000
④ ₩8,500,000

문 19. 다음은 (주)한국의 20×1년도 및 20×2년도 말 부분재무제표이다.

구분	20×1년	20×2년
자산 총계	₩45,000	₩47,000
부채 총계	₩15,000	₩14,600
당기순이익	₩4,000	₩1,500

20×2년도 중에 (주)한국은 ₩2,000을 유상증자하였고 현금배당 ₩3,000, 주식배당을 ₩1,000하였다. (주)한국의 20×2년도 포괄손익계산서상 기타포괄손익은?
① ₩1,600
② ₩1,700
③ ₩1,800
④ ₩1,900

문 20. 다음은 (주)대한의 20×1년 현금흐름표를 작성하기 위한 회계자료의 일부다. (주)대한이 20×1년 현금흐름표에 표시할 투자활동으로 인한 순현금흐름액은?

구분	전기 말	당기 말	당기발생
당기손익-공정가치 측정 금융자산	₩90,000	₩75,000	
기계장치	₩4,650,000	₩5,100,000	
감가상각누계액	₩1,425,000	₩1,545,000	
당기손익-공정가치 측정 금융자산 평가이익			₩15,000
기계장치 감가상각비			₩300,000
기계장치 처분이익			₩75,000

<추가자료>
○ 당기손익-공정가치 측정 금융자산은 단기매매목적으로 취득한 금융자산이다.
○ ₩750,000의 기계장치 취득거래가 발생하였다.
○ 모든 거래는 현금거래이다.

① ₩525,000 유출
② ₩555,000 유출
③ ₩630,000 유출
④ ₩665,000 유출

김용재 파이널 공무원 회계학

2018

국가직 7급
기출문제

회 계 학

본 과목 풀이 시 기업의 보고기간(회계기간)은 매년 1월 1일부터 12월 31일까지이며, 기업은 계속해서 「한국채택국제회계기준」을 적용해 오고 있다고 가정한다. 또한 자료에서 제시하지 않은 사항 (예: 법인세 효과 등)은 고려하지 않는다.

문 1. 유동자산과 유동부채에 대한 설명으로 옳지 않은 것은?
① 기업의 정상영업주기 내에 실현될 것으로 예상하거나, 정상 영업주기 내에 판매하거나 소비할 의도가 있는 자산은 유동 자산으로 분류한다.
② 보고기간 후 12개월 이내에 실현될 것으로 예상되는 자산은 유동자산으로 분류한다.
③ 보고기간 후 12개월 이상 부채의 결제를 연기할 수 있는 무조건의 권리를 가지고 있지 않은 부채는 유동부채로 분류 한다.
④ 매입채무와 같이 기업의 정상영업주기 내에 사용되는 운전 자본의 일부항목이라도 보고기간 후 12개월 후에 결제일이 도래할 경우 비유동부채로 분류한다.

문 2. 20×1년 초 설립된 (주)한국의 20×1년 수정전시산표를 근거로 계산한 당기순이익은 ₩300,000이다. 다음 20×1년 중 발생한 거래의 분개에 대하여 결산수정사항을 반영하여 계산한 수정 후 당기순이익은? (단, 결산수정분개는 월 단위로 계산한다)

날짜	기중분개		결산수정사항
3월 1일	차변)토지	₩1,000,000	토지는 재평가모형을 적용하며, 기말 공정가치는 ₩1,050,000
	대변)현금	₩1,000,000	
10월 1일	차변)선급보험료	₩120,000	1년분 화재보험료를 미리 지급함
	대변)현금	₩120,000	
11월 1일	차변)현금	₩90,000	6개월분 임대료를 미리 받음
	대변)임대수익	₩90,000	
12월 1일	차변)현금	₩1,000,000	차입 시 이자율 연 6%, 이자와 원금은 6개월 후 일괄 상환조건
	대변)단기차입금	₩1,000,000	

① ₩180,000
② ₩205,000
③ ₩235,000
④ ₩255,000

문 3. (주)한국은 20×1년 초 건물을 ₩1,000,000에 취득하고 그 건물을 유형자산 또는 투자부동산으로 분류하고자 한다. 유형자산은 재평가모형을 적용하며 내용연수 10년, 잔존가치 ₩0, 정액법 상각하고, 투자부동산은 공정가치모형을 적용한다. 20×1년과 20×2년 기말 공정가치가 각각 ₩990,000, ₩750,000일 경우, 다음 설명 중 옳지 않은 것은? (단, 건물은 유형자산 또는 투자부동산의 분류요건을 충족하며, 내용연수 동안 재평가잉여금의 이익잉여금 대체는 없는 것으로 가정한다)
① 건물을 유형자산으로 분류한다면, 20×1년 말 재평가잉여금 (기타포괄손익)이 계상된다.
② 건물을 유형자산으로 분류한다면, 20×2년 말 재평가손실 (당기손익)이 계상된다.
③ 건물을 투자부동산으로 분류한다면, 20×1년 말 투자부동산 평가이익(기타포괄손익)이 계상된다.
④ 건물을 투자부동산으로 분류한다면, 20×2년 말 투자부동산 평가손실(당기손익)이 계상된다.

문 4. 「국가회계기준에 관한 규칙」상 '자산과 부채의 평가'에 대한 설명으로 옳지 않은 것은?
① 국가회계실체 사이에 발생하는 관리전환이 무상거래일 경우에는 취득 당시의 공정가액을 취득원가로 한다.
② 무형자산은 정액법에 따라 해당 자산을 사용할 수 있는 시점부터 합리적인 기간 동안 상각한다.
③ 비화폐성 외화자산을 역사적 원가로 측정하는 경우 해당 자산을 취득한 당시의 적절한 환율로 평가한다.
④ 보증충당부채는 보증채무불이행에 따른 추정 순현금유출액의 현재가치로 평가한다.

문 5. '재무보고를 위한 개념체계'에 대한 설명으로 옳지 않은 것은?
① 자본유지개념에서는 자본유지를 위해 필요한 금액을 초과하는 자산의 유입액만이 이익으로 간주될 수 있다.
② 재무자본유지개념에서의 이익은 해당기간동안 소유주에게 배분하거나 소유주가 출연한 부분을 제외하고 기말 순자산의 재무적 측정금액(화폐금액)이 기초 순자산의 재무적 측정금액 (화폐금액)을 초과하는 경우에만 발생한다.
③ 재무자본유지개념이 불변구매력 단위로 정의된다면 일반물가 수준에 따른 가격상승을 초과하는 자산가격의 증가 부분만이 이익으로 간주된다.
④ 재무자본유지개념은 특정한 측정기준의 적용을 요구하지 않으나, 실물자본유지개념을 사용하기 위해서는 순자산을 역사적원가기준에 따라 측정해야 한다.

문 6. 다음의 자료를 이용하여 산출한 (주)한국의 20×1년 말 주가이익 비율(PER)은? (단, 가중평균유통보통주식수는 월할 계산한다)

○ 20×1년도 당기순이익: ₩88
○ 20×1년 1월 1일 유통보통주식수: 30주
○ 20×1년 7월 1일 유상증자: 보통주 25주(주주우선배정 신주발행으로 1주당 발행가액은 ₩4이며, 이는 유상증자 권리락 직전 주당 종가 ₩5보다 현저히 낮음)
○ 20×1년 12월 31일 보통주 시가: 주당 ₩6

① 1.5
② 2.0
③ 2.5
④ 3.0

문 7. (주)한국은 20×1년 초 타사발행 사채A(액면금액 ₩500,000, 액면이자율 연 8%, 유효이자율 연 10%, 이자 매년 말 후급)를 ₩460,000에 취득하고, 이를 '기타포괄손익-공정가치측정금융자산'으로 분류하였다. 사채A의 20×1년 기말 공정가치는 ₩520,000이며, 20×2년 초 사채A의 50%를 ₩290,000에 처분하였다. 사채A와 관련하여 (주)한국이 인식할 20×1년 평가이익과, 20×2년 처분이익은?
① 평가이익 ₩54,000, 처분이익 ₩30,000
② 평가이익 ₩54,000, 처분이익 ₩57,000
③ 평가이익 ₩60,000, 처분이익 ₩30,000
④ 평가이익 ₩60,000, 처분이익 ₩57,000

문 8. (주)한국은 1월 1일 액면금액 ₩50,000(액면이자율 연 8%, 이자 매년 말 후급)의 사채를 발행하고자 하였으나, 실제로 같은 해 4월 1일에 발행하였다. 1월 1일과 4월 1일의 유효이자율은 10%로 동일한 것으로 가정하며, 1월 1일 사채의 현재가치는 ₩47,513이다. 다음 설명 중 옳지 않은 것은? (단, 사채발행비는 발생되지 않았고, 사채이자는 월단위로 계산하며, 소수점 발생 시 소수점 이하 첫째자리에서 반올림한다)

① 4월 1일의 사채액면이자 미지급액은 ₩1,000이다.

② 4월 1일의 사채장부금액은 ₩47,701이다.

③ 4월 1일의 현금수령액은 ₩48,701이다.

④ 4월 1일의 사채할인발행차금은 ₩2,487이다.

문 9. (주)대한은 20×1년 12월 초 위탁판매를 위해 (주)민국에게 단위당 원가 ₩1,200인 상품 500개를 적송하면서 운임 ₩30,000을 현금 지급하였다. 20×2년 1월 초 위탁판매와 관련하여 (주)대한은 (주)민국에서 다음과 같은 판매현황을 보고받았다.

매출액	400개 × @₩1,500 =	₩600,000
판매수수료	₩18,000	
운임 및 보관료	₩12,000	(₩30,000)
(주)대한에게 송금한 금액		₩570,000

(주)대한이 위탁판매와 관련하여 20×1년 재무제표에 인식할 매출액과 적송품 금액은? (단, (주)대한은 계속기록법을 채택하고 있다)

	매출액	적송품 금액
①	₩570,000	₩120,000
②	₩570,000	₩126,000
③	₩600,000	₩120,000
④	₩600,000	₩126,000

문 10. (주)한국은 20×1년 1월 1일에 상환우선주 100주(주당 액면금액 ₩5,000, 연 배당률 6%, 누적적 상환우선주)를 발행하였다. (주)한국은 보유자의 청구에 따라 상환우선주를 20×3년 12월 31일에 주당 ₩6,000에 의무적으로 상환해야 한다. 배당금은 매년 말 지급하며, 상환우선주 발행 시 유효이자율은 연 10%이다. 상환우선주 발행이 (주)한국의 재무제표에 미치는 영향으로 옳지 않은 것은? (단, 이자율 10%, 3년간 ₩1의 현가계수 및 연금현가계수는 각각 0.75, 2.5라 가정하며, 현가계수 가정에 따른 상환우선주 발행가와 유효이자율에 의한 만기상환장부금액의 차이는 무시한다)

① 20×1년 1월 1일 상환우선주의 발행가액은 ₩525,000이다.

② 20×1년 12월 31일 상환우선주의 장부가액은 ₩547,500이다.

③ 상환우선주의 발행으로 20×1년 당기순이익이 ₩52,500 감소한다.

④ 20×1년 배당금 ₩30,000은 자본요소와 관련되므로 당기손익의 분배로 인식한다.

문 11. 비용의 성격별 분류와 기능별 분류에 대한 설명으로 옳은 것은?

① 비용의 성격별 분류는 기능별 분류보다 재무제표 이용자에게 더욱 목적적합한 정보를 제공할 수 있다.

② 비용의 성격별 분류는 기능별 분류보다 비용을 배분하는 데 자의성과 상당한 정도의 판단이 개입될 수 있다.

③ 비용을 성격별로 분류하는 경우 비용을 기능별 분류로 배분할 필요가 없기 때문에 적용이 간단할 수 있다.

④ 비용의 기능별 분류는 성격별 분류보다 미래현금흐름을 예측하는 데 더 유용하다.

문 12. (주)대한의 20×1년 기초 및 기말 재고자산 가액은 다음과 같다.

구분	기초	기말
원재료	₩34,000	₩10,000
재공품	₩37,000	₩20,000
제품	₩10,000	₩48,000

원재료의 제조공정 투입금액은 모두 직접재료원가이고, 20×1년 중 매입한 원재료는 ₩56,000이다. 20×1년의 기본(기초)원가는 ₩320,000이고, 가공(전환)원가의 60%가 제조간접원가이다. (주)대한의 20×1년 매출원가는?

① ₩659,000

② ₩695,000

③ ₩899,000

④ ₩959,000

문 13. 「국가회계기준에 관한 규칙」상 '수익과 비용'에 대한 설명으로 옳지 않은 것은?

① 부담금수익은 청구권 등이 확정된 때에 그 확정된 금액을 수익으로 인식한다.

② 몰수품이 화폐성 자산이어서 몰수한 때에 금액을 확정할 수 있는 경우에는 몰수한 때에 수익으로 인식한다.

③ 재화나 용역의 제공 등 국가재정활동 수행을 위하여 자산이 감소한 경우 금액을 합리적으로 측정할 수 없더라도 비용을 인식한다.

④ 과거에 자산으로 인식한 자산의 미래 경제적 효익이 감소 또는 소멸하거나 자원의 지출 없이 부채가 발생 또는 증가한 것이 명백한 때에 비용으로 인식한다.

문 14. '고객과의 계약에서 생기는 수익'에 대한 설명으로 옳지 않은 것은?

① 기댓값으로 변동대가를 추정하는 경우 가능한 대가의 범위에서 가능성이 가장 높은 단일 금액으로 추정한다.

② 변동대가와 관련된 불확실성이 나중에 해소될 때, 이미 인식한 누적 수익 금액 중 유의적인 부분을 되돌리지 않을 가능성이 매우 높을지를 평가할 때는 수익의 환원가능성 및 크기를 모두 고려한다.

③ 비현금 대가의 공정가치를 합리적으로 추정할 수 없는 경우에는, 그 대가와 교환하여 고객에게 약속한 재화나 용역의 개별 판매가격을 참조하여 간접적으로 그 대가를 측정한다.

④ 고객에게 약속한 재화나 용역, 즉 자산을 이전하여 수행의무를 이행할 때 수익을 인식한다.

문 15. (주)대한은 20×1년 1월 1일에 자가사용 목적으로 공장을 착공하여 20×2년 9월 30일 완공하였다. 공사 관련 지출과 차입금에 대한 자료는 다음과 같다. (주)대한이 20×1년에 자본화할 차입원가는? (단, 차입금의 일시적 운용수익은 없으며, 기간은 월할 계산한다)

<공사 관련 지출>

일자	금액
20×1. 1. 1.	₩3,000
20×1. 10. 1.	₩2,000

<차입금 내역>

구분	금액	이자율(연)	기간
특정차입금	₩1,000	4 %	20×0. 12. 1. ~ 20×3. 12. 31.
일반차입금A	₩1,000	5 %	20×1. 1. 1. ~ 20×2. 11. 30.
일반차입금B	₩2,000	8 %	20×0. 7. 1. ~ 20×3. 6. 30.

① ₩40
② ₩175
③ ₩215
④ ₩280

문 16. 다음은 A 중앙관서의 일반회계 20×1년도 자료이다. 이를 근거로 A 중앙관서의 20×1년 말 순자산변동표에 계상될 기말순자산액은?

○ 20×1년 기초순자산은 ₩300,000이고, 재정운영결과는 ₩200,000이다.
○ 20×1년 중 국고수입은 ₩150,000이고, 채무면제이익은 ₩50,000이다.
○ 20×1년 중 국고이전지출은 ₩120,000이고, 무상이전 지출은 ₩40,000이다.
○ 20×1년 중 투자목적 장기투자증권을 ₩10,000에 취득 하였으며, 재정상태표일 현재 공정가액은 ₩30,000이다.

① ₩160,000
② ₩180,000
③ ₩550,000
④ ₩560,000

문 17. (주)한국은 20×1년 1월 1일 무형자산 요건을 충족하는 특허권을 취득(취득원가 ₩10,000, 내용연수 5년, 잔존가치 ₩0, 정액법 상각)하고 재평가모형을 적용하고 있다. 득허권은 활성시장이 존재하며, 20×2년 말 손상이 발생하였고, 20×3년 말 손상이 회복 되었다. 연도별 특허권의 공정가치와 회수가능액이 다음과 같을 경우, 20×3년 말 손상차손환입액과 재평가잉여금 증가액은? (단, 내용연수 동안 재평가잉여금의 이익잉여금 대체는 없는 것으로 가정한다)

구분	20×1년 말	20×2년 말	20×3년 말
공정가치	₩8,400	₩5,900	₩4,200
회수가능액	₩8,500	₩5,400	₩4,100

① 손상차손환입액 ₩500, 재평가잉여금 증가액 ₩0
② 손상차손환입액 ₩500, 재평가잉여금 증가액 ₩100
③ 손상차손환입액 ₩600, 재평가잉여금 증가액 ₩0
④ 손상차손환입액 ₩600, 재평가잉여금 증가액 ₩100

문 18. (주)대한의 기초재고자산과 기말재고자산은 각각 ₩400, 유동부채는 ₩500, 매출총이익은 ₩6,000, 유동비율은 200 %, 매출총이익률은 60 %인 경우 재고자산회전율과 당좌비율은? (단, 재고자산회전율은 매출원가를 기준으로 한다)

	재고자산회전율(회)	당좌비율(%)
①	10	60
②	10	120
③	25	60
④	25	120

문 19. (주)대한과 (주)민국은 사용하고 있는 기계장치를 서로 교환하였으며 이 교환은 상업적 실질이 있다. 교환시점에서 기계장치와 관련된 자료는 다음과 같다.

구분	(주)대한	(주)민국
취득가액	₩700,000	₩600,000
장부가액	₩550,000	₩350,000

기계장치의 교환시점에서 (주)대한의 공정가치가 (주)민국의 공정가치보다 더 명백하다. 이 교환거래로 (주)대한은 ₩100,000의 손실을, (주)민국은 ₩50,000의 손실을 인식하였다. 동 교환거래는 공정가치 차이만큼 현금을 수수하는 조건이다. (주)대한이 (주)민국으로부터 현금을 수령하였다고 가정할 경우, (주)대한이 수령한 현금액은? (단, 교환거래로 발생한 손익은 제시된 손익 이외에는 없다)

① ₩100,000
② ₩150,000
③ ₩400,000
④ ₩450,000

문 20. (주)한국은 20×1년 4월 1일에 고객에게 상품판매 대가로 이자부 약속어음(만기 5개월, 이자율 연 5 %, 액면가액 ₩72,000)을 수령하였다. 이 어음을 2개월간 보유한 후 자금사정으로 ₩72,030을 받고 할인하였다. 이 어음의 할인율과 어음처분손실은? (단, 이자는 월할 계산하며, 어음할인은 제거요건을 충족한다)

	할인율	어음처분손실
①	8 %	₩570
②	8 %	₩1,470
③	12 %	₩570
④	12 %	₩1,470

MEMO

Chapter 02
서울시 9급 기출문제

2019

서울시 9급
기출문제

본 과목 풀이 시 기업의 보고기간(회계기간)은 매년 1월 1일부터 12월 31일까지이며, 기업은 계속해서 「한국채택국제회계기준(K-IFRS)」을 적용해오고 있다고 가정한다. 또한, 주어진 이자율은 연 이자율이며, 주어진 자료 이외의 다른 사항은 고려하지 않는다.

1. ㈜서울은 20×1년 1월 1일에 건물을 ₩2,000,000에 취득하였다(내용연수 5년, 잔존가치 0, 정액법에 의한 감가상각). ㈜서울은 이 건물에 대하여 매년 말 공정가치로 재평가한다. 한편, 건물의 공정가치는 20×1년 12월 31일과 20×2년 12월 31일에 각각 ₩1,800,000과 ₩1,050,000이다. 동 건물에 대한 회계처리가 ㈜서울의 20×2년 당기순손익에 미치는 영향은? (결산일은 매년 12월 31일이며, 재평가잉여금은 후속기간에 이익잉여금으로 대체하지 않는다.)

① 순손실 ₩100,000　　② 순손실 ₩300,000
③ 순손실 ₩450,000　　④ 순손실 ₩550,000

2. 차입원가와 관련한 설명으로 가장 옳지 않은 것은?
① 적격자산에 대한 적극적인 개발활동을 중단한 기간에는 차입원가의 자본화를 중단한다.
② 적격자산의 취득, 건설 또는 생산과 직접 관련된 차입원가는 당해 자산 원가의 일부로 자본화하여야 한다.
③ 적격자산을 취득하기 위한 목적으로 특정하여 차입한 자금에 한하여, 회계기간 동안 그 차입금으로부터 실제 발생한 차입원가에서 당해 차입금의 일시적 운용에서 생긴 투자수익을 차감한 금액을 자본화가능차입원가로 결정한다.
④ 적격자산이란 의도된 용도로 사용(또는 판매) 가능하게 하는 데 상당한 기간을 필요로 하는 자산으로, 재고자산·금융자산·유형자산 등이 해당된다.

3. <보기>의 자료로 계산한 변동원가계산방법과 전부원가계산방법 간 영업이익의 차이는?

┌─────────────〈보기〉─────────────┐
기초재고수량	0개	
생산량	200개	
판매량	180개	매출액 ₩180,000
총 변동재료원가		₩100,000
총 변동가공원가		₩ 20,000
총 고정제조간접원가		₩ 30,000
총 고정판매비		₩ 10,000
└───────────────────────────────┘

① ₩2,000　　② ₩3,000
③ ₩5,000　　④ ₩7,000

4. ㈜서울은 20×1년 초에 <보기>와 같은 조건의 사채를 발행하였다. 사채 발행 시 거래원가를 고려하지 않은 유효이자율은 연 6%(기간 3, 단일금액의 현가계수는 0.84, 연금의 현가계수는 2.67)이다. 중도상환이 없다고 할 때, ㈜서울이 사채의 전체 기간 동안 인식할 총 이자비용은?

┌─────────────〈보기〉─────────────┐
| 액면금액 : ₩1,000,000 |
| 이자지급 : 매년 12월 31일에 액면금액의 4% 이자 지급 |
| 상환 : 20×3년 말에 일시 상환 |
| 사채 발행 시 거래원가 : ₩1,500 |
└───────────────────────────────┘

① ₩120,000　　② ₩121,500
③ ₩173,200　　④ ₩174,700

5. ㈜서울의 20×2년 초 매출채권과 대손충당금의 잔액은 각각 ₩400,000과 ₩4,000이었다. 20×2년 중 외상매출액이 ₩1,000,000이고, 매출채권의 정상회수액이 ₩800,000이다. 20×2년 중 매출채권의 대손이 확정된 금액은 ₩3,000이다. ㈜서울이 20×2년 말에 회수가능한 매출채권 금액을 ₩590,000으로 추정할 경우, 20×2년에 인식할 대손상각비는?

① ₩1,000　　② ₩2,000
③ ₩6,000　　④ ₩7,000

6. ㈜서울은 20×1년부터 건설계약을 체결하고 공사를 진행하였다. 계약금액은 ₩200,000, 추정 총계약원가는 ₩150,000이다. 계약원가는 20×1년에 20%, 20×2년에 50%, 그리고 20×3년에 나머지가 지출될 것으로 추정되었고 실제 발생액과 일치하였다. 20×3년에 완성된 공사는 발주자에게 즉시 인도되었다. 해당 공사와 관련하여, ㈜서울이 20×3년에 인식할 진행기준과 완성기준에서의 이익의 차이는? (단, 진행기준의 진행률은 누적 발생계약원가를 기준으로 결정한다.)

① ₩15,000　　② ₩20,000
③ ₩35,000　　④ ₩50,000

7. <보기>의 원가자료를 이용하여 계산한 ㈜서울의 당기 매출원가는?

┌─────────────〈보기〉─────────────┐
당기제조간접원가 ₩180,000	당기총제조원가 ₩320,000
기초재공품재고액 ₩10,000	기말재공품재고액 ₩5,000
기초제품재고액 ₩20,000	기말제품재고액 ₩22,000
└───────────────────────────────┘

① ₩321,000　　② ₩322,000
③ ₩323,000　　④ ₩325,000

8. ㈜서울은 20×1년 중에 지분상품을 ₩101,000의 현금을 지급하고 취득하였다. 취득 시 지급한 현금에는 ₩1,000의 취득관련 거래원가가 포함되어 있으며, ㈜서울은 지분상품을 기타포괄손익-공정가치 측정 금융자산으로 분류하는 것을 선택하였다. ㈜서울은 20×2년 2월 초에 지분상품 전부를 처분하였다. ㈜서울이 20×1년도 재무제표와 20×2년도 재무제표에 상기 지분상품과 관련하여 인식할 기타포괄손익의 변동은? (단, 20×1년 말과 20×2년 2월 초 지분상품의 공정가치는 각각 ₩120,000과 ₩125,000이며, 처분 시 거래원가는 고려하지 않는다.)

	20×1년	20×2년
①	기타포괄이익 : ₩19,000 증가	변동 없음
②	기타포괄이익 : ₩19,000 증가	₩5,000 증가
③	기타포괄이익 : ₩20,000 증가	변동 없음
④	기타포괄이익 : ₩20,000 증가	₩5,000 증가

9. 「지방자치단체 회계기준에 관한 규칙」에서 규정하고 있는 재무제표 작성원칙이 아닌 것은?
  ① 유형별 회계실체의 재무제표를 작성할 때에는 해당 유형에 속한 개별 회계실체의 재무제표를 합산하여 작성한다.
  ② 지방자치단체의 재무제표는 일반회계·기타특별회계·기금회계 및 지방공기업특별회계의 유형별 재무제표를 통합하여 작성한다. 이 경우 내부거래는 상계하여 작성한다.
  ③ 개별 회계실체의 재무제표를 작성할 때에는 지방자치단체 안의 다른 개별 회계실체와의 내부거래를 상계하여 작성한다.
  ④ 재무제표는 당해 회계연도분과 직전 회계연도분을 비교하는 형식으로 작성되어야 한다.

10. <보기>는 ㈜서울의 2018년 1월 1일 자본 관련 자료이다. 2018년 5월 초에 보통주 200주를 주당 ₩4,500에 발행(유상증자)하였으며, 11월 말에 자기주식 100주를 주당 ₩6,000에 현금 취득하였다. 2018년도 당기순이익이 ₩500,000이었다면, 2018년 말 자본총액은?

<보기>
Ⅰ. 자 본 금
　보통주자본금 ₩10,000,000 (주당 액면금액 ₩5,000)
Ⅱ. 자본잉여금
　주식발행초과금 ₩1,000,000
Ⅲ. 이익잉여금 ₩2,300,000
　자본총액 ₩13,300,000

① ₩13,800,000
② ₩14,100,000
③ ₩14,300,000
④ ₩14,700,000

11. ㈜서울은 2017년 3월 1일에 기계장치A(내용연수 5년, 잔존가치 ₩0)를 ₩3,600,000에 취득하여 원가모형을 적용하고 있다. 2018년 초 기계장치A에 대해 감가상각방법을 기존의 연수합계법에서 정액법으로 변경하였다면 2018년도 감가상각비는? (단, 감가상각은 월할계산한다.)
① ₩540,000
② ₩624,000
③ ₩864,000
④ ₩960,000

12. <보기>는 ㈜서울의 2018년 말 재무상태표 자료이다. 2018년 말 유동비율이 150%일 경우, 자본금은?

<보기>

현 금	₩150,000	단 기 차 입 금	₩200,000
매 출 채 권	₩200,000	건 물	₩1,100,000
매 입 채 무	₩250,000	사 채	₩500,000
유동성장기부채	₩150,000	장 기 충 당 부 채	₩300,000
미 수 금	₩100,000	자 본 금	?
재 고 자 산	?	이 익 잉 여 금	₩350,000

① ₩100,000
② ₩150,000
③ ₩200,000
④ ₩250,000

13. 다음 중 현금흐름표에서 영업활동 현금흐름에 해당하는 것은?
① 제3자에 대한 선급금 및 대여금의 회수에 따른 현금유입
② 단기매매목적으로 보유하는 계약에서 발생하는 현금유입
③ 유형자산 및 무형자산의 취득에 따른 현금유출
④ 자기주식의 취득에 따른 현금유출

14. ㈜서울은 당기에 생산한 제품을 전량 판매하고 있는데, 제품 단위당 변동원가는 ₩450이고 공헌이익률은 25%이다. 총고정원가는 생산량이 1,500단위 이하일 경우 ₩180,000이고, 1,500단위를 초과할 경우 ₩240,000이다. 목표이익 ₩60,000을 달성하기 위한 생산·판매량은? (단, 법인세는 없다.)
① 1,200단위
② 1,400단위
③ 1,600단위
④ 2,000단위

15. <보기>는 유통업을 하는 ㈜서울의 20×9년 결산일의 재고자산 자료이다. ㈜서울은 재고자산을 저가법으로 평가하고 있다. 20×9년 결산일에 ㈜서울이 인식해야 하는 것은?

<보기>

상품	재고수량	단위당 취득원가	단위당 추정판매가	단위당 추정판매비
가	40개	₩200	₩250	₩100
나	20개	₩400	₩500	₩100
다	10개	₩100	₩200	₩50

① 재고자산평가손실 ₩2,000
② 재고자산평가손실 ₩1,500
③ 회계처리 없음
④ 재고자산평가이익 ₩500

16. ㈜서울은 20×1년 초에 구축물(정액법 상각)을 취득하여 사용하기 시작하였다. 구축물의 취득대금은 20×1년 초에 ₩100,000을 지급하고, 잔금 ₩200,000은 20×2년 말에 일괄 지급하기로 하였는데, 이는 일반 신용기간을 초과하여 이연하는 것이다. ㈜서울은 구축물에 대해서 내용연수 5년 경과 후 원상회복을 해야 할 법적 의무를 부담하는데, 5년 후 원상회복에 ₩30,000의 원가가 소요될 것으로 예상된다. 구축물 취득 시 유효이자율과 원상회복의무 측정 시 할인율이 모두 연 5%일 때, 구축물과 관련하여 ㈜서울이 20×1년에 인식할 금융비용 총액은? (단, 화폐의 시간가치 영향은 중요하며, 기간 2와 기간 5의 5% 단일금액의 현가계수는 각각 0.91과 0.78이다.)

① ₩10,270　　　② ₩13,600
③ ₩1,170　　　④ ₩9,100

17. 무형자산에 대한 설명으로 가장 옳지 않은 것은?
① 내용연수가 비한정인 무형자산은 손상검사를 수행하지 않는다.
② 내부적으로 창출한 영업권은 자산으로 인식하지 아니한다.
③ 무형자산의 회계정책으로 원가모형이나 재평가모형을 선택할 수 있다.
④ 내용연수가 유한한 무형자산의 상각기간과 상각방법은 적어도 매 회계연도 말에 검토한다.

18. ㈜서울의 20×3년도 재무제표에는 <보기>와 같은 오류가 포함되어 있다. 오류수정 전 ㈜서울의 20×3년 말 이익잉여금이 ₩67,000일 때, 오류수정의 영향을 모두 반영한 ㈜서울의 20×3년 말 이익잉여금은? (단, 오류는 모두 중대하며, 법인세는 없다.)

<보기>
(가) 20×2년 말 재고자산 과대계상 ₩30,000, 20×3년 말 재고자산 과대계상 ₩20,000
(나) 20×1년 초에 비용으로 인식했어야 할 수선비 ₩8,000을 기계장치의 장부금액에 가산(20×1년 초 현재 기계장치의 잔존 내용연수는 4년, 잔존가치 없이 정액법 상각)

① ₩41,000　　　② ₩43,000
③ ₩45,000　　　④ ₩47,000

19. '재무보고를 위한 개념체계'에 관한 설명 중 가장 옳지 않은 것은?
① 비교가능성은 한 보고기업 내에서 기간 간 또는 같은 기간 동안에 기업 간, 동일한 항목에 대해 동일한 방법을 적용하는 것을 의미하므로 일관성과 동일한 의미로 사용된다.
② 표현충실성을 위해서 서술은 완전하고 중립적이며, 오류가 없어야 한다. 여기서, 오류가 없다는 것은 모든 면에서 완벽하게 정확하다는 것을 의미하지는 않는다.
③ 정보가 누락되거나 잘못 기재된 경우 특정 보고기업의 재무정보에 근거한 정보이용자의 의사결정에 영향을 줄 수 있다면 그 정보는 중요한 것이다.
④ 재무정보에 예측가치, 확인가치 또는 이 둘 모두가 있다면 그 재무정보는 의사결정에 차이가 나도록 할 수 있다.

20. <보기>는 어느 지방자치단체의 재정운영표의 내용이다. 일반수익은?

<보기>

사업순원가	₩180,000	관리운영비	₩220,000
비배분비용	₩40,000	비배분수익	₩30,000
재정운영결과	₩150,000		

① ₩180,000　　　② ₩210,000
③ ₩260,000　　　④ ₩270,000

김용재 파이널 공무원 회계학

2018

서울시 9급
기출문제

본 과목 풀이 시 기업의 보고기간(회계기간)은 매년 1월 1일부터 12월 31일까지이며, 기업은 계속해서 「한국채택국제회계기준(K-IFRS)」을 적용해오고 있다고 가정한다.

1. 자본총액에 영향을 주지 않는 거래는?
   ① 당기손익인식금융자산에 대하여 평가손실이 발생하다.
   ② 이익준비금을 자본금으로 전입하다.
   ③ 주주로부터 자산을 기부받다.
   ④ 자기주식을 재발행하다.

2. ㈜서울은 영업부에서 사용하고 있는 차량운반구(장부금액 ₩50,000, 공정가치 ₩60,000)와 ㈜한성의 차량운반구(장부금액 ₩65,000, 공정가치 ₩70,000)를 교환하였다. 교환 시 ㈜서울은 현금 ₩15,000을 ㈜한성에 추가로 지급하였다. 동 자산의 교환 시 ㈜서울이 인식할 자산처분손익은? (단, 동 교환거래는 상업적 실질이 있으며, ㈜서울이 보유하던 차량운반구의 공정가치가 ㈜한성의 차량운반구 공정가치보다 더 명백하다.)
   ① 손실 ₩10,000
   ② 손실 ₩5,000
   ③ 이익 ₩5,000
   ④ 이익 ₩10,000

3. ㈜서울이 보고한 2018년도의 당기순이익은 ₩300,000이다. <보기>는 당기 현금흐름표 작성에 필요한 자료이다. ㈜서울의 2018년도 영업활동 현금흐름은?

<보기>

항목	금액	항목	금액
금융자산처분이익	₩30,000	감가상각비	₩40,000
매출채권 순증가	₩20,000	매입채무 증가	₩30,000
유형자산처분이익	₩50,000	유형자산손상차손	₩10,000
매출채권손상차손	₩15,500	기계장치 취득	₩50,000

   ① ₩220,000
   ② ₩260,000
   ③ ₩270,000
   ④ ₩280,000

4. 표준원가계산 제도를 사용하고 있는 ㈜서울은 제품 단위당 표준 직접재료원가로 ₩200을 설정하였으며 단위당 표준 직접재료원가의 산정 내역과 2018년 3월 동안 제품을 생산하면서 집계한 자료는 <보기>와 같다. ㈜서울의 직접재료원가 변동예산 차이에 대한 설명으로 가장 옳지 않은 것은?

<보기>

직접재료 표준원가 산정내역	실제 제품생산관련 자료
• 제품 단위당 직접재료 표준사용량: 10kg • 직접재료의 표준가격: ₩20/kg	• 제품 생산량: 100단위 • 실제 직접재료 사용량: 1,050kg • 실제 직접재료원가: ₩20,600

   ① 총변동예산 차이는 ₩600(불리한 차이)이다.
   ② 가격 차이는 ₩400(유리한 차이)이다.
   ③ 능률 차이는 ₩1,000(불리한 차이)이다.
   ④ 총변동예산 차이는 ₩600(유리한 차이)이다.

5. ㈜서울은 2017년 1월 1일에 무형자산인 특허권을 ₩5,000,000에 취득하여 사용하기 시작하였다. 특허권의 잔존가치는 없으며, 내용연수는 5년, 정액법을 사용하여 상각하기로 하였다. 또한 특허권에 대한 활성시장이 존재하여 ㈜서울은 매 회계연도 말에 공정가치로 재평가하기로 하였다. 단, 재평가잉여금의 일부를 이익잉여금으로 대체하는 회계처리는 하지 않기로 하였다. 각 연도별 공정가치는 <보기>와 같을 때, 이 특허권과 관련하여 ㈜서울의 2018년 포괄손익계산서에 보고될 당기손익과 재무상태표에 보고될 재평가잉여금은?

<보기>

2017. 12. 31.	2018. 12. 31.
₩3,600,000	₩3,100,000

   ① 손실: ₩600,000　　　재평가잉여금: ₩0
   ② 손실: ₩500,000　　　재평가잉여금: ₩0
   ③ 손실: ₩900,000　　　재평가잉여금: ₩400,000
   ④ 이익: ₩300,000　　　재평가잉여금: ₩300,000

6. 재무보고를 위한 개념체계에서 규정하고 있는 재무제표 요소의 인식과 측정에 대한 설명으로 가장 옳지 않은 것은?
   ① 인식이란 재무제표 요소의 정의에 부합하고 인식기준을 충족하는 항목을 재무상태표나 포괄손익계산서에 반영하는 과정을 말한다.
   ② 자산의 현행원가는 동일하거나 또는 동등한 자산을 현재시점에서 취득할 경우 그 대가로 지불하여야 할 현금이나 현금성자산의 금액을 말한다.
   ③ 부채의 이행가치는 정상적인 영업과정에서 부채를 상환하기 위해 지급될 것으로 예상되는 현금이나 현금성자산의 할인하지 아니한 금액을 말한다.
   ④ 자산은 일반적으로 기업이 인식한 자산의 전부 또는 일부에 대한 통제를 상실하였을 때 제거한다.

7. 투자부동산 회계처리 방법에 대한 설명으로 가장 옳은 것은?
   ① 원칙적으로 공정가치모형과 원가모형 중 하나를 선택할 수 있으므로 투자부동산인 토지는 공정가치모형을 적용하고, 투자부동산인 건물은 원가모형을 적용할 수도 있다.
   ② 공정가치모형을 선택한 경우에는 공정가치 변동으로 발생하는 손익은 발생한 기간의 기타포괄손익에 반영한다.
   ③ 자가사용부동산을 공정가치로 평가하는 투자부동산으로 대체하는 경우, 대체하는 시점까지 그 부동산을 감가상각하고, 발생한 손상차손을 인식한다.
   ④ 공정가치모형을 최초 적용할 경우에는 유형자산의 경우와 같이 예외 규정에 따라 비교 표시되는 과거 기간의 재무제표를 소급하여 재작성하지 않는다.

8. ㈜서울의 2018년 초와 2018년 말의 총자산은 각각
₩150,000과 ₩270,000이며, 2018년 초와 2018년 말의
총부채는 각각 ₩80,000과 ₩120,000이다. ㈜서울은
2018년 중 ₩50,000의 유상증자를 실시하고 현금배당
₩10,000과 주식배당 ₩7,000을 실시하였다. ㈜서울의
2018년 기타포괄손익이 ₩10,000인 경우 2018년 포괄손익
계산서의 당기순이익은?

① ₩30,000

② ₩37,000

③ ₩40,000

④ ₩47,000

9. ㈜서울의 기초 매출채권 잔액은 ₩50,000이고 기말 매출채권
잔액은 ₩40,000이다. 기중에 회수한 매출채권은 ₩60,000
이고 대손이 확정된 매출채권은 ₩30,000이라면 기중에
발생한 외상판매액은?

① ₩40,000

② ₩80,000

③ ₩90,000

④ ₩100,000

10. <보기>는 ㈜서울과 ㈜한성의 매입 및 매출에 관련된 자료
이다. ㈐와 ㈑의 금액은? (단, 재고감모손실 및 재고평가
손실은 없다고 가정한다.)

─────────<보기>─────────

	기초재고액	당기매입액	기말재고액	매출원가
㈜서울	₩100,000	₩240,000	(㈐)	₩280,000
㈜한성	(㈑)	₩220,000	₩180,000	₩280,000

	(㈐)	(㈑)
①	₩60,000	₩240,000
②	₩340,000	₩240,000
③	₩60,000	₩320,000
④	₩340,000	₩320,000

11. ㈜서울은 12월 말 결산법인이며 <보기>는 기말수정사항
이다. 기말수정분개가 ㈜서울의 재무제표에 미치는 영향
으로 가장 옳은 것은? (단, 법인세는 무시한다.)

─────────<보기>─────────

• 3월 1일에 1년간 보험료 ₩300,000을 현금으로 지급하면서
전액 보험료로 기록하였다.

• 4월 1일에 소모품 ₩300,000을 현금으로 구입하면서 전액
소모품으로 기록하였다. 기말에 실시한 결과 소모품은
₩70,000으로 확인되었다.

• 5월 1일에 1년간 건물 임대료로 ₩300,000을 수취하면서
전액 임대료수익으로 기록하였다.

① 자산이 ₩180,000만큼 증가한다.

② 부채가 ₩100,000만큼 감소한다.

③ 비용이 ₩180,000만큼 증가한다.

④ 당기순이익이 ₩80,000만큼 감소한다.

12. 토지에 대해 재평가모형을 적용하고 있는 ㈜서울은 20X1년
초 영업에 사용할 목적으로 토지를 ₩500,000에 구입하
였다. 20X1년 말 토지의 공정가치는 ₩600,000이었으며,
20X2년 말의 공정가치는 ₩550,000이었다. 특히 20X2년
말에는 토지의 순공정가치와 사용가치가 각각 ₩450,000과
₩430,000으로 토지에 손상이 발생하였다고 판단하였다.
이 토지와 관련하여 ㈜서울이 20X2년도에 손상차손(당기
손익)으로 인식할 금액은?

① ₩50,000　　　　② ₩100,000

③ ₩150,000　　　　④ ₩200,000

13. 금융부채에 해당하지 않는 것을 <보기>에서 모두 고른 것은?

─────────<보기>─────────

ㄱ. 미지급금	ㄴ. 사채
ㄷ. 미지급법인세	ㄹ. 차입금
ㅁ. 선수금	ㅂ. 매입채무

① ㄱ, ㄴ　　　　② ㄴ, ㄹ

③ ㄷ, ㅁ　　　　④ ㄹ, ㅂ

14. 2018년 초에 ㈜서울은 ㈜한성을 흡수합병하였다. 취득일
현재 ㈜한성이 보유한 자산의 장부금액과 공정가치는 각각
₩100,000과 ₩120,000이고, 부채의 장부금액과 공정
가치는 각각 ₩40,000과 ₩70,000이다. 합병 과정에서
㈜서울은 이전대가로 현금 ₩50,000과 ㈜서울의 주식(액면
금액 ₩20,000, 공정가치 ₩30,000)을 지급하였다. 이
합병으로 인해 ㈜서울이 인식할 영업권 금액은?

① ₩0　　　　　　② ₩10,000

③ ₩20,000　　　　④ ₩30,000

15. ㈜서울은 종합원가계산을 적용하고 있으며, 제품을 생산
하기 위해 재료 A와 재료 B를 사용하고 있다. 재료 A는 공정
초기에 전량 투입되며, 재료 B는 공정의 60% 시점에서
일시에 전량 투입되고, 가공원가는 공정 전반에 걸쳐서 균등
하게 발생한다. 당기 제품제조활동과 관련한 자료가 <보기>와
같을 때, 선입선출법을 적용하여 계산한 완성품환산량은?

─────────<보기>─────────

	물량
기초재공품	300개 (완성도 20%)
당 기 착 수	1,500개
당 기 완 수	1,300개
기말재공품	500개 (완성도 50%)

	재료원가 A	재료원가 B	가공원가
①	1,500개	1,300개	1,490개
②	1,500개	1,550개	1,490개
③	1,800개	1,300개	1,550개
④	1,800개	1,550개	1,550개

16. 「지방자치단체 회계기준에 관한 규칙」에 대한 설명 중 가장 옳지 않은 것은?

① 지방자치단체의 재무제표는 일반회계·기타특별회계·기금회계 및 지방공기업특별회계의 유형별 재무제표를 통합하여 작성한다.

② 현금흐름표는 회계연도 동안의 현금자원의 변동에 관한 정보로서 자금의 원천과 사용결과를 표시하는 재무제표로서 경상활동, 투자활동 및 재무활동으로 구성된다.

③ 재정운영표의 수익과 비용은 그 발생원천에 따라 명확하게 분류하여야 하며, 해당 항목의 중요성에 따라 별도의 과목으로 표시하거나 다른 과목과 통합하여 표시할 수 있다.

④ 재정상태표의 순자산은 지방자치단체의 기능과 용도를 기준으로 고정순자산과 일반순자산의 2가지로 분류한다.

17. ㈜서울은 2018년 12월 말에 주당 액면금액 ₩5,000인 보통주 1,000주를 주당 ₩10,000에 발행(유상증자)하였으며, 주식인쇄비 등 주식발행과 관련된 비용이 ₩1,000,000 발생하였다. 유상증자 직전에 ㈜서울의 자본에는 주식할인발행차금의 미상각잔액이 ₩1,500,000 존재하였다. 이 거래와 관련하여 ㈜서울이 2018년 말에 보고할 주식발행초과금은?

① ₩2,500,000
② ₩4,000,000
③ ₩9,000,000
④ ₩10,000,000

18. ㈜서울의 20X1년 기초와 기말 재고자산은 각각 ₩200,000과 ₩350,000이며, 20X1년 기초와 기말 매입채무는 각각 ₩50,000과 ₩80,000이다. ㈜서울의 20X1년도 재고자산 매입으로 인한 현금유출액이 ₩250,000일 경우, ㈜서울의 20X1년도 매출원가는? (단, 재고자산의 감모 및 평가손실은 발생하지 않았다.)

① ₩130,000
② ₩200,000
③ ₩250,000
④ ₩370,000

19. 보조부문의 원가를 제조부문에 배부하는 방법에 대한 설명으로 가장 옳은 것은?

① 상호배부법은 보조부문 상호 간의 용역수수관계를 완전히 무시하고, 보조부문원가를 제조부문에만 배부하는 방법이다.

② 단계배부법은 보조부문 간의 용역수수관계를 부분적으로 고려하는 방법으로 보조부문의 배부순서가 달라지면 배부 후의 결과가 달라진다.

③ 이중배부율법은 보조부문원가를 변동원가와 고정원가로 구분하지 않고, 하나의 배부기준을 이용하여 총원가를 배부하는 방법이다.

④ 직접배부법은 보조부문 상호 간의 용역수수관계를 완전히 고려하여 각 보조부문원가를 제조부문과 다른 보조부문에도 배부하는 방법으로, 가장 논리적이고 정확한 정보를 제공해 주는 방법이다.

20. 12월 말 결산법인인 ㈜서울의 기초 유통보통주식수는 100,000주이다. ㈜서울은 2018년 4월 1일에 무상증자를 실시하여 20,000주를 발행하였고, 10월 1일에는 유상증자를 실시하여 12,000주를 공정가치로 발행하였다. 당기 기본 주당이익 계산에 필요한 가중평균 유통보통주식수는?

① 100,000주
② 118,000주
③ 123,000주
④ 132,000주

Chapter 03
정답 및 해설편

2023년도 국가직 7급 기출문제 해설

원가관리회계	4, 12, 22
정부회계	11, 15, 18
고난이도 문제	22
지엽적인 문제	3, 24
풀지 않는 문제	18, 23, 25

22년도 국가직 7급보다는 그래도 풀만했던 해이다.
18번(국가회계예규)은 범위가 너무 많아서 대비할 수가 없다. 정부회계 문제가 국가회계예규에서 나오면 틀린다고 생각하자.
3번(보고기간후사건), 23번(전환사채), 24번(법인세회계 말문제)는 공무원 시험 범위를 넘으며, 회계사 시험 범위에 해당한다. 25번(공정가치 측정)은 회계사 시험에도 출제되지 않는 지엽적인 주제이다. 보지 말자.

---

01. ②
재무제표 표시

한국채택국제회계기준을 준수하여 재무제표를 작성하는 기업은 그러한 준수 사실을 주석에 명시적이고 제한없이 기재한다.

02. ②
재무정보의 질적 특성

계량화된 정보가 검증가능하기 위해서 단일 점추정치이어야 할 필요는 없다. 가능한 금액의 범위 및 관련된 확률도 검증될 수 있다.

03. ③
보고기간 후 사건

보고기간 후에 지분상품 보유자에 대해 배당을 선언한 경우, 그 배당금을 보고기간말의 **부채로 인식하지 아니한다.**

04. ④
보조부문원가

상호배분법은 직접배분법에 비해 적용과 계산이 **어려운** 방법이다.

05. ④
연구단계 vs 개발단계

④만 연구활동에 해당하는 지출이고, 나머지는 개발활동에 해당하는 지출이다.

06. ④
화재로 인한 재고자산 손실액

순매출 : 510,000-10,000=500,000
매출원가 : 500,000*(1-40%)=300,000
순매입 : 390,000+30,000-6,000-14,000=400,000
화재 소실액(=화재발생 전 기말 재고) : 100,000+400,000-300,000=**200,000**

07. ①
소매재고법

	원가	매가		원가	매가
기초	10,000	20,000	매출	130,000	250,000
매입	180,000	300,000			
순인상		60,000			
순인하		(10,000)	기말	**60,000**	120,000
계	190,000	370,000	계	190,000	370,000

원가율(FIFO, 저가법)=(190,000-10,000)/(370,000-20,000+10,000)=50%
기말재고자산 원가: 120,000*50%=**60,000**

08. ①
오류수정분개

수정분개를 하지 않을 경우 당기순이익에 미치는 영향: **600 과소**

미수임대료	1,000
선수수익	(300)
미지급급여	(100)
당기순이익	**600**

| 회계처리 |

미수임대료	1,000	임대료수익	1,000
수익	300	선수수익	300
현금	500	외상매출금	500
급여	100	미지급급여	100
토지	400	재평가잉여금	400

외상매출금과 토지의 재평가는 당기순이익에 미치는 영향이 없다.

09. ①
발생주의 오류수정

소모품 감소	(15,000)
미지급이자 증가	(20,000)
선급보험료 감소	(18,000)
선급임차료 감소	(5,000)
선수임대료 감소	40,000
미수이자 증가	15,000
당기순이익	**(3,000)**

미지급이자: 2,000,000*6%*2/12=20,000
미수이자: 1,000,000*6%*3/12=15,000

10. ④
교환

(1) 기계장치 A
X3년 초 감가상각누계액 : (1,000,000-200,000)*(4+3)/10=560,000
X3년 초 장부금액 : 1,000,000-560,000=440,000

(2) 교환 시 유형자산처분손익: A의 공정가치-A의 장부금액: 540,000-440,000=100,000 이익

(3) 기계장치 B의 취득원가: A의 공정가치=540,000
- 교환 시 현금 수수액이 없으므로 구자산의 공정가치가 신자산의 취득원가가 된다.

(4) 기계장치 B의 감가상각비 : (540,000-200,000)/2*6/12=85,000

(5) 유형자산처분손익 : 300,000-(540,000-85,000)=(-)155,000

(6) X3년 당기순이익 : (2)-(4)-(5)=100,000-85,000-155,000=**(-)140,000 감소**

간편법> X3년 당기순이익=기계장치 B의 처분가액-X3초 기계장치 A의 장부금액
X3년 당기순이익=300,000-440,000=**(-)140,000**
- 기초에 보유하는 자산은 기계장치 A인데, 교환과 처분을 통해 결국 남는 것은 현금 300,000이므로, 둘의 차이가 당기순이익이 된다.

참고> 기계장치 B에 대한 회계처리가 당기순이익에 미치는 영향
'기계장치 B'에 대한 회계처리를 물었으므로 교환 시 처분손익은 제외되어야 한다고 생각하는 수험생이 있을 것이다. 하지만, 100,000을 제외했을 때의 정답인 240,000 감소가 보기에 없으므로 140,000 감소를 답으로 골라야 한다. 교환 시에는 기계장치 B를 인식하므로 교환이 기계장치 B에 대한 회계처리가 아니라고 단정지을 수도 없다.

11. ②
재정운영표

프로그램총원가	200,000
프로그램수익	(30,000)
프로그램순원가	170,000
관리운영비	50,000
비배분비용	15,000
비배분수익	(10,000)
재정운영순원가	**225,000**

12. ②
공손

비정상공손원가: 100개*@8+60개*@10=1,400

	재공품		완성품환산량		
			전공정원가	재료원가	가공원가
기초	완성				
	공손 1,000 (1)(0)(0.6)				
	정상 900				
	비정상 100		100	–	60
착수	기말				
			@8	@5	@10

- 전공정원가는 문제에 언급이 없는 경우 완성도를 1로 본다.
- 재료는 공정의 80% 시점에 투입되는데, 검사시점이 60%이므로 공손품은 재료가 투입되지 않았다.

13. ①
자본의 변동을 가져오는 거래

할인발행 시 현금이 유입되어 자본은 증가한다.

14. ②
수익 말문제

계약 개시 후에는 이자율이나 그 밖의 상황이 달라져도(예 : 고객의 신용위험 평가의 변동) 그 **할인율을 새로 수정하지 않는다.**

15. ③
자산의 평가

국가안보와 관련된 자산은 기획재정부장관과 협의하여 자산으로 인식하지 아니할 수 있다. 이 경우 해당 중앙관서의 장은 해당 자산의 종류, 취득시기 및 관리현황 등을 **별도의 장부에 기록하여야 한다.**

16. ④
유형자산 원가모형

X0	1,000,000	n=5, s=0, 정액		
	↓ (200,000)			
X1	800,000	─ (400,000) →	400,000	n=4, s=0, 정액
	↓ (200,000)		↓ (100,000)	
X2	600,000 (한도)	← **300,000** ─	300,000	

17. ③
총 이자수익

총 이자수익: 액면이자*만기+액면금액-취득원가=100,000*3+1,000,000-981,000=**319,000**

18. ④
국가회계예규

국가회계예규를 모르더라도 회계처리만 잘 했다면 풀 수 있는 문제였다. 채무면제이익은 2,500,000,000이다.

| 회계처리 |

국내차입금이자비용	③ 1,000,000,000	미지급이자	1,000,000,000
국내단기차입금	② 10,000,000,000	미지급금	① 8,500,000,000
미지급이자	1,000,000,000	채무면제이익	④ **2,500,000,000**

19. ①
재무비율

(1) 평균 총자산: 매출액/총자산회전율=50,000/2.5=20,000
→기초 총자산=10,000, 기말 총자산=30,000 (∵기말 총자산은 기초 총자산의 3배)

(2) 자본=자산/2 (∵부채:자본=1:1)
→기초 자본=5,000, 기말 자본=15,000

(3) 자기자본순이익률: NI/평균 자본=2,000/10,000=**20%**

20. ①
주당순이익

(1) n=13,600

	1.1	4.1	11.1
주식수 무상증자 가중평균	10,000 *1.2 *12/12	2,000 *1.2 *9/12	(1,200) *2/12
계	12,000	1,800	(200)

(2) 기본주당이익: 13,600,000/13,600=**1,000**

21. ④
영업활동 현금흐름-직접법

	현금흐름	=	영업 손익	−	△영업 자산	+	△영업 부채
공급자	(1,040,000)		(1,000,000) 매출원가		10,000 선급금 (20,000) 재고자산		(30,000) 매입채무

22. ③
원가관리회계 말문제

조업도차이는 고정oh **표준원가 배부액**과 고정oh 예산액의 차이이다. 실제액과 예산액의 차이는 예산차이이다.

23. ③
전환사채

1. 상환할증금 : 0 (상환기일에 액면금액 일시상환)

2. 발행가액 분석

부채	1,000,000*0.71178	=①711,780
자본		③288,220
계		②1,000,000

3. X2년말 전환사채 장부금액 : 711,780*1.12²=892,857 (≒1,000,000*0.89286=892,860)

4. 주발초 증가액 : (892,857+288,220−1,000,000/10,000*5,000)*100%=681,077

| 전환 시 회계처리 |

X3초	부채	892,857	자본금	500,000
	전환권대가	288,220	주발초	**681,077**

24. ②
법인세회계 말문제

다음의 조건을 모두 충족하는 경우에만 당기법인세자산과 당기법인세부채를 상계한다.

(1) 기업이 인식된 금액에 대한 법적으로 집행가능한 상계권리를 가지고 있다.
(2) 기업이 순액으로 결제하거나, 자산을 실현하는 동시에 부채를 결제할 의도가 있다.

25. ③
공정가치 기준서

자산이나 부채의 공정가치를 측정하기 위하여 사용하는 주된 (또는 가장 유리한) 시장의 가격에는 거래원가를 **조정하지 않는다.**

2022년도 국가직 7급 기출문제 해설

원가관리회계	5, 7, 12
정부회계	6, 25
지엽적인 문제	1, 4, 17
고난이도 문제	20
풀지 않는 문제	8, 9, 13, 14, 18, 19, 21

정말 역대급 시험이었다고 생각한다. 21년도부터 국가직 7급 시험이 25문제로 개편됨에 따라 난이도가 상승하였는데, 22년도 시험은 이보다도 더 어려웠다. 회계사 강의를 듣지 않고서는 풀 수 없는 문제가 다수 출제되었으며, 정부회계도 60점만 받아도 잘 본 시험이다. 9급 수험생은 그냥 최악의 경우를 경험해 본 것에 의의를 두자. 오답 풀이를 안 해도 괜찮다.

---

01. ④
회계변경 및 오류수정
말문제

전기오류의 수정은 오류가 발견된 기간의 **당기손익으로 보고하지 않는다.** 따라서 과거 재무자료의 요약을 포함한 과거기간의 정보는 실무적으로 적용할 수 있는 최대한 앞선 기간까지 소급재작성한다.

02. ②
기말 재고자산에 포함될
항목

매출액 : 650,000
매출원가 : 700,000*650,000/910,000=500,000

매출총이익 : 650,000-500,000=**150,000**
기말상품 : 100,000+900,000-500,000=**500,000**

03. ③
발생주의 회계처리

광고비	(150,000)
용역수익	1,200,000
용역수익	500,000
전기사용료	(80,000)
임차료	(200,000)
직원급여	(300,000)
비품 감가상각비	(2,500)
당기순이익	**967,500**

| 회계처리 |

현금	500,000	자본금	500,000
광고비	**150,000**	현금	150,000
현금	1,200,000	**용역수익**	**1,200,000**
미수수익	500,000	**용역수익**	**500,000**
비품	100,000	미지급금	100,000
전기사용료	**80,000**	현금	80,000
임차료	**200,000**	현금	200,000
직원급여	**300,000**	현금	300,000
감가상각비	**2,500**	감가상각누계액	2,500

04. ④
법인세회계 말문제

이연법인세자산의 장부금액은 매 보고기간말에 검토한다. 이연법인세자산의 일부 또는 전부에 대한 혜택이 사용되기에 충분한 과세소득이 발생할 가능성이 더 이상 높지 않다면 이연법인세자산의 장부금액을 감액시킨다. 감액된 금액은 사용되기에 충분한 과세소득이 발생할 가능성이 높아지면 그 범위 내에서 환입한다.

05. ②
특별주문

공헌이익 증가분	(180-120)*200단위=12,000
고정원가 증가분	-
기회비용	(200-120)*100단위=(8,000)
증분이익	**4,000**

단위당 변동원가 : 60,000/500단위=120
특별주문 수락 시 기존 판매량 감소분 : 500+200-600=100단위

06. ④
국가회계예규

국세징수활동표에 표시된 "국세수익"은 국가 재정운영표의 비교환수익 등의 "국세수익"으로 직접 표시한다.

07. ④
초변동원가계산

초변동원가계산에 의한 영업이익	
+기말 재고자산에 포함된 DL, 변동OH	600단위*(18+14)=19,200
-기초 재고자산에 포함된 DL, 변동OH	-
=변동원가계산에 의한 영업이익	
+기말 재고자산에 포함된 고정OH	240,000*600단위/4,000단위=①36,000
-기초 재고자산에 포함된 고정OH	
=전부원가계산에 의한 영업이익	초변동원가계산 영업이익+②55,200

③ 변동원가계산에 의한 기말재고액: (30+18+14)*600단위=37,200
④ 초변동원가계산에 의한 기말재고액: 30*600단위=**18,000**

08. ②
건설계약

	20×1년
진행률	300,000/1,200,000=25%
누적계약수익	2,000,000*25%=500,000
계약수익	500,000

계약자산(미청구공사)=계약수익-청구액=500,000-350,000=**150,000**

09. ①
보고기간 후 사건

재무제표를 발행한 이후에 주주에게 승인을 받기 위하여 제출하는 경우가 있다. 이 경우 재무제표 발행승인일은 주주가 재무제표를 승인한 날이 아니라 재무제표를 발행한 날이다.

10. ③
배당금의 배분

	우선주	보통주	계
누적적	1,500주*@1,000*5%*3회=225,000	3,500주*@1,000*5%=175,000	400,000
완전참가적	600,000*1,500/5,000=180,000	600,000*3,500/5,000=420,000	600,000
계	**405,000**	**595,000**	1,000,000

보통주 배당금 595,000, 우선주 배당금 405,000이다.

11. ③
발생주의 오류수정분개

	비용	자산	부채	수익
기초		800,000	500,000	
3.1	120,000	(120,000)		
12.31	(20,000)	20,000		
8.1		240,000		240,000
12.31			140,000	(140,000)
기말		**940,000**	**640,000**	

| 회계처리 |

3.1	비용	120,000	현금	120,000
12.31	선급비용	20,000	비용	20,000
8.1	현금	240,000	수익	240,000
12.31	수익	140,000	선수수익	140,000

12. ①
정상원가계산

(1) 배부차이 : 60,000-70,000=(-)10,000 과소배부

(2) 매출원가조정법

	재공품	제품	매출원가	계
수정 전	56,000	70,000	154,000	280,000
배부차이			10,000	10,000
수정 후	56,000	70,000	**164,000**	290,000

(3) 총원가기준 비례배분법

	재공품	제품	매출원가	계
수정 전	56,000	70,000	154,000	280,000
배부차이	2,000	2,500	5,500	10,000
수정 후	58,000	72,500	**159,500**	290,000

(4) 매출원가조정법으로 회계처리하는 경우 총원가기준 비례배분법에 비해 매출원가가 4,500크므로, **당기순이익은 4,500 감소한다.**

13. ③
금융자산 재분류

금융자산을 상각후원가 측정 범주에서 기타포괄손익 - 공정가치 측정 범주로 재분류하는 경우에 재분류 전 상각후원가와 공정가치의 차이에 따른 손익은 기타포괄손익으로 인식하며, 유효이자율과 기대신용손실 측정치는 재분류로 인해 조정되지 않는다.

14. ③
저가법 말문제

완성될 제품이 원가 이상으로 판매될 것으로 예상하는 경우에는 그 생산에 투입하기 위해 보유하는 원재료 및 기타 소모품을 감액하지 아니한다. 그러나 원재료 가격이 하락하여 제품의 원가가 순실현가능가치를 초과할 것으로 예상된다면 **해당 원재료를 순실현가능가치로 감액한다.** 이 경우 원재료의 현행대체원가는 순실현가능가치에 대한 최선의 이용가능한 측정치가 될 수 있다.

15. ②
유형자산 원가모형

X0	20,000		n=3, s=A, 연수합계법
	↓ (9,000)		
X1	11,000	-(6,000)→ 5,000	

회수가능액 = MAX[5,000, 4,000]=5,000

손상 전 상각후원가 : 5,000+6,000=11,000

X1년도 감가상각비 : 20,000-11,000=9,000

X1년도 감가상각비 : (20,000-A)*3/6=9,000

→ A=**2,000**

16. ④
교환수익 vs 비교환수익

	교환수익에 해당하는 경우	비교환수익에 해당하는 경우
X1년도 수익	100,000*3/12=25,000	40,000
X2년도 수익	100,000*9/12=75,000	60,000
계	100,000	100,000

교환수익에 해당하는 경우 수익창출활동이 끝나고 그 금액을 합리적으로 측정할 수 있을 때 인식한다. 수익창출활동이 20×1년 10월 1일부터 20×2년 9월 30일까지 이루어지므로 20×1년에 3개월, 20×2년에 9개월에 해당하는 수익을 인식한다.

비교환수익에 해당하는 경우 수익에 대한 청구권이 발행하고 그 금액을 합리적으로 측정할 수 있을 때 인식한다. 따라서 각 연도별로 청구할 수 있는 금액을 수익으로 인식한다.

17. ③
신주인수권부사채

x1년 초 신주인수권부사채: 500,000-69,430=430,570

x1년 말 신주인수권부사채: 430,570*1.1-10,000=**463,627**

18. ②
주식기준보상 말문제

부여한 주식선택권의 공정가치를 측정기준일에 추정할 때, 그 주식선택권에 재부여특성이 있다면 재부여 특성은 고려하지 아니한다. 그 대신 사후적으로 재부여주식선택권을 부여할 때 그 재부여주식선택권을 새로운 주식선택권으로 회계처리한다.

19. ④
복합금융상품 말문제

① 전환권을 행사할 가능성이 변동되는 경우에도 (특히, 전환권의 행사로 일부 보유자가 경제적으로 유리해지는 경우에도) 전환상품의 부채요소와 자본요소의 분류를 **수정하지 않는다.**

② 최초 인식시점에 부채요소의 공정가치는 계약상 정해진 미래현금흐름의 현재가치이며, 그 미래현금흐름은 해당 금융상품과 조건, 신용상태, 현금흐름이 유사하고 전환권이 **없는** 채무상품에 적용되는 그 시점의 시장이자율로 할인한다.

③ 발행자는 전환사채의 조기전환을 유도하기 위하여 좀 더 유리한 전환비율을 제시하거나 추가 대가를 지급하는 등의 방법으로 전환사채의 조건을 변경할 수 **있다.**

20. ①
신용위험

처분손익: 1,000,000-1,013,500=**(-)13,500 손실**

X0	1,050,000	n=3, R=10%, (120,000)	
	↓ 105,000		
X1	1,035,000	— (-)2,000 → ← (+)2,000 —	1,033,000
	↓ 103,500		
X2	1,018,500	— (-)5,000 →	1,013,500

신용위험이 유의적으로 증가하지 않은 경우 12개월 기대신용손실을 추정하고, 신용위험이 유의적으로 증가한 경우 전체기간 기대신용손실을 추정한다. 따라서 X1년 말 손실충당금은 2,000, X2년 말 손실충당금은 5,000이다.

신용위험의 경우 이자수익을 계산할 때 손실충당금을 차감하지 않은 총액에 이자율을 곱한다.

| 회계처리 |

x1.1.1	AC금융자산	1,050,000	현금	1,050,000
x1.12.31	현금	120,000	이자수익 AC금융자산	105,000 15,000
	대손상각비	2,000	대손충당금	2,000
x2.12.31	대손충당금	2,000	대손상각비	2,000
	현금	120,000	이자수익 AC금융자산	103,500 16,500
	대손상각비	5,000	대손충당금	5,000
x3.1.1	현금 대손충당금 **처분손실**	1,000,000 5,000 **13,500**	AC금융자산	1,018,500

21. ④
정부보조금

① 정부보조금의 회계처리는 다음과 같은 두 가지 접근방법이 있다.
  (1) 자본접근법 : 보조금을 당기손익 이외의 항목으로 인식한다.
  (2) 수익접근법 : 보조금을 하나 이상의 회계기간에 걸쳐 당기손익으로 인식한다.

② 이미 발생한 비용이나 손실에 대한 보전 또는 향후의 관련원가 없이 기업에 제공되는 즉각적인 금융지원으로 수취하는 정부보조금은 정부보조금을 수취할 권리가 발생하는 기간에 **당기손익**으로 인식한다.

③ 자산의 취득과 이와 관련된 보조금의 수취는 기업의 현금흐름에 중요한 변동을 일으킨다. 따라서 재무상태표에 보조금이 관련 자산에서 차감하여 표시되는지와 관계없이 자산의 총투자를 보여주기 위해 이러한 변동을 현금흐름표에 별도 항목으로 표시한다.

22. ②
국공채의 의무매입

① 건물 취득시 감가상각대상금액: 5,248,000-50,000=5,198,000 (X)
② 건물 취득원가: 5,000,000+248,000=5,248,000 (O)
③ 국채 취득시 현재가치할인차금: 1,000,000-752,000=248,000 (X)
④ 국채 취득원가: 1,000,000*0.6+40,000*3.8=752,000 (X)

23. ②
외화환산

비화폐성항목에서 생긴 손익을 기타포괄손익 또는 당기손익으로 인식하는 경우 그 손익에 포함된 환율변동효과는 기타포괄손익 또는 당기손익으로 인식한다.

24. ③
투자부동산 계정 재분류

X0	500,000	
	↓ (+) 50,000	
X1	550,000	
	↓ (+) 50,000	
X2.7.1	600,000	n=10, s=0, 정액법
	↓ (30,000)	
X2	570,000	-⊕10,000→ 580,000

① 20×1년 건물의 공정가치변동으로 인해 **당기손익**이 ₩50,000 증가한다.
② 20×2년 유형자산(건물)에 대해 원가모형을 적용한다면, 건물로 인해 20×2년 당기순이익이 **₩20,000** 증가한다. (평가이익 50,000-감가상각비 30,000)
④ 20×2년 유형자산(건물)에 대해 재평가모형을 적용한다면, 건물로 인해 20×2년 당기순이익이 **₩20,000** 증가한다. (평가이익 50,000-감가상각비 30,000)

25. ①
국가회계예규

원가는 신뢰할 수 있는 객관적인 자료와 증거에 의하여 계산하며, 국가회계실체가 프로그램 예산체계에 따라 집행한 예산을 발생주의의 원칙에 따라 계산한다.

원가관리회계	5, 19, 24
정부회계	3, 10
고난이도 문제	10, 13
풀지 않는 문제	8, 19, 22, 23

21년도 시험은 예년에 비해 굉장히 어려웠다. 10번(재정운영표)은 재정운영표와 순자산변동표를 동시에 물었기 때문에 풀기 까다로웠다. 13번(수익)은 수익 문제가 기존에 말문제로 출제되던 것에서 벗어나 사례형 계산문제로 출제되어 굉장히 낯설었을 것이다.

8번(충당부채), 19번(학습곡선), 22번(위험회피), 23번(재무제표 표시)은 지금까지 출제되지 않았던 주제를 출제하였다. 기존의 출제경향을 많이 벗어난 문제들이기 때문에 이 문제들은 대비하지 않는 것을 추천한다. 이런 내용까지 준비하려면 회계사 시험을 보는 것처럼 준비해야 한다.

---

01. ②

회계의 분류

일반목적재무보고서는 외부정보이용자가 필요로 하는 '모든' 정보를 제공할 수는 없다.

02. ②

차입원가 자본화

X1		12.31			
1.1	100,000*12/12	=100,000			
특정	80,000*12/12	=80,000	(5%)	→4,000	
일반	(100,000	-80,000)	(10%)	→2,000	(한도: 20,000)
				6,000	
일반	200,000*12/12	=200,000	(10%)	→20,000	

03. ③

수익의 인식 기준

① 부과하는 방식의 국세는 '국가가 고지하는 때에' 수익으로 인식한다.

② 신고·납부하는 방식의 국세는 '납세의무자가 세액을 자진신고하는 때에' 수익으로 인식한다. ①번과 ②번의 수익 인식 시기를 서로 바꾸어서 선지를 구성하였다.

④ 재화나 용역의 제공 등 국가재정활동 수행을 위하여 자산이 감소하고 그 금액을 합리적으로 측정할 수 있을 때 또는 법령 등에 따라 지출에 대한 의무가 존재하고 '그 금액을 합리적으로 측정할 수 있을 때에' 비용으로 인식한다.

04. ④
재평가모형

X0	500,000	n=10, s=0, 정액
	↓ (50,000)	
X1	450,000	
	↓ (50,000)	
X2	400,000	− ⊕ 125,000 OCI → 525,000

문제에서 묻는 '재평가이익'은 원칙적으로 당기손익(PL) 계정과목이다. 하지만 선지에 0이 없으므로 재평가잉여금으로 해석해야 한다.

05. ③
제조원가의 흐름

매출액 1.2	60,000
매출총이익 0.2	
매출원가 1	60,000/1.2=50,000

	가산		차감		결과값
직접재료	기초 매입액	2,000 15,000	기말	7,000	⌐ DM 10,000
가공원가	DL OH	40,000			
재공품	기초	8,000	기말	5,000	
제품	기초	7,000	기말	10,000	⌐ 매출원가 50,000

가공원가: 40,000
DM: 2,000+15,000-7,000=10,000

가공원가 1	40,000
DL 0.6	40,000*0.6=24,000
OH 0.4	

기초원가: 10,000+24,000=**34,000**

06. ③
주당순이익

기본주당이익: (50,000-10,000)/1,000주=**40**

(1) 가중평균보통주식수: 1,000주

	기초 1,1	전환 7,1	계
주식수 가중평균	800 *12/12	400 *6/12	
계	800	200	**1,000**

(2) 우선주 배당금: 100주*@1,000*10%=10,000
기중 전환된 우선주에 대해서는 보통주 배당금을 지급하므로, 전환되지 않은 나머지 100주에 대해서는 우선주 배당금을 지급한다. 우선주 배당률은 10%이므로 액면금액의 10%를 지급한다.

07. ④
소매재고법

	원가	매가		원가	매가
기초	₩2,000	₩4,000	매출		₩20,000
매입	₩16,000	₩18,000	**종**업원할인		©₩2,000
순인상		㉠₩3,000			
순인하		(₩1,000)	기말	₩1,600	₩2,000
계	₩18,000	₩24,000	계	₩18,000	₩24,000

㉠ 순인상: 24,000-4,000-18,000+1,000=**3,000**
  원가율(FIFO): (18,000-2,000)/(매가 총계-4,000)=80%
  → 매가 총계=24,000

© 종업원할인: 24,000-20,000-2,000=**2,000**
  기말 재고자산 매가: 1,600/80%=2,000

08. ④
충당부채

구조조정충당부채는 기업의 계속적인 활동과 관련이 없는 지출이어야 한다.

09. ③
영업권의 계산

영업권: 100주*@14,000-1,200,000=200,000

(1) 이전대가
  사업결합 시 지급하는 대가는 공정가치로 평가해야 한다. 따라서 주식의 주당 공정가치 14,000을 이용한다.

(2) 순자산 공정가치
  사업결합 시 인수하는 순자산은 공정가치로 평가한다. 따라서 이전대가에서 1,200,000을 차감한다.

(3) 보통주 발행 관련원가
  직접 관련된 비용은 주식 발행 시 주발초에서 차감하고, 기타수수료는 당기비용으로 처리한다. 따라서 관련원가가 영업권에 미치는 영향은 없다.

10. ③
재정운영표 및 순자산변동표

프로그램총원가	28,000
(-) 프로그램수익	(12,000)
프로그램순원가	16,000
(+) 관리운영비	8,000
(+) 비배분비용	2,000
(-) 비배분수익	(2,000)
재정운영순원가	24,000
(-) 비교환수익	-
재정운영결과	①24,000

행정형 회계에 해당하는 '기타특별회계'이므로 비교환수익은 재정운영표가 아닌 순자산변동표상 재원의 조달 및 이전란에 적는다.

(2) 재원의 조달 및 이전

국고수입	10,000
부담금수익	5,000
채무면제이익	10,000
국고이전지출	(3,000)
계	②**22,000**

(3) 순자산변동표

	기본순자산	적립금 및 잉여금	순자산조정	순자산 계
기초 재정운영결과 재원의 조달 및 이전	5,000	10,000 (24,000) 22,000	5,000	20,000 (24,000) 22,000
기말	5,000	③**8,000**	5,000	④**18,000**

기말 적립금 및 잉여금은 8,000이다.

11. ①
종업원급여

	비용	자산	부채	OCI
기초		12,000	15,000	
이자(10%)	300	1,200	1,500	
당기	4,000		4,000	
지급		(3,000)	(3,000)	
적립		5,000		
재측정 전	4,300	15,200	17,500	
재측정			2,500	(2,500)
		600		600
재측정 후		15,800	20,000	(1,900)
순확정급여부채		**4,200**		

12. ①
원가모형 손상차손

X0	4,000,000		n=5, s=0, 정액	
	↓(800,000)			
X1	3,200,000			
	↓(800,000)			
X2	2,400,000	—(600,000)→	1,800,000	n=3, s=0, 정액
	↓(800,000)		↓(600,000)	
X3	1,600,000		1,200,000	
	↓(800,000)		↓(600,000)	
X4	800,000(한도)	←200,000—	600,000	

X1말에는 회수가능액이 상각 후 장부금액과 같으며, X2말에 손상차손이 발생하였다는 단서가 있으므로 X1말에는 손상차손을 인식하지 않고, X2말에 최초로 손상차손을 인식한다.

13. ④

수익 기준서

(단위: 백만원)

	전체		20×1년			20×2년		
	매출액	매출원가	매출액	매출원가	총이익	매출액	매출원가	총이익
옥외전광판	24	20	①24	20	4	-	-	-
유지서비스	16	10	8	5	3	8	5	3
계	40	30	②32	25	③7	8	5	④3

옥외전광판과 유지서비스를 따로 판매하지만, 이 둘을 묶어서 40에 판매하였다. 따라서 개별 판매가격의 비율로 매출액을 안분한다. 각 수행의무의 매출액은 다음과 같이 계산된다.

옥외전광판: 40*30/50=24

유지서비스: 40*20/50=16

이 중 옥외전광판은 x1년에 설치완료 되었으므로 매출과 매출원가를 x1년에 전부 인식하지만, 유지서비스는 1년간 제공되므로 x1.7.1~x1.12.31과 x2.1.1~x2.6.30으로 기간을 나누어 매출과 매출원가를 인식한다.

① x1.7.1 매출액: 24 (옥외전광판 매출)

② x1년 매출액: 24+16*6/12=32 (옥외전광판 매출+6개월치 유지서비스 매출)

③ x1년 매출총이익: 32-25=7

　　x1년 매출원가: 20+10*6/12=25

④ x2년 매출총이익: 8-5=3

　　x2년 매출액: 16*6/12=8

　　x2년 매출원가: 10*6/12=5

14. ①

재고자산 관련 비율

(1) 매출채권회전율: 매출액/평균매출채권=4,500,000/300,000=**15회**

　　- 평균 매출채권: (150,000+450,000)/2=300,000

(2) 재고자산평균처리기간: 360/재고자산 회전율=360/20회=**18일**

　　- 재고자산 회전율: 매출원가/평균재고자산=4,000,000/200,000=20회

　　- 평균재고자산: (240,000+160,000)/2=200,000

15. ②

개념체계-부채의 정의

① 의무를 이행할 대상인 당사자의 신원을 **반드시 알아야 할 필요는 없다.**

③ 잠재력이 존재하기 위해서는, 기업이 경제적 자원의 이전을 요구받을 것이 확실하거나 그 가능성이 **높아야 하는 것은 아니다.**

④ 새로운 법률이 제정되는 경우 법률 제정 그 자체만으로 기업에 현재의무를 부여하기에는 **충분하지 않다.**

16. ④

리스 기준서

제조자 또는 판매자인 리스제공자는 금융리스 체결과 관련하여 부담하는 원가를 리스개시일에 **당기비용**으로 처리한다.

17. ①
법인세회계

	x1(30%)	x2(25%)	x3~(20%)
EBT	90,000		
차감할 일시적 차이	270,000	(120,000)	(150,000)
과세소득	360,000	(120,000)	(150,000)
법인세부담액		(30,000)	(30,000)

(1) 세무조정

회사는 발생기준에 따라 90,000만 x1년도에 수익으로 인식한다. 하지만 세법은 현금기준을 적용하므로 270,000을 세전이익에 가산하여 과세소득은 360,000이 된다.

270,000은 x1년에 전부 과세하였으므로, 이 중 120,000(발생주의에 따른 x2년도 수익)은 x2년의 세전이익에서 차감하고, 150,000(발생주의에 따른 x3년, x4년 수익)은 x3년과 그 이후의 세전이익에서 차감한다.

(2) 이연법인세자산, 부채

이연법인세자산: 120,000*25%+150,000*20%=60,000

미래의 세전이익에서 '차감할' 일시적 차이이므로 이연법인세'자산'을 계상한다.

18. ④
개념체계-보고기업

연결재무제표는 단일의 보고기업으로서의 지배기업과 종속기업의 자산, 부채, 자본, 수익 및 비용에 대한 정보를 제공한다.

19. ④
학습곡선

누적 생산량	평균 직접노무시간	총 직접노무시간
1대	100시간	100시간*1대=100시간
2대	100시간*80%=80시간	80시간*2대=160시간
4대	80시간*80%=64시간	64시간*4대=256시간

직접노무시간에 대해 80% 누적평균시간 학습모형이 적용되면 누적 생산량이 2배가 될 때마다 평균 직접노무시간이 80%가 된다. 1대 생산 시 직접노무시간이 100시간이었으므로, 평균 직접노무시간은 100시간이다. 3대를 추가로 생산하면 총 4대를 생산하고, 평균 직접노무시간은 100*80%^{2}=64시간이 된다. 이때 총 직접노무시간은 64*4=256시간이다.

1대를 생산한 후 3대를 추가로 생산할 경우(총 4대 생산) 증가하는 직접노무시간
: 256-100=156시간

DM	80,000*3대=240,000
DL	1,000*156시간=156,000
변동OH	500*156시간=78,000
제조원가	**474,000**

20. ②
지분법회계

(1) FV-BV 차이

	FV-BV	X1
상각자산	1,000	(200)
재고자산	1,000	(1,000)
계	2,000	(1,200)

X1년 상각자산 공정가치 차액 환입액: 1,000/5=200

(2) 영업권 상당액: 30,600-(100,000+2,000)*30%=0 (염가매수차익=0)

(3) 지분법이익

	X1
조정 전	2,200
FV 차이	(1,200)
조정 후	1,000
*지분율	*30%
지분법이익	**300**

21. ③
재평가모형의 적용-상각자산

```
X0    10,000              n=4, s=2,000 정액
      ↓ (2,000)
X1    8,000
      ↓ (2,000)
X2    6,000        -⊕ 6,000→    12,000         n=2, s=2,000 정액
                                ↓ (5,000)
X3                              7,000
```

x2년 중에 최초로 재평가모형을 적용하므로, x2말부터 재평가를 실시한다.

① X1년 감가상각비: (10,000-2,000)/4=2,000 (X)

② X2년 재평가잉여금: 12,000-6,000=6,000 (X)

③ X3년 감가상각비: (12,000-2,000)/2=5,000 (O)

④ X3년 처분이익: 8,000-7,000=1,000 (X)

22. ②
위험회피회계

예상거래란 이행해야 하는 **구속력은 없으나**, 앞으로 발생할 것으로 예상되는 거래이다.

23. ②
재무제표 표시

흔히 재무제표의 표시통화를 천 단위나 백만 단위로 표시할 때 더욱 **이해가능성**이 제고될 수 있다.

24. ③
CVP 분석

안전한계율: (매출액-손익분기점 매출액)/매출액=(매출액-1,500,000)/매출액=40%
→ 매출액=2,500,000

손익분기점 매출액: 고정원가/공헌이익률=1,500,000
→ 공헌이익률=600,000/1,500,000=40%

영업이익: 2,500,000*40%-600,000=400,000

25. ①
영업활동 현금흐름-직접법

(1) 매출총이익: 매출액-매출원가=700,000-400,000=300,000
　　매출원가: 100,000+500,000-200,000=400,000
　　- X2년 매출원가이므로 X2년 매입을 이용해야 한다.

(2) 영업활동으로 인한 현금증감액: 800,000-400,000=400,000 증가

	영업 현금흐름	=	영업 손익	-	△영업 자산	+	△영업 부채
고객	800,000	=	700,000 (매출액)		100,000 (매출채권)		
공급자	(400,000)	=	(400,000) (매출원가)		(100,000) (재고자산)		100,000 (매입채무)

원가관리회계	9, 10, 18
정부회계	11, 16
고난이도 문제	6

6번(투자부동산)은 계정 재분류 및 재평가모형 회계처리까지 포함되어 난이도가 높았다.

---

01. ①
유동·비유동 표시

① 이연법인세자산(부채)은 비유동자산(부채)로 분류한다. (X)

② 유동성 순서 배열법이 더욱 목적적합한 경우를 제외하고는 유동·비유동 배열법을 적용한다. (O)

③ '비유동자산의 유동성 대체 부분'이란 최초에 비유동자산이었으나, 시간이 경과함에 따라 만기가 1년 미만이 되어 유동자산으로 대체한 것을 의미한다. 따라서 유동자산에 해당한다. (O)

④ 보고기간 후 12개월 이상 결제를 연기할 수 있는 '무조건의' 권리를 갖고 있어야만 비유동부채로 분류할 수 있다. 무조건의 권리를 가지고 있지 않으면 유동부채로 분류한다. (O)

02. ②
자본의 증감

기초	NI	+유상증자	-현금배당	기말
자산 50,000,000	수익 10,000,000			자산 30,000,000
부채 65,000,000	비용 8,000,000			부채 20,000,000
(15,000,000)	2,000,000	**23,000,000**	-	10,000,000

자본의 증감 표만 채워넣으면 쉽게 풀 수 있는 문제였다. 기초에 부채가 자산보다 크지만, 원래 자본을 계산하는 방식(자본=자산-부채)대로 계산하면 된다.

03. ③
시산표의 작성으로 발견할 수 있는 오류

대차가 일치하지 않으려면 대변과 차변에 다른 금액을 계상해야 한다. 차변에는 53,000, 대변에는 35,000으로 전기하였으므로 대차가 일치하지 않는다.

04. ③
충당부채와 우발부채

① 미래의 예상 영업손실에 대해서는 충당부채를 **인식하지 않는다.** (X)

② 우발부채는 자원의 유출가능성을 **지속적으로 평가**하여, 유출가능성이 높아지는 경우 재무상태표에 충당부채로 인식한다. (X)

③ 제삼자와 연대하여 의무를 지는 경우에는 이행할 전체 의무 중 제삼자가 이행할 것으로 예상되는 부분은 우발부채로, 직접 이행할 것으로 예상되는 부분은 충당부채로 처리한다. (O)

④ 다수의 항목과 관련되는 충당부채를 측정하는 경우에 해당 의무는 **기댓값**으로 추정한다. (X)

05. ②
자본거래가 자본에 미치는 영향

자본의 증감을 파악하기 위해서는 '현금 수수액'만 보면 된다. 자기주식처분손익을 고려하지 말자.

1월: 1,000주*@5,000	=5,000,000
3월: 200주*(@6,000)	=(1,200,000)
4월: 200주*(@7,000)	=(1,400,000)
5월: 100주*@8,000	=800,000
9월: 100주*@9,000	=900,000
X1년 말	**4,100,000**

1월 발행분은 발행가액을 제시하지 않았지만, 액면발행하였으므로 발행가액은 액면가인 5,000이다.

06. ④
투자부동산 계정 재분류

X0	1,000	n=4, s=0
	↓	PL 200
X1	1,200	
	↓	**PL 200**
X2.7.1	1,400	n=2.5, s=0
	↓	**(280)**=(1,400-0)*1/2.5*6/12
X2	1,120	→ 1,500
	⊕ 380 OCI	

X2 PL: 200(재분류 평가손익)-280(감가상각비)=**(-)80**

회사는 건물을 투자목적으로 취득하였으므로 투자부동산으로 분류한다. 회사는 공정가치 모형을 적용하므로 감가상각하지 않고, 공정가치 평가만 수행한다. 따라서 X1년말에는 200의 평가이익만 인식한다.

X2년도에는 투자부동산에서 유형자산으로 계정 재분류가 이루어지는데, 투자부동산 계정 재분류에서는 변경 전 계정을 생각하면 된다. 변경 전이 투자부동산이므로 재분류 과정에서도 평가손익을 당기손익으로 인식한다. (PL 200)

계정 재분류로 유형자산으로 분류하기 때문에 감가상각해야 한다. 이때, 잔존내용연수와 월할상각에 주의하자. 내용연수가 4년이지만 1년 반이 경과하였으므로 잔존내용연수는 2.5년이고, X2년도에는 6개월치만 상각하므로 마지막에 6/12를 곱해야 한다.

재평가모형을 적용하므로 상각 후에는 재평가를 해야 하는데, 최초 평가증은 OCI로 인식하므로 당기순이익에 미치는 영향은 없다.

07. ③
교환

유형자산처분손익: 구 자산 FV-BV
(1) (주)한국: 150,000-300,000=**(-)150,000**
(2) (주)대한: 250,000-350,000=**(-)100,000**

참고>회계처리

	(주)한국		(주)대한	
구 자산 빼고		기계장치 300,000		기계장치 350,000
현금 적고		현금 100,000	현금 100,000	
처분손익	**처분손실 150,000**		**처분손실 100,000**	
나머지 신자산	기계장치 250,000		기계장치 150,000	

08. ②
재무정보의 측정 기준

공정가치가 아닌 현행원가에 대한 설명이다. '지급하는 대가'는 '~원가'라는 것을 기억한다면 쉽게 답을 고를 수 있었다. '~가치'는 유입되는 금액을 의미한다.
③ 사용가치의 정의를 정확히 서술하고 있다. (O)
①, ④번은 중요하지 않은 지문이므로 실전에서는 세모 표시한 후, 넘어갔어야 한다.

09. ③
종합원가

	재공품(FIFO)		완환량-가공원가
기초 300 (0.5)	완성	1,000	
		300 (0.5)	150
	<	700 (1)	700
착수	기말 500 (0.4)		200
		계	**1,050**

원가흐름의 가정이 FIFO임에 주의하자. 완성품을 기초 재공품이 완성된 부분과 당기 착수분으로 구분한 뒤, 기초 재공품이 완성된 부분은 '1-기초 재공품의 완성도'로 표시해야 한다.

10. ②
고저점법

꽤 까다로운 문제였다. 고저점법 자체가 자주 출제되는 주제가 아닐뿐더러, 처음보는 신유형이어서 현장에서 당황하지 않고 정확하게 풀어내기 어려웠다.

일반적으로 고저점법은 x축에 조업도가 오는데, 이 문제에서는 '총제조원가에 대한 원가동인은 직접노무시간'이라는 가정을 주었기 때문에, 직접노무시간을 변수로 이용하여 원가함수를 추정해야 한다. 따라서 직접노무시간이 100시간으로 가장 짧은 2월과 150시간으로 가장 긴 4월을 고른다.

직접노무시간 당 원가=(19,000-17,000)/(150-100)=40
문제에서 '총공헌이익'을 물었기 때문에 고정원가는 구할 필요가 없었다.

30단위 판매 시 공헌이익: (500-40*11시간-25)*30단위=**1,050**
1단위 생산하는데 11시간의 직접노무시간을 사용하므로 1단위당 변동 '제조원가'는 440이고, 변동판관비 25를 차감한 뒤, 30단위를 곱하면 공헌이익을 계산할 수 있다.

11. ①
자산, 부채의 평가

② 미래예상거래의 현금흐름변동위험을 회피하는 파생상품평가손익은 **순자산조정**에 반영한다. 재무회계에서 OCI에 해당하는 '잉금재, 해위' 중 위(위험회피적립금)에 해당한다. (X)

③ 압수품 및 몰수품이 비화폐성 자산인 경우 압류 또는 몰수 당시의 시장가격으로 평가하며 감정가액으로 평가할 수 **있다**. (X)

④ 우발자산은 경제적 효익의 유입 가능성이 매우 높은 경우 **주석에 공시**한다. (X)

12. ④
재무정보의 질적 특성

재무정보가 예측가치를 갖기 위해서 그 자체가 예측치이어야 할 필요는 없다.

13. ④
유효이자율법 계산형 말문제

① 20×2년 이자비용: 80,000(액면이자)+16,528(상각액)=96,528 (O)
② 20×1년 1월 1일 사채의 발행금액: 1,000,000-(15,025+16,528+18,195)=950,252 (O)
③ '할인'발행하였으므로, 표시이자율은 유효이자율보다 낮다. (O)
④ '이자비용=액면이자+상각액'이다. 상각액이 매년 다르므로 **이자비용도 매년 달라진다**. (X)

14. ③
저가법

```
BQ*BP
                        >감모손실
AQ*BP  476*85
                        >평가충당금: 952
AQ*저가 476*83
```

문제에서 '평가충당금'을 물었기 때문에 가운뎃줄과 아랫줄의 차이만 계산하면 된다.
'저가=min[취득원가, 순실현가치]'이므로 83이다. 참고로, 현행대체원가는 원재료의 저가법 적용 시 순실현가치 대신에 사용하는 금액이다. 문제에 제시된 재고자산이 원재료라는 언급이 없으므로 현행대체원가가 아닌 순실현가치를 사용한다.

15. ④
기말 재고자산에 포함될 항목

실사 재고자산	100,000
적송품	200,000*0.2=40,000
시송품	60,000-20,000=40,000
정확한 기말 재고자산	180,000

매출원가: 200,000(기초)+1,000,000(매입)-180,000(기말)=**1,020,000**

미착상품은 도착지 인도조건으로 매입하여, 아직 도착하지 않았으므로 재고자산에 가산하지 않는다.

16. ①
지자체의 순자산

순자산: 2,000,000-1,000,000=1,000,000

지자체의 순자산은 다음의 세 가지로 구분된다. (고특일)
고정순자산: 900,000+200,000-450,000=650,000
특정순자산: 150,000 (적립성기금의 원금)
일반순자산: 1,000,000(순자산)-650,000(고정)-150,000(특정)=**200,000**

17. ②
영업활동현금흐름-간접법

영업CF	=	NI	-	비영업손익	-	△영업 자산	+	△ 영업 부채
99,000	=	100,000		10,000 (8,000)		(9,000) 4,000		5,000 (3,000)

18. ①
제조원가의 흐름

간접노무원가	80
공장 임차료	10
공장 수도광열비	15
OH 계	105

영업장 화재보험료, 판매원 상여금은 '공장'과 무관하므로 판매비와 관리비로 처리한다.

	가산		차감		
직접재료	기초 매입액	20 350	기말	15	DM
가공원가	DL OH	250 105			당기총제조원가
재공품	기초	30	기말	10	당기제품제조원가
제품	기초	20	기말	10	매출원가: 740

매출총이익=1,400-740=**660** (매출원가인 ④ 740을 고르지 않도록 주의하자.)

19. ②

수익 기준서

시장평가 조정 접근법은 재화와 용역을 판매하는 시장의 가격을 추정하는 방법을 의미한다. 총 거래가격에서 계약에서 약속한 그 밖의 재화나 용역의 관측 가능한 개별 판매가격의 합계를 차감하여 추정하는 방법은 **잔여 접근법**이다.

20. ①

재무제표에 미치는 영향

매출액을 A라고 가정할 때, 문제에 제시된 거래의 회계처리는 다음과 같다.

매출	매출채권	A	매출	A
	매출원가	0.8A	재고자산	0.8A
채무 변제	부채	A	매출채권	A

재무제표에 미치는 영향>

자산	부채	수익	순이익
(0.8A)	(A)	A	0.2A
감소	**감소**	**증가**	**증가**

매출원가가 판매대금의 80%이므로 매출액에서 매출원가를 차감하더라도 순이익은 증가한다.

원가관리회계	11, 13
정부회계	4, 15
고난이도 문제	5
계산이 어려운 문제	14, 17

5번(기말수정분개)은 신유형으로 출제되어 오류수정에 대한 이해도가 깊지 않았다면 풀기 어려웠다.

14번(희석주당이익), 17번(감가상각의 변경)은 계산기 없이 계산하기 어려웠다.

---

01. ③

재무제표 표시

서술형 정보의 경우에도 비교정보를 포함한다.

02. ③

재무정보의 질적 특성

중요성을 이해가능성으로 바꾸어야 한다.

03. ①

자본 말문제

① 자기주식처분손실은 당기비용이 아닌 **자본조정**으로 계상한다.

04. ①

부채의 평가

국가회계의 부채는 차입부채, 충당부채 및 기타 부채로 구분하여 재정상태표에 표시한다. ①번은 지자체회계에 해당하는 설명이다.

05. ①

비자동조정오류

기말수정분개

(차) 여비교통비	②120,000	(대) 현금과부족	①100,000
		잡이익	③20,000

① 현금실사 잔액이 장부상 잔액보다 적으므로 차이 금액 100,000을 대변에 현금과부족으로 계상한다. 대변에 현금을 계상하여 현금 잔액을 줄이는 것이라고 생각하면 된다.

② 여비교통비 누락은 차변에 120,000 계상한다.

③ 대차를 맞추기 위해서 대변에 20,000을 문제 지시사항에 따라 잡이익으로 계상한다.

①번 회계처리는 현금과부족 120,000을 대변에, 20,000을 차변에 계상하였으므로 사실상 100,000을 대변에 계상한 위 회계처리와 같은 회계처리이다. 여비교통비를 차변에 120,000 계상한다는 것만 가지고도 답을 골라낼 수 있었다.

06. ②
총이자비용

총이자비용: 18,656

(1) 액면금액+만기*액면이자-발행금액: 100,000+8,000*3년-105,344=**18,656**

(2) 상각액 합계+만기*액면이자: -5,344+8,000*3년=**18,656**

이 문제에서 두 번째 공식을 사용하려면, 상각액 합계인 5,344를 '차감'해야 함에 주의하자. 유효이자율이 액면이자율에 비해 낮아서 할증발행된 상황이다. 발행가액이 105,344로 액면금액인 100,000보다 큰 것을 보면 알 수 있다. 이 경우 상각액이 음수로 나오기 때문에 이자비용을 계산할 때 액면이자에서 차감해야 한다. 따라서 할증발행 상황에서 헷갈리지 않으려면 (1)번 공식을 이용할 것을 추천한다.

참고>유효이자율 상각표

	유효이자(6%)	액면이자(8%)	상각액	장부금액
X6				105,344
X7	6,321	8,000	(1,679)	103,665
X8	6,220	8,000	(1,780)	101,885
X9	6,115	8,000	(1,885)	100,000

총 이자비용=6,321+6,220+6,115=18,656

07. ③
대손

	대손상각비	매출채권	대손충당금	순액
기초			①3,810	
대손	②690	(4,500)	(3,810)	
회수				
설정				
기말				

① 기초 대손충당금 잔액: 90,000*1%+18,000*2%+9,000*5%+6,000*15%+4,000*30%=3,810
   - 문제에 제시된 매출채권 연령분석표는 'X8년 말' 매출채권에 대한 자료이다. 문제에서 X9년의 손상차손을 물었기 때문에 X8년 말 대손충당금은 '기초' 대손충당금이다.

② 1월 10일 대손상각비: 4,500-3,810=690
   - 기초 대손충당금 잔액에 비해 대손 확정 금액이 크므로 부족분은 상각비로 인식한다.

08. ③
저가법

	상품a	상품b	상품c
NRV	7,000-1,500=5,500(>5,000)	9,000-2,000=7,000	3,000-1,000=2,000
AQ*저가	2개*@**5,000**=10,000	3개*@7,000=21,000	2개*@2,000=4,000

상품a는 BP가 NRV보다 크므로 BP인 5,000이 저가가 된다. 저가는 장부금액과 순실현가능가치 중 작은 금액이라는 것에 유의하자.

재고자산			
기초	50,000	매출원가	**965,000**
		기타비용	−
매입	950,000	기말(순액)	35,000
계	1,000,000	계	1,000,000

총비용

(순)매입액: 1,000,000-50,000(매입할인)=950,000

기말 저가 재고(순액): 10,000+21,000+4,000=35,000

매출원가: 50,000+950,000-35,000=965,000

문제에서 기타비용에 대한 언급이 없기 때문에, 판매가능상품에서 기말 저가 재고(순액)만 차감하면 매출원가를 구할 수 있다.

09. ④
일괄취득

일괄구입대금	1,000,000
취득세 등	100,000
건물 철거비용	50,000
철거로 인한 폐자재 수입	(40,000)
영구적 공사비	100,000
토지 취득원가	**1,210,000**

기존 건물을 철거하고 신축하기 위해서 토지와 건물을 일괄취득한 경우 철거될 건물에는 취득원가를 배부하지 않고, 전부 토지의 취득원가로 본다. 자산의 공정가치가 제시되더라도 공정가치 비율로 안분하지 않도록 주의하자.

건설 시작 전에 건설용지를 사용하여 발생한 손익은 취득원가에 가산하지 않는다.

10. ①
자산, 부채의 증감을 알 수 없는 경우 현금흐름

이익 차이: 64,000-50,000=**14,000**

현금기준 이익		발생기준 이익	
판매대금 수령액	150,000	매출액	200,000
매입대금 지급액	(80,000)	매출원가	(140,000)
급여 지급액	(5,000)	급여	(10,000)
광고비 지급액	(3,000)	광고비	(1,000)
임대수익 수령액	2,000	임대수익	1,000
계	64,000	계	50,000

매출원가: 50,000+100,000-10,000=140,000

광고비, 임대수익: 4월의 이익을 물었기 때문에 발생기준에서는 1달치 분만 수익과 비용을 인식해야 한다.

11. ③
정상개별원가계산

Step 1. 제조간접원가 예정 배부율=예정 제조간접원가÷예정(기준) 조업도
: 2,000/200직접노무시간=10/직접노무시간

Step 2. 제조간접원가 배부액=실제 조업도*예정 배부율
210시간*10/직접노무시간=2,100

Step 3. 배부차이=배부액-실제 제조간접원가
배부차이: 2,100-**1,900**=200 과대배부
- 2,100을 배부하였으나, 배부차이가 200 과대배부이므로 실제 발생액은 1,900이다.

12. ①
수익 기준서

거래가격에 제삼자를 대신하여 회수한 금액은 제외한다.
② 변동대가는 기댓값이나 가능성이 가장 높은 금액 등으로 금액을 추정한다. (O)
③ 비현금 대가는 공정가치로 측정한다. (O)
④ '고객에게 지급할 대가'는 기업이 고객에게 지급하는 금액을 의미한다. 기업이 고객에게 지급할 (것으로 예상하는) 현금을 당연히 포함한다. (O)

13. ②
표준원가

	AQ*AP			AQ*SP		SQ*SP
DL	=31,450	임률차이 3,700 불리		=①27,750	능률차이 2,250 유리	③2,000*④15 =②30,000

① AQ*SP: 31,450-3,700=27,750
② SQ*SP: 27,750+2,250=30,000
③ SQ: 400개*5시간=2,000시간
④ SP: 30,000/2,000=**15**

14. ④
희석주당순이익

1. 기본 eps: (1,000,000-50,000)/2,300=413
(1) 가중평균유통보통주식수(n)=2,300

	1.1 기초	7.1 유상증자	계
가중평균	2,000 *12/12	600 *6/12	
	2,000	300	2,300

(2) 우선주 배당금: 1,000주*1,000*5%=50,000

2. 희석 eps: (950,000+50,000)/(2,300+1,000)=303
(1) 분자에 가산할 금액: 50,000
(2) 분모에 가산할 금액: 1,000
희석eps는 전환우선주가 기초에 전부 전환된다고 가정하므로 n은 1,000주 증가한다. 또한, 전환된 우선주에 대해서는 우선주 배당금을 지급하지 않으므로, 분자에 50,000을 가산한다.

별해> 희석 eps를 바로 구하기
희석 eps는 잠재적보통주가 보통주가 되었다고 가정하고 계산한 eps이다. 따라서 전환우선주가 기초에 전부 전환된다고 가정하고 바로 희석 eps를 계산해도 된다.
(1) 분자: 1,000,000 (우선주 배당금 지급 X)
(2) 분모: 3,000+600*6/12=3,300 (우선주가 기초에 전부 전환)
(3) 희석 eps: 1,000,000/3,300=303
- 계산기 없이 계산하기 굉장히 까다로운 문제였다

15. ④
자산, 부채의 평가

재평가 규정이 없는 지자체회계와 달리, 국가회계에서는 일반유형자산과 사회기반시설 모두 재평가를 할 수 있다.

16. ③
기말수정분개

수정 전 NI	5,500
미지급급여	(900)
미수임대료	500
감가상각비	(400)
소모품비	(200)
선수수익 수익화	1,200
수정 후 NI	**5,700**

17. ②
감가상각의 변경

X6.4.1   1,000,000 n=4, s=0, 연수합계법

↓   (625,000)=(1,000,000-0)*(4/10+3/10*9/12)

X7   375,000 n=27/12, s=105,000, 정액법

↓   **(120,000)**=(375,000-105,000)*12/27

(1) X6.4.1~X7.12.31까지 감가상각비

X8년초에 감가상각요소를 변경하였으므로 취득 시점부터 X8년초까지 21개월을 상각해야 한다. 연수합계법을 적용하고 있기 때문에 첫 1년은 4/10의 상각률을 적용하고, 나머지 9개월은 3/10의 상각률을 적용한다.

(2) X8년도 감가상각비

감가상각방법을 정액법으로 바꾸었기 때문에, 남은 금액(375,000)을 남은 기간(27개월)동안 나누어 감가상각비를 인식해야 한다. X8년에는 남은 27개월 중 12개월을 상각하기 때문에 (375,000-105,000)에 12/27을 곱해야 된다. 사실상 계산기 없이 풀이가 불가능했던 문제이다.

18. ④
영업활동 현금흐름-직접법

고객으로부터의 현금유입액	=	매출액	-	△매출채권	+	△대손충당금
9,000,000	=	10,000,000		(1,000,000)	+	

매출액 1	7,500,000/(1-25%)=10,000,000
매출총이익 0.25	
매출원가 0.75	7,500,000

기초 매출채권 중 회수액: 1,000,000*50%=500,000

당기 매출액 중 회수액: 9,000,000-500,000=**8,500,000**

- 전체 매출채권 회수액이 9,000,000인데, 기초 매출채권 중에서 절반인 500,000만 회수되었으므로 나머지 8,500,000은 당기 매출액 중에서 회수된 금액이다.

19. ④
자본의 증감

기초	+NI	+유상증자	-현금배당	=기말
자산 45,000	NI 1,500			자산 47,000
부채 15,000	**OCI 1,900**			부채 14,600
30,000	3,400	2,000	3,000	32,400

문제에서 X2년도 기타포괄손익을 물었기 때문에 X2년의 기초, 기말 자본을 분석해야 한다. 따라서 X1년말 자산, 부채가 X2년초 자산, 부채가 되며, X2년의 당기순이익만 이용해야 한다.

20. ②
투자활동 현금흐름

유형자산 관련 순현금흐름	=	감가상각비 유형자산처분손익	-	유형자산	+	감누
(555,000)	=	(300,000) 75,000		(450,000)		120,000

FVPL금융자산은 영업활동으로 분류하므로 '투자활동' 현금흐름 계산 시에는 반영하면 안된다. 참고로, FVPL금융자산 관련 현금흐름을 직접법으로 표현하면 다음과 같다. 출제진은 30,000을 반영한 525,000 유출도 ①번 선지에 끼워놓았으므로 FVPL금융자산의 활동 구분에 주의해야 한다.

	CF	=	손익	-	△ 자산	+	△ 부채
FVPL (영업)	30,000	=	15,000(평가이익)		15,000(금융자산)		

원가관리회계	12
정부회계	4, 13, 16
지엽적인 문제	8
계산이 어려운 문제	20

8번(사채의 기중 발행)은 기존에 다루지 않은 지엽적인 주제이다. 난이도도 높고, 계산 과정도 복잡하기 때문에 실전에서는 풀지 않았어야 한다.

20번(어음의 할인)은 계산기 없이 절대로 풀 수 없는 문제였다.

---

01. ④
유동·비유동 구분

보고기간 후 12개월 이내에, 혹은 정상영업주기 내에 실현되거나 결제된다면 유동자산 및 유동부채로 분류한다.

④ 정상영업주기 내에 결제한다면 결제일이 12개월 이후더라도 유동부채로 분류한다.

02. ②
기말수정분개

수정 전 NI		300,000
선급보험료 감소	120,000*3/12=	(30,000)
임대수익 감소	90,000*4/6=	(60,000)
이자비용	1,000,000*6%*1/12=	(5,000)
계		**205,000**

기말수정분개>
(차) 토지 50,000 (대) 재평가잉여금(OCI) 50,000
(차) 보험료비용 30,000 (대) 선급보험료 30,000
(차) 임대수익 60,000 (대) 선수임대료 60,000
(차) 이자비용 5,000 (대) 미지급이자 5,000

토지가 그동안 어떻게 공정가치 평가를 했는지 알 수 없으므로, 최초 재평가로 보고 평가이익을 OCI로 인식한다.

03. ③
투자부동산

투자부동산 분류 시, 평가손익은 전부 당기손익으로 계상한다. 구체적인 계산 필요없이 선지만 보고도 풀 수 있는 문제였다.

(1) 유형자산으로 분류한 경우 (재평가모형)

```
X0    1,000,000 n=10, s=0
            ↓   (100,000)=(1,000,000-0)*1/10
X1     900,000        →     990,000 n=9
                    ⊕90,000     ↓ (110,000)
X2     750,000        ←     880,000
                    ⊖90,000(OCI)
                    (-)40,000(PL)
```

(2) 투자부동산으로 분류한 경우 (공정가치모형)

```
X0 1,000,000 n=10, s=0
        ↓   (-)10,000
X1 990,000
        ↓   (-)240,000
X2 750,000
```

04. ①
자산, 부채의 평가

무상관리전환의 경우 장부금액을 취득원가로 한다. 공정가액을 취득원가로 하는 것은 유상관리전환이다.

05. ④
자본유지개념

'실물'자본유지개념은 '현행'원가에 따라 측정해야 한다. 자본유지개념이 출제되었을 때 이 내용만 기억해도 대부분의 문제를 풀 수 있다. 어떤 뜻인지 몰라도 되니, 그냥 외워두자.

06. ④
주당순이익

	기초 1.1	유상증자 7.1	계
주식수	30	20	
무상증자	3	2	
가중평균	*12/12	*6/12	
계	33	11	**44**

7.1 유상증자 발행가액 분석

(1) 총 발행가: 25주*@4=100

(2) 유상증자로 보는 주식 수: 100/5=20주
공정가치 미만 유상증자 시 사용하는 공정가치는 '증자 시의' 공정가치(5)이다. '20X1년 12월 31일'의 시가(6)로 나누지 않도록 주의하자.

(3) 무상증자로 보는 주식 수: 25-20=5주
5주를 기존 주식 30주와 유상증자로 보는 주식 20주에 비례 배분한다. 각각 3주와 2주가 배분된다. 10%(=5/50) 무상증자와 동일한 효과이다.

EPS=88/44=2
PER=주가/EPS=6/2=3.0
- 문제의 요구사항은 PER이다. EPS 값인 2.0을 답으로 고르지 않도록 주의하자.

07. ②
채무상품 회계처리

X0	460,000 (40,000) R=10%

$\downarrow$ 46,000

X1	466,000 $\xrightarrow[\ominus 54,000]{\oplus 54,000}$ 520,000

(1) X1년 평가이익: **54,000**

(2) X2년 처분이익: 290,000-466,000*0.5=**57,000**

참고> X2년 초 회계처리

취소: (차) OCI 54,000 (대) FVOCI 금융자산 54,000 ┘ 466,000

처분: (차) 현금 290,000 (대) FVOCI 금융자산 233,000

금융자산처분이익 57,000

08. ④
사채의 기중발행

기존에 다루지 않은 지엽적인 주제이다. 난이도도 높고, 계산 과정도 복잡하기 때문에 실전에서는 풀지 않았어야 한다.

	유효이자(10%)	액면이자(8%)	상각액	장부금액
1.1				47,513
4.1	1,188	1,000	188	47,701
12.31	4,751	4,000	751	

1월 1일에 발행하지 못하고, 실제로는 4월 1일에 발행했기 때문에 1월 1일의 현재가치 47,513에서 3개월간 유효이자율 상각을 해야 한다. 유효이자율은 10%이지만, 3개월 늦게 발행하였으므로 1년치 이자에 3/12만큼을 가산한 만큼 현금을 수령한다.

① 액면이자 미지급액: 4,000*3/12=1,000 (O)

② 사채 장부금액: 47,513+4,751*3/12-1,000=47,701 (O)

③ 현금 수령액: 47,513+4,751*3/12=48,701 (O)

④ 사채할인발행차금: 50,000-47,701=**2,299** (X)

09. ④
위탁판매

매출액: 600,000

적송품: 100개*@1,200+30,000*100개/500개=126,000

적송운임은 적송품에 가산한 뒤, 판매비율에 따라 매출원가로 비용화한다. 따라서 기말 재고인 100개분에 해당하는 6,000은 적송품에 가산하고, 400개분에 해당하는 24,000(=30,000*400/500)은 매출원가로 비용화한다.

10. ④
상환우선주

① ×1년초 상환우선주의 발행가액: 6,000*100주*0.75+30,000*2.5=525,000 (O)

- 의무 상환이므로 부채로 분류하고, 누적적 상환우선주이므로 배당금도 부채에 포함된다.

- 배당금: 5,000*100주*6%=30,000

② ×1년말 상환우선주의 장부가액: 525,000*1.1-30,000=547,500 (O)

③ ×1년 PL: 525,000*10%=52,500 감소 (이자비용) (O)

④ 부채로 분류하는 상환우선주가 지급하는 배당은 이자로 본다. 따라서 '당기손익의 분배'(=배당)로 인식하지 않는다. (X)

11. ③

손익계산서 표시 방법

① 기능별 분류가 더욱 목적적합한 정보를 제공한다.
② 기능별 분류에 비용 배분의 자의성과 판단이 개입된다.
④ 성격별 분류가 미래현금흐름 예측에 용이하다.

12. ①

제조원가의 흐름

	가산		차감		
직접재료	기초 매입액	34,000 56,000	기말	10,000	⌐ DM: 80,000
가공원가	DL(0.4) OH(0.6)	240,000 360,000			
재공품	기초	37,000	기말	20,000	
제품	기초	10,000	기말	48,000	⌐ **매출원가: 659,000**

DL: 320,000(기본원가)-80,000(DM)=240,000
OH: 240,000*60%/40%=360,000

13. ③

수익 인식 기준

수익과 비용은 금액의 합리적인 측정이 가능할 때 인식한다.

14. ①

수익 기준서

기댓값이 아니라 '가능한 결과치가 두 가지뿐일 경우'에 가능성이 가장 높은 금액으로 추정한다.
④ 수익 인식 시점은 재화나 용역을 고객에게 이전하여, 고객이 재화나 용역을 통제할 때이다. (O)
②, ③번은 중요한 문장이 아니니 넘어가자. 다른 선지로 충분히 답을 골라낼 수 있는 문제였다.

15. ③

차입원가 자본화

연평균 지출액
X1   12.31
1/1   3,000*12/12=3,000
10/1   2,000*3/12=500
                      3,500

특정   1,000*12/12=1,000(4%)→40
일반   (3,500   -1,000)*7%=175 <**210: 한도**
                              215(자본화액)

*R=210/3,000=7%
A 1,000*12/12=1,000(5%)→50
B 2,000*12/12=2,000(8%)→160
          3,000   210

16. ①
재정운영표 & 순자산변동표

① 재정운영표 & 순자산변동표

	기본순자산	적립금 및 잉여금	순자산조정	합계
Ⅰ. 기초순자산	×××	×××	×××	300,000
Ⅱ. 재정운영결과		(200,000)		(200,000)
Ⅲ. 재원의 조달 및 이전		조달: 200,000 이전: (160,000)		40,000
Ⅳ. 조정항목			20,000	20,000
Ⅴ. 기말순자산	×××	×××	×××	**160,000**

중앙관서가 일반회계이므로 행정형 회계에 해당한다. 따라서 재정운영결과에 비교환수익이 반영되어 있지 않으며, 비교환수익 200,000을 재원의 조달 및 이전란에 적어야 한다. 따라서 재정운영결과를 차감한 뒤, 비교환수익을 추가로 반영해주어야 한다.

만약 중앙관서가 사업형 회계였다면 재정운영결과에 비교환수익이 반영되어 있으므로, 비교환수익을 추가로 반영하면 안된다.

17. ②
재평가모형의 손상

```
X0    10,000 n=5, s=0 정액법
         ↓ (2,000)=(10,000-0)*1/5
X1    8,000      →      8,400  n=4
         ⊕ 400       ↓ (2,100)=(8,400-0)*1/4
X2                6,300   - 5,900   →   5,400  n=3
                      ⊖ 400
                      (-) 500           ↓ (1,800)=(5,400-0)*1/3
X3                4,200   ← 4,100   - 3,600
                      (+) 500
                      ⊕ 100
```

| 회계처리 |

X2년말

(차) 재평가잉여금 400 　　　(대) 무형자산 400
(차) 손상차손 500 　　　(대) 손상차손누계액 500

X3년말

(차) 손상차손누계액 500 　　**(대) 손상차손환입 500**
(차) 무형자산 100 　　　　　　**(대) 재평가잉여금 100**

18. ②
재무비율

1. 재고자산회전율=매출원가/평균 재고자산=4,000/400=**10회**
   (1) 매출원가; 6,000/0.6*0.4=4,000

매출액 1	
매출총이익 0.6	6,000
매출원가 0.4	4,000

   (2) 평균 재고자산: 400 (기초, 기말이 동일)

2. 당좌비율=당좌자산/유동부채
   재고자산=유동부채*(유동비율-당좌비율)=400
   - 기초, 기말 재고자산이 일치하므로 시점을 고려하지 않아도 된다. 문제에서도 당좌비율의 시점을 기초 혹은 기말로 제시하지 않고 그냥 물었다.

   500*(200%-당좌비율)=400
   → 당좌비율=**120%**

19. ②

교환

㈜대한의 처분손익: 공정가치-550,000=(-)100,000 손실

㈜대한의 공정가치=450,000

㈜민국의 처분손익: 공정가치-350,000=(-)50,000 손실

㈜민국의 공정가치=300,000

현금 지급액=450,000-300,000=**150,000**

이 문제에서 '공정가치가 더 명백하다'는 조건은 쓸 필요가 없었다. 두 자산의 공정가치가 문제에 제시되었을 때 문제의 조건에 따라 명백하지 않은 자산의 공정가치는 무시하고, 더 명백한 자산의 공정가치를 사용하는데, 어차피 우리가 공정가치를 직접 구했기 때문이다.

| 직접법 풀이법 |

㈜대한

감가상각누계액	①150,000	기계장치(구)	①700,000
현금	②**150,000**		
유형자산 처분손실	③100,000		
기계장치(신)	④300,000		

㈜민국

감가상각누계액	①250,000	기계장치(구)	①600,000
		현금	②**150,000**
유형자산 처분손실	③50,000		
기계장치(신)	④450,000		

20. ①

어음의 할인

계산기 없이 **절대로** 풀 수 없는 문제였다. 실전에서 어음의 할인율을 묻는다면 절대로 풀면 안 된다.

어음의 만기 수령액: 72,000×(1+5%×5/12)=73,500

현금 수령액: 73,500×(1- 할인율×3/12)=72,030

→ 할인율=**8%**

이자수익: 72,000×5%×2/12=600

처분손실: 72,000+600-72,030=570

㈜민국

현금	72,030	어음	72,000
어음처분손실	**570**	이자수익	600

2019년도 서울시 9급 해설

원가관리회계	3, 7, 14
정부회계	9, 20
지엽적인 문제	2
계산이 어려운 문제	16
시간이 많이 걸리는 문제	12

2번(차입원가 자본화)은 대부분의 차입원가 자본화 문제가 계산문제로 출제되는 것과 반대로, 말문제로 출제되었다. 나머지 내용은 배우지 않았지만, 답인 선지는 배운 문장이어서 답은 고를 수 있었다.

16번(복구충당부채)은 현재가치를 한 뒤, 유효이자율 상각을 해야 해서 계산이 어려웠다.

12번(재무비율)은 문제의 요구사항을 한, 두 번의 계산으로 구할 수 없었으며, 여러 과정을 거쳐야 답을 구할 수 있는 문제였다.

01. ④
재평가모형

X0	2,000,000	n=5, s=0			
		↓ (400,000)=(2,000,000-0)×1/5			
X1	1,600,000	→	1,800,000	n=4	
		⊕ 200,000	↓ **(450,000)**=(1,800,000-0)×1/4		
X2			1,350,000	→	1,050,000
				⊖ 200,000	
				(-) 100,000	

당기순손익에 미치는 영향: (-)100,000-450,000=**(-)550,000**

- '당기손익'에 미치는 영향을 묻는다면 감가상각비까지 포함해야 한다는 것을 유의하자.

02. ④
차입원가 자본화 말문제

재고자산, 금융자산은 공정가치(재고자산: 저가법) 평가를 수행하는 자산으로, 적격자산에 해당하지 않는다.

03. ②
변동원가계산과 전부원가계산의 이익 차이

변동		
+기말	고정OH	+20*@150=**3,000**
-기초		
=전부		

고정OH 배부율: 30,000/200개=@150

- 이익 차이를 조정하기 위해서는 고정'제조간접원가'의 차이만 반영해야 한다. 고정'판매비'까지 반영하지 않도록 주의하자.

04. ④
총 이자비용

사채의 현재가치: 1,000,000*0.84+40,000*2.67=946,800

발행가액: 946,800-1,500=945,300

총 이자비용: 1,000,000-945,300+40,000*3=174,700

| 회계처리 |

(차)	현금	946,800	(대)	사채	1,000,000
	사채할인발행차금	53,200			
(차)	사채할인발행차금	1,500	(대)	현금	1,500

총 이자비용은 '현금 지급액-현금 수령액'의 방식으로 구한다. 사채발행비가 없었다면 총 이자비용 인식액은 ③번의 ₩173,200(=1,000,000-**946,800**+40,000*3)이었을 것이다. 하지만 사채발행비로 인해 현금 지출이 발생하면서 현금 수령액(=발행가액)이 945,300으로 감소한다. 따라서 사채발행비 만큼 이자비용 인식액이 증가한다.

05. ③
대손

	대손상각비	매출채권	대손충당금	순액
기초		400,000	4,000	
매출		1,000,000		
정상채권 회수		(800,000)		
대손		(3,000)	(3,000)	
설정	③6,000		③6,000	
기말	6,000	①597,000	②7,000	590,000

① 기말 매출채권 잔액: 400,000+1,000,000-800,000-3,000(대손 확정)=597,000

② 기말 대손충당금 잔액: 597,000-590,000=7,000

③ X2년 대손상각비: (-)4,000+3,000+7,000=**6,000**

| 회계처리 |

(차) 매출채권 1,000,000   (대) 매출 1,000,000

(차) 현금 800,000   (대) 매출채권 800,000

(차) 대손충당금 3,000   (대) 매출채권 3,000   →기말 매출채권 597,000

(차) **대손상각비 6,000**   (대) 대손충당금 6,000   →기말 대손충당금 7,000

| 직접법 풀이법 |

	현금흐름	=	NI	-	△ 자산	+	△ 부채
고객	800,000	=	1,000,000 (매출액) **(6,000)** **(대손상각비)**		(194,000) (매출채권)		

매출채권 증감(순액): 590,000-(400,000-4,000)=194,000 증가

06. ③
건설계약

(1) 진행기준에서의 이익: 15,000

	20X1년	20X2년	20X3년
진행률 누적계약수익	20% 200,000*20%=40,000	70% 200,000*70%=140,000	100% 200,000*100%=200,000
계약수익 계약원가	40,000 150,000*20%=30,000	140,000-40,000=100,000 150,000*50%=75,000	200,000-140,000=60,000 150,000*30%=45,000
계약이익	10,000	25,000	**15,000**

X3년도 계약이익: (200,000-150,000)*30%=15,000
- 계약금액이 불변이면서, 추정원가가 실제 발생액과 일치하였기 때문에 X3년도의 증가한 진행률을 이용해서 바로 구할 수도 있었다.

(2) 완성기준에서의 이익: 200,000-150,000=50,000
완성기준이란 공사 완성 시 수익 및 비용을 전부 인식하는 기준을 의미한다. 따라서 공사가 완성된 X3년도에 계약금액 200,000과 계약원가 150,000을 전부 손익화한다.

(3) 이익 차이: 50,000-15,000=**35,000**

07. ③
제조원가의 흐름

	가산		차감		
직접재료	기초 매입액		기말		⌐ DM
가공원가	DL OH				⌐ 당기총제조원가: 320,000
재공품	기초	10,000	기말	5,000	⌐ 당기제품제조원가
제품	기초	20,000	기말	22,000	⌐ 매출원가: **323,000**

문제의 보기 좌상단에 제시된 '당기제조간접원가'는 가공원가의 일부인 OH를 의미한다. '당기제품제조원가'와 헷갈리지 않도록 주의하자.

08. ②
지분상품 회계처리

(1) X1년: 120,000-101,000=**19,000 증가** (평가이익)
- FVOCI 선택 금융자산은 취득부대비용을 취득원가에 가산한다.

(2) X2년: 125,000-120,000=**5,000 증가** (평가이익)
- FVOCI 선택 금융자산은 처분 시에도 '평가'이익을 OCI로 인식한다.

09. ③
지자체 재무제표 작성 과정

개별 회계실체의 재무제표(1단계) 작성 시 다른 개별 회계실체와의 내부거래(1단계)를 상계하지 않고 작성한다.

10. ②
자본거래가 자본에 미치는 영향

기초 자본		13,300,000
유상증자	200주*@4,500=	900,000
자기주식 취득	100주*6,000=	(600,000)
당기순이익		500,000
기말 자본		**14,100,000**

11. ②
감가상각의 변경

17.3.1	3,600,000	n=5, s=0, 연수합계법
	↓(1,000,000)=(3,600,000-0)*5/15***10/12**	
17	2,600,000	n=50/12, s=0, 정액법
	↓**(624,000)**=(2,600,000-0)*12/50	
18	1,976,000	

내용연수 60개월(5년) 중 10개월을 상각하고, 50개월이 남았으므로 18년의 감가상각률은 12/50이다.

12. ④
재무비율

단기차입금	200,000
매입채무	250,000
유동성장기부채	150,000
유동부채	600,000

유동자산: 600,000*150%(유동비율)=900,000

유동자산	900,000
건물	1,100,000
총자산	2,000,000

유동자산에 비유동자산을 더하면 총자산을 계산할 수 있다. 재무상태표 상 비유동자산은 건물밖에 없으므로 건물만 가산하면 된다.
'~금'으로 끝나는 계정은 '장기'가 붙어있지 않는다면 일반적으로 유동항목으로 분류한다. '장기미수금'이 아니므로 미수금은 유동자산으로 분류하며, 유동자산에 이미 포함되어 있으므로 총자산 계산 시 미수금을 가산하지 않는다.

유동부채	600,000
사채	500,000
장기충당부채	300,000
총부채	1,400,000

자본: 2,000,000(총자산)-1,400,000(총부채)=600,000
자본금: 600,000-350,000(이익잉여금)=**250,000**

13. ②
현금흐름 활동구분

①, ③은 투자활동으로, ④는 재무활동으로 분류한다.

14. ④
완화된 가정의 CVP분석

변동비율=1-공헌이익률=75%

매출액 1	
공헌이익 0.25	150
변동원가 0.75	450

단위당 변동원가가 450이고, 변동비율이 75%이므로 단위당 공헌이익=450/3=150이다.

목표이익을 달성하기 위한 판매량은 다음과 같이 구한다.

관련범위	목표 판매량 식	판매량
~1,500단위	(60,000+180,000)/150=	1,600단위 (X)
1,500단위~	(60,000+240,000)/150=	**2,000단위 (O)**

1,600단위는 관련범위인 1,500단위 미만에 들어오지 않으므로 답이 아니며, 2,000단위가 정답이다.

15. ①
저가법

평가손실: 2,000 (가에서 발생)

	가	나	다
BQ×BP			
AQ×BP	40개×@200=8,000	20개×@400=8,000	10개×@100=1,000
AQ×저가	40개×@150=6,000	20개×@400=8,000	10개×**@100**=1,000

상품 다의 경우 NRV가 200-50=150으로 계산되지만 취득원가가 100으로 더 작기 때문에 취득원가가 곧 저가가 되며, 평가손실을 인식하지 않는다.

참고로, 저가법은 손실만 인식하기 때문에 ④번의 '재고자산평가이익'은 계산해보지 않고도 걸러낼 수 있었다.

16. ①
복구충당부채

구축물 취득 시 미지급금의 현재가치: 200,000*0.91=182,000
복구충당부채: 30,000*0.78=23,400
X1년 이자비용: (182,000+23,400)*5%=**10,270**

-문제에서 물어본 '금융비용'은 이자비용을 의미한다. 미지급금과 복구충당부채 모두 현재가치된 금액이기 때문에, 매년 말 유효이자율 상각을 해야 한다. 따라서 X1년초 미지급금과 복구충당부채 금액에 할인율 5%를 곱하면 X1년도 이자비용을 구할 수 있다.

| 회계처리 |
20X1년 초>
(차) 구축물 305,400　　　(대) 현금　　　　　100,000
　　　　　　　　　　　　　　장기미지급금 182,000
　　　　　　　　　　　　　　복구충당부채　 23,400

20X1년 말>
(차) 이자비용 **9,100**　　　(대) 장기미지급금 9,100
(차) 이자비용 **1,170**　　　(대) 복구충당부채 1,170
(차) 감가상각비 XXX　　　(대) 감가상각누계액 XXX

매년 말 장기미지급금 및 복구충당부채에 대해 유효이자율 상각과 감가상각을 수행해야 한다. 문제에서 감가상각요소(잔존가치)를 제시하지 않아 감가상각비를 계산할 수는 없다.

17. ①
무형자산 기준서

내용연수가 비한정인 무형자산은 상각하지 않기 때문에 매년 손상징후와 관계없이 손상검사를 수행해야 한다.

④ 감가상각에 대한 일반적인 설명이다. 무형자산뿐만 아니라 유형자산에도 해당한다.

18. ③
비자동조정오류

(나) 회사는 수선비를 비용처리했어야 하나, 자산화했으므로 X1년에 ₩8,000을 비용화한다. 그 이후, 문제 조건에 따라 매년 ₩2,000(=8,000/4)씩 감가상각했을 것이다. ₩8,000은 전부 X1년에 비용화 되었어야 하므로 그동안 인식한 감가상각비를 부인한다.

	X1	X2	X3	
X2 재고자산		(30,000)	30,000	
X3 재고자산			(20,000)	
자산화	(8,000)			→ 기계장치
감가상각	2,000	2,000	2,000	→ 감가상각누계액
	기초 이익잉여금		당기손익	
	기말 이익잉여금			

기말 이익잉여금에 미치는 영향: -30,000+30,000-20,000-8,000+2,000+2,000+2,000=-22,000
올바른 기말 이익잉여금: 67,000-22,000=**45,000**

| 회계처리 |

(차)	**이익잉여금**	**30,000**	(대)	**매출원가**	**30,000**
	매출원가	**20,000**		재고자산	20,000
(차)	감가상각누계액	6,000	(대)	기계장치	8,000
	이익잉여금	**4,000**		**감가상각비**	**2,000**

회계처리 상의 이익잉여금과 손익계정을 전부 더하면 기말 이익잉여금에 미치는 영향을 구할 수 있다.

19. ①
재무정보의 질적 특성

비교가능성은 일관성과 동일한 개념이 아니다. 일관성은 수단이고, 비교가능성은 목표이다.

20. ③
지자체의 재정운영표

사업순원가	180,000
(+) 관리운영비	220,000
(+) 비배분비용	40,000
(-) 비배분수익	(30,000)
재정운영순원가	410,000
일반수익	**(260,000)**
재정운영결과	150,000

기준서 개정으로 지자체회계의 일반수익은 수익으로 명칭이 바뀌었지만, 재정운영표 서식은 개정되지 않아서 일반수익이라는 명칭을 그대로 두었다. 일반수익과 수익이라는 표현이 같은 의미라는 것을 알아두자.

원가관리회계	4, 15, 19
정부회계	16
고난이도 문제	9, 15
풀지 않는 문제	13
시간이 오래 걸리는 문제	11

9번(대손)은 일반적으로 제시하는 대손충당금에 대한 자료를 주지 않아서 다소 낯선 문제였다. 문제의 요구사항에 맞추어 매출채권만 분석했다면 풀 수 있었다.

15번(종합원가계산)은 재료원가를 두 가지로 분석해서 생소했을 수 있다. 그냥 다른 원가라고 쉽게 생각했다면 풀 수 있었다.

13번(금융부채)은 지엽적인 내용이기 때문에 풀지 말자. 재출제될 가능성이 굉장히 희박하다.

11번(기말수정분개)은 수정사항을 하나씩 분석하고, 보기를 하나씩 검토해야 하기 때문에 시간이 오래 걸리는 유형이다.

01. ②
자본에 영향을 미치는 거래

이익준비금의 자본전입(무상증자) 시 자본은 불변이다.

참고> 무상취득
③번 무상취득은 학설이 갈리지만 ③번이 답이 아니므로 본 문제에서는 무상취득을 공정가치설로 본 것이다. 지금까지 출제된 공무원 회계학 문제에서는 무상취득을 공정가치설로 보았다.

02. ④
교환

유형자산처분손익=구 자산의 FV-구 자산의 BV=60,000-50,000=10,000 이익

처분손익을 물어보았기 때문에 회계처리 없이 바로 계산이 가능하다.
구 자산의 FV가 신 자산의 FV에 비해 더 명백하므로 60,000을 그대로 사용한다.

| 회계처리 |

구 자산 빼고			유형자산(구)	①50,000
현금 적고			현금	②15,000
처분손익			처분이익	**③10,000**
나머지 신자산	유형자산(신)	④75,000		

03. ④
영업활동현금흐름-간접법

영업CF	=	NI	-	비영업손익	-	△영업자산	+	△ 영업 부채
280,000	=	300,000		(30,000) 금융자산처분이익 (50,000) 유형자산처분이익 40,000 감가상각비 10,000 유형자산손상차손		(20,000) 매출채권		30,000 매입채무

문제에서 금융자산처분이익이 어떤 금융자산의 처분이익인지 제시해주지 않았다. FVPL 금융자산이라면 영업활동으로 분류하므로 부인하지 않아야 한다.

하지만 금융자산처분이익을 부인하지 않을 경우 영업활동 현금흐름은 310,000으로, 선지에 답이 없다. 따라서 AC 나 FVOCI 금융자산(채무상품)의 처분이익으로 보고, 처분이익을 부인해야 답이 있다. 채무상품으로 보는 이유는 FVOCI 선택 금융자산(지분상품)은 처분이익이 0이기 때문이다.

04. ④
표준원가

	AQ*AP			AQ*SP		SQ*SP
DM	=20,600	가격차이 **400 유리**	1,050*20 =21,000	능률차이 **1,000 불리**		1,000*20 =20,000

SQ: 100단위*10kg=1,000kg

①, ④ 총변동예산차이: 400 유리+1,000 불리=600 불리

이 문제의 경우 계산을 하지 않고 선지만 보더라도 답을 파악할 수 있었다. ①번과 ④번이 모순된 선지이므로 둘 중 하나가 틀린 문장이다. 따라서 ②번과 ③번은 반드시 맞는 문장이다. ②번과 ③번이 모두 맞는다면 총변동예산차이는 600(불리한 차이)로 계산되어 ①번이 맞는 문장이 된다. 따라서 답은 ④이다.

05. ②
재평가모형

무형자산의 재평가모형도 유형자산과 같은 방식으로 적용한다.

```
16    5,000,000      n=5, s=0
         ↓ (1,000,000)=(5,000,000-0)×1/5
17    4,000,000           →        3,600,000    n=4
              (-)400,000           ↓ (900,000)=(3,600,000-0)×1/4
18                                 2,700,000        →        3,100,000
                                           (+)400,000
```

당기손익: -900,000(감가비)+400,000(재평가이익)=(-)500,000 손실
B/S 상 재평가잉여금: 0

06. ③
재무정보의 측정 기준

부채의 이행가치는 기업이 부채를 이행할 때 이전해야 하는 현금이나 그 밖의 경제적자원의 현재가치이다. '할인하지 아니한 금액'이라는 표현이 잘못되었다.

07. ③
투자부동산 말문제

자가사용부동산을 투자부동산으로 대체하는 경우 대체할 때까지 감가상각비 및 손상차손을 인식한다. 참고로, 대체할 때 평가손익은 재평가모형에 따라 재평가잉여금 혹은 재평가손실로 인식한다.

① 투자부동산은 공정가치모형과 원가모형 중 하나를 선택하여 모든 투자부동산에 적용한다.
② 공정가치모형 적용 시 공정가치 평가손익은 당기손익(PL)으로 인식한다.
④ 투자부동산에 대해 공정가치모형을 최초로 적용하는 경우 유형자산과 달리 원칙대로 소급 재작성한다.

08. ①
자본의 증감

기초	+CI		+유상증자	-현금배당	=기말
자산 150,000	NI	30,000			자산 270,000
부채 80,000	OCI	10,000			부채 120,000
70,000	40,000		50,000	10,000	150,000

09. ②
대손

	대손상각비	매출채권	대손충당금	순액
기초		50,000		
매출		80,000		
정상채권 회수		(60,000)		
대손		(30,000)	(30,000)	
설정				
기말		40,000		

| 참고 | 매출채권 T계정

매출채권

기초	50,000	회수	60,000
매출액	**80,000**	대손	30,000
		기말	40,000

대손 확정 시 회계처리는 '대손충당금 30,000 / 매출채권 30,000'이다.
매출채권이 30,000 감소하였으므로, 매출액은 80,000이다.

10. ①
재고자산 항등식

서울 기말 재고액: 100,000+240,000-280,000=**60,000**
한성 기초 재고액: 180,000+280,000-220,000=**240,000**

11. ③
시산표 및 재무제표에
미치는 영향

| 수정분개 |
(차) 선급보험료 50,000　　　(대) 보험료 50,000
(차) 소모품비 230,000　　　(대) 소모품 230,000
(차) 임대료수익 100,000　　　(대) 선수임대료 100,000

	시산표			
	차변		대변	
	자산	비용	수익	부채
보험료	50,000	(50,000)		
소모품	(230,000)	230,000		
임대료			(100,000)	100,000
합계	(180,000)	180,000	(100,000)	100,000
순이익		(280,000)		
시산표	0		0	

① 자산: ₩180,000 감소 (X)
② 부채: ₩100,000 증가 (X)
③ 비용: ₩180,000 증가 (O)
④ 당기순이익: ₩280,000 감소 (X)

12. ①
재평가모형의 손상

500,000　　→　　600,000　-　550,000　→　450,000(MAX)
　　　⊕ 100,000　　　　　⊖ 100,000
　　　　　　　　　　　　(-) 50,000

| 회계처리 |
X1년말>
(차) 토지 100,000　　　(대) 재평가잉여금 100,000

X2년말>
(차) 재평가잉여금 50,000　　　(대) 토지 50,000
(차) 재평가잉여금 50,000　　　(대) 손상차손누계액(토지) 100,000
　　손상차손　　50,000

X2년말 요약 회계처리>
(차) OCI 100,000　　　(대) 토지 150,000
(차) PL　50,000

계정과목은 중요하지 않으며, OCI와 PL만 정확히 구분할 수 있으면 된다. 손상차손누계액 계정도 반드시 쓸 필요 없이 토지의 장부금액 변동만 정확히 표현할 수 있으면 된다.

13. ③
금융부채

금융부채는 미래에 현금을 지급할 의무가 있는 부채를 의미하며, 법인세와 관련된 부채를 제외한다. 그동안 다루지 않았던 지엽적인 내용이므로, 넘어가도 좋다.

ㄷ. 법인세와 관련된 미지급법인세는 금융부채로 분류하지 않는다.
ㅁ. 선수금은 부채이지만, 이미 현금을 받아서 발생한 부채이므로 미래에 현금을 지급할 의무가 없으며, 금융부채가 아니다.

14. ④
영업권

이전대가: 50,000+30,000=80,000
순자산 공정가치: 120,000-70,000=50,000
- 이전대가와 피합병기업(한성)의 순자산 모두 공정가치로 평가해야 한다.

영업권: 80,000-50,000=**30,000**

15. ①
종합원가계산

	재공품(FIFO)	완성품환산량		
		재료A	재료B	가공원가
기초 300 (1)(0)(0.2)	완성 1,300			
	300 (0)(1)(0.8)	–	300	240
	1,000 (1)(1)(1)	1,000	1,000	1,000
착수 1,500	기말 500 (1)(0)(0.5)	500	–	250
		1,500	**1,300**	**1,490**

원가를 3종류로 나누어 분석하는 종합원가계산이었다. 기존에 재료원가와 가공원가로 구분하여 계산하는 방법에서 하나만 추가하면 된다. 재료원가 B는 60% 시점에서 전량 투입되므로 기초와 기말 재공품 모두 완성도가 0이다.

16. ④
지자체 회계기준

지자체의 순자산은 고특일(고정, 특정, 일반)의 3가지로 분류한다.

17. ①
현금출자

기말 주식발행초과금: (10,000-5,000)*1,000주-1,000,000(직접원가)-1,500,000(주할차)
=**2,500,000**

18. ①
영업활동 현금흐름-직접법

공급자에 대한 현금유출액	=	매출원가	–	△재고자산	+	△매입채무
(250,000)	=	**(130,000)**		(150,000)		30,000

19. ②
보조부문원가 말문제

① 직접배부법에 대한 설명이다.
③ 단일배부율법에 대한 설명이다.
④ 상호배부법에 대한 설명이다.

20. ③
주당순이익

	기초 1.1	유상증자 10.1	계
주식수	100,000	12,000	
무상증자	20,000		
가중평균	*12/12	*3/12	
계	120,000	3,000	**123,000**

MEMO

국가직 7급

	1	2	3	4	5	6	7	8	9	10	11	12	13	14	15	16	17	18	19	20	21	22	23	24	25
2023	②	②	③	④	④	④	①	①	①	④	②	②	①	②	③	④	③	④	①	①	④	③	③	②	③
2022	④	②	③	④	②	④	④	②	①	③	③	①	③	③	②	④	③	②	④	①	④	②	②	③	①
2021	②	②	③	④	③	③	④	④	③	③	①	①	④	①	②	④	①	④	④	②	③	②	②	③	①
2020	①	②	③	③	②	④	③	②	③	②	①	④	④	③	④	①	②	①	②	①					
2019	③	③	①	①	①	②	③	③	④	①	③	①	②	④	④	③	②	④	④	②					
2018	④	②	③	①	④	④	②	④	④	④	③	①	③	①	③	①	②	②	②	①					

서울시 9급

	1	2	3	4	5	6	7	8	9	10	11	12	13	14	15	16	17	18	19	20
2019	④	④	②	④	③	③	③	②	③	②	②	④	②	④	①	①	①	③	①	③
2018	②	④	④	④	②	③	③	①	②	①	③	①	③	④	①	④	①	①	②	③